编辑委员会名单

主　任：张伟斌　迟全华
副主任：葛立成　毛　跃　潘捷军　陈柳裕　王金玲
成　员：（按姓氏笔画排序）
　　　　万　斌　毛亚敏　卢敦基　华忠林　杨建华
　　　　吴　蓓　谷迎春　宋月华　陈　野　陈永革
　　　　陈华兴　林华东　徐吉军　徐剑锋　董郁奎
　　　　解力平　戴　亮

中国地方社会科学院学术精品文库·浙江系列

中国地方社会科学院学术精品文库·浙江系列

乡村秩序的社会保育

——安村变迁研究

Social Cultivation for the Rural Order
——A Study of Social Changes in An Village

● 张秀梅 / 著

社会科学文献出版社
SOCIAL SCIENCES ACADEMIC PRESS (CHINA)

本书由浙江省省级社会科学学术著作
出版资金资助出版

打造精品　勇攀"一流"

《中国地方社会科学院学术精品文库·浙江系列》序

光阴荏苒，浙江省社会科学院与社会科学文献出版社合力打造的《中国地方社会科学院学术精品文库·浙江系列》（以下简称《浙江系列》）已经迈上了新的台阶，可谓洋洋大观。从全省范围看，单一科研机构资助本单位科研人员出版学术专著，持续时间之长、出版体量之大，都是首屈一指的。这既凝聚了我院科研人员的心血智慧，也闪烁着社会科学文献出版社同志们的汗水结晶。回首十年，《浙江系列》为我院形成立足浙江、研究浙江的学科建设特色打造了高端的传播平台，为我院走出一条贴近实际、贴近决策的智库建设之路奠定了坚实的学术基础，成为我院多出成果、快出成果的主要载体。

立足浙江、研究浙江是最大的亮点

浙江是文献之邦，名家辈出，大师林立，是中国历史文化版图上的巍巍重镇；浙江又是改革开放的排头兵，很多关系全局的新经验、新问题、新办法都源自浙江。从一定程度上说，在不少文化领域，浙江的高度就代表了全国的高度；在不少问题对策上，浙江的经验最终都升华为全国的经验。因此，立足浙江、研究浙江成为我院智库建设和学科建设的一大亮点。《浙江系列》自策划启动之日起，就把为省委、省政府决策服务和研究浙江历史文化作为重中之重。十年来，《浙江系列》涉猎领域包括经济、哲学、社会、文学、历史、法律、政治七大一级学科，覆盖范围不可谓不广；研究对象上至史前时代，下至21世纪，跨度不可谓不大。但立足浙江、研究浙江的主线一以贯之，毫不动摇，为繁荣我省哲学社会科学事业积累了丰富的学术储备。

贴近实际、贴近决策是最大的特色

学科建设与智库建设双轮驱动，是地方社会科学院的必由之路，打造区域性的思想库与智囊团，是地方社会科学院理性的自我定位。《浙江系列》诞生十年来，推出了一大批关注浙江现实，积极为省委、省政府决策提供参考的力作，主题涉及民营企业发展、市场经济体系与法制建设、土地征收、党内监督、社会分层、流动人口、妇女儿童保护等重点、热点、难点问题。这些研究坚持求真务实的态度、全面历史的视角、扎实可靠的论证，既有细致入微、客观真实的经验观察，也有基于顶层设计和学科理论框架的理性反思，从而为"短、平、快"的智库报告和决策咨询提供了坚实的理论基础和可靠的科学论证，为建设物质富裕、精神富有的现代化浙江贡献了自己的绵薄之力。

多出成果、出好成果是最大的收获

众所周知，著书立说是学者成熟的标志；出版专著，是学者研究成果的阶段性总结，更是学术研究成果传播、转化的最基本形式。进入20世纪90年代以来，我国出现了学术专著出版极端困难的情况，尤其是基础理论著作出版难、青年科研人员出版难的矛盾特别突出。为了缓解这一矛盾和压力，在中共浙江省委宣传部、浙江省财政厅的关心支持下，我院于2001年设立了浙江省省级社会科学院优秀学术专著出版专项资金，从2004年开始，《浙江系列》成为使用这一出版资助的主渠道。同时，社会科学文献出版社高度重视、精诚协作，为我院科研人员学术专著出版提供了畅通的渠道、严谨专业的编辑力量、权威高效的书稿评审程序，从而加速了科研成果的出版速度。十年来，我院一半左右科研人员都出版了专著，很多青年科研人员入院两三年就拿出了专著，一批专著获得了省政府奖。可以说，《浙江系列》已经成为浙江省社会科学院多出成果、快出成果的重要载体。

打造精品、勇攀"一流"是最大的愿景

2012年，省委、省政府为我院确立了建设"一流省级社科院"的总体战略目标。今后，我们将坚持"贴近实际、贴近决策、贴近学术前沿"的科研理念，继续坚持智库建设与学科建设"双轮驱动"，加快实施"科研立院、人才兴院、创新强院、开放办院"的发展战略，努力在2020年年底总体上进入国内一流省级社会科学院的行列。

根据新形势、新任务，《浙江系列》要在牢牢把握高标准的学术品质不放松的前提下，进一步优化评审程序，突出学术水准第一的评价标准；进一步把好编校质量关，提高出版印刷质量；进一步改革配套激励措施，鼓励科研人员将最好的代表作放在《浙江系列》出版。希望通过上述努力，能够涌现一批在全国学术界有较大影响力的学术精品力作，把《浙江系列》打造成荟萃精品力作的传世丛书。

是为序。

张伟斌

2013年10月

内容提要

农村作为中国广阔地域上和历史渐变中一种实际存在的最稳定的时空坐标，其社会秩序的建构事关整个中国社会秩序的稳定，本书的核心命题在于探讨城镇化和新型城镇化背景下村落秩序的变迁以及作为一种理想的、自然的社会秩序是如何在乡村得到保存的。

本书选择从浙江绍兴的一个小乡村——安村展开，分别从国家、市场和社会的角度分析安村社会秩序的变迁过程，并且通过这种变迁的过程去揭示不同的运作机制。安村从传统村落到经济开发区的历史演变，很大程度是国家治理力量的结果，国家治理更希望建立在村庄稳定、和谐的基础上。但市场的逻辑却不同，"剥离"和"嵌入"是市场运作的主要机制。在国家和市场两者的"合谋"下，社会很大程度上只有防卫，但我们也看到在安村许多社会性的因素被保存下来。笔者据此提出"社会保育"的理想，希望在现代化的大潮中，村落能找到一种保存社会力量的方法和机制，不至于在理性化的道路中迷失得太快，丧失特性。全书的基本框架如下。

第一章分析了研究的时空背景。当前中国的广大农村处在新型城镇化的时代。这里的新型城镇化包含了两层意思，一层意思是指这种农村转型过程，它是实实在在地发生于当前的农村社会。之所以要强调"新"，是因为过去的旧式的城镇化在"质"上存在瑕疵，新的内涵就在于一种质和态上的改变，不再单纯强调速度和量，而把和谐与城镇化质量放在着重点上。另一层意思，新型城镇化也是作为一种政策愿景被提出来的。它包含的也是一种理想的状态，政策的制定者和农村里的劳动人民期望有一种更加合理的秩序和转型过程。如果理解新型城镇化既是作为一种现况也是作为一种愿景，就可以理解本研究的目的和意义：既是一种对当下过程的描述，也是一种对于合理秩序的渴望和促进。同时，本章还交代了本书的研究方法和研究框架。为了更全面地梳理安村社会秩序变革的历史，本书使用了问卷、访谈、实地研究、文献分析等多种研究方法。

第二章介绍了研究的理论框架和视角。国家－社会的视角一直是研究中国乡村治理的主要视角。作为两种形塑社会的力量和机制，通过将国家和社会的冲突、互动及博弈的过程嵌套到中国的微观现实中，可以活灵活现地展现农村社会秩序及生态的动态演变过程。但传统的视角在新发展中遇到了障碍，第二章分析了国家与社会视角可能存在的问题和缺陷。为了克服这些问题与缺陷，很多学者做了多种尝试，本研究的尝试就是其中的一种。即在国家和社会两种机制外，引入市场机制的力量，它代表的是在乡村发展过程中自发的、涉及经济交换的一种机制，从国家－市场－社会的视角，来分析安村社会秩序变迁的机制。

第三章则重点描述了研究对象——安村的历史和现状。安村过去是一个以煎盐业为重心的乡村，在清代就因为发展煎盐业而变得富足，只是民国时期的"废煎改晒"政策让小村落一度落寞，但新中国成立后种植业、渔业以及运输业的发展，又让村子重新获得辉煌。此后经历过村办企业的发展，以及目前新型城镇化过程中的征地拆迁这种最直接的发展方式，安村毫无例外地被裹挟到现代性的增长过程中，那些在别处显而易见的结果也在安村复制着。但安村又存在自己的独特性，也许是一种原生性文化的强大力量，抑或存在某种机制让这里又保存了很多传统，这是值得研究的。

第四章至第六章分别从国家、市场和社会的角度分析了安村社会秩序的变迁过程。安村国家治理的方式有很多，政治形式、经济形式、代理人形式等，但不论采用何种形式，最终的治理逻辑立足于"不求发展"的发展，即稳定式发展，特别在社会矛盾丛生、社会转型急剧的背景下，国家治理更希望是建立在村庄稳定、和谐的基础上。但市场的逻辑却不同，市场的力量无处不卷入乡村的角角落落，"剥离"和"嵌入"是市场运作的主要机制。国家和市场的运作首先都是在改变社会的力量，传统被遗忘了，人与人之间的关系淡漠了，亲情价值淡化了，制度性的力量增长了，生态恶化了……总之，那些被我们称为"社会性的力量"，那些不涉及交换、市场、行政的善的力量和因子被削弱了。但翻开安村的历史，观察安村的现状，我们也看到了好的一面，那就是这里比其他地方这种线性变化的过程更慢，或者说社会性的因素竟然还有很多被保存下来了。那么，社会是如何自行运作的，如何让这些价值和机制得以传承呢？这些我们将在第六章中重点分析。

国家、市场和社会三种机制并不是独立的，而是相互影响、互促互阻。在第七章，笔者逐一分析了国家与市场、国家与社会、市场与社会两两之间是如何在安村这个角力场里发挥作用的。在第八章中，笔者提到一种"社会保育"的理想。把社会保育作为一种社会学关怀意义上的概念提出来，是希望在多种力量的博弈中找到一种保存社会力量，保存传统，保存秩序的方法和机制。

目 录

第一章　绪论 …………………………………………………… 1
　一　城镇化背景下村落秩序变迁 ………………………………… 2
　二　村落社会秩序研究述评 ……………………………………… 23
　三　研究方法 ……………………………………………………… 37
　四　研究框架 ……………………………………………………… 43

第二章　国家－社会－市场三维互动：一种研究新视角 …… 46
　一　"国家与社会"的研究评述 ………………………………… 46
　二　市场力量嵌入后的研究新拓展 ……………………………… 61

第三章　安村：大变革中的小村落 …………………………… 72
　一　区域概况 ……………………………………………………… 72
　二　村落概况 ……………………………………………………… 74
　三　村落变迁简史 ………………………………………………… 75

第四章　国家能量：顺应契合中的村落秩序 ………… 88
一　乡村治理的政治形式 ………………………… 89
二　乡村治理的经济形式 ………………………… 92
三　乡村治理的代理人形式 ……………………… 99
四　现代性、国家治理及治理技术 ……………… 112

第五章　市场力量：剥离裂变中的村落秩序 ………… 124
一　市场印记：村落社会中的市场影响 ………… 127
二　经济变迁：跳出乡土之网的束缚 …………… 137
三　新土地经济：村落的土地城市化 …………… 142
四　剥离裂变：市场力量的运作逻辑 …………… 148

第六章　社会潜能：自发维持中的村落秩序 ………… 158
一　村规民约与社会秩序 ………………………… 160
二　文化仪式与社会秩序 ………………………… 164
三　民间权威与社会秩序 ………………………… 167
四　自生自发：社会力量的运作逻辑 …………… 177

第七章　互哺共生：多重合力下的村落秩序 ………… 189
一　国家与社会：张力与平衡 …………………… 191
二　国家与市场：对抗与"合谋" ………………… 197
三　市场与社会：合作与共生 …………………… 201

第八章　社会保育：一种理想的村落秩序 …………… 205
一　社会保育的理念 ……………………………… 206

二　社会保育的促进 …………………………………………… 211

参考文献 ……………………………………………………………… 217

附　录 ……………………………………………………………… 226
　一　安村基本资料（部分） …………………………………… 226
　二　个人访谈（部分） ………………………………………… 233
　三　家庭户访谈（部分） ……………………………………… 279
　四　调研图片（部分） ………………………………………… 300

后　记 ……………………………………………………………… 311

第一章
绪　论

　　中国自古以来就是一个农业大国，农业长期支撑着中国的国民经济命脉，并且是中国工业化的基础。在农业社会开始之前，中国经历过一个游猎的阶段。但自从神农氏开始，"斫木为耜，揉木为耒"①，中华大地就正式进入农业时代，我国文明的历史也就开始了。可以说一部中国史，很大程度上也就是一部中国农业发展史。基于农业的聚居区——农村，点缀在广袤的中华大地上，它们起初是基于防卫需要的自组织，后来慢慢衍生成一种全方位的生活聚落，并承担着更多的经济和社会功能。农村在演进发展过程中，基于社会分工而分化出城市的功能和聚集需要，并逐渐将生活和生产主导权让位于城市。城市是因商而兴，《管子·乘马篇》说："聚者有市，无市则民乏。"贸易发达促进了城市聚居区的形成，而城市发展又进一步促进人口发达。中国古代的重农抑商政策，从商鞅变法规定的奖励耕战，到汉文帝的重农措施，直到清初恢复经济的调整，都是重农抑商政策的体现。但由于社会分工的发展，加上自然资源分布的不均衡、生产技术的限制，

---

　　① 郭彧译注《易经·系辞下传》，中华书局，2006，第278页。

个体生产者很难做到自给自足，因此产品交换很早就出现了，而从产品交换逐渐发展到商品的生产与交换，是不可阻挡的一种经济发展趋势。① 农业是国之根本，但工商业却充廪国库；农业稳固了中国大部分人口，工商业让城市人口得到利益。农业与工商业的互补促进了整个经济的发展和社会的进步。

不过，农业人口依然占据了中国人口的大多数。即使以2010年的第六次人口普查数据来看，居住在农村的人口依然占到总人口比例的50.32%，这还没有包括数以亿计的根在农村谋生在城市的流动人口。可以说，农民是国之本，加上由此而衍生的农业问题和农村问题，三农问题构成当下中国发展的一个核心问题。一直以来，三农问题都是社会学者、经济学者、政治学者等社会科学家们所关注的重点。而三农问题的核心被表述为：农村真苦，农民真穷，农业真危险，实质是二元社会结构中城市发展与农村发展不同步的问题。② 现在关于三农问题的讨论大部分集中在对于三农问题形成的原因和解决思路的探讨上。三农问题的发展有自己的时空背景，中央的农村经济和社会政策直接影响了不同时期乡村的发展路径。土地制度、税收制度、户籍制度等，每一项重大制度的调整都深刻地影响了三农问题的发展轨迹。进入21世纪，一项重大的社会经济制度正在影响成千上万的老百姓，那就是新型城镇化。作为一项全面的重大战略性政策，新型城镇化正在改变着中国乡村。

一 城镇化背景下村落秩序变迁

中国三农问题根源在于城乡二元结构体制。1958年1月《中华人

---

① 陈明光：《略谈中国古代商业史的几个问题》，《历史教学》2007年第4期。
② 杨卫东：《中国"三农"问题讨论综述》，《经济理论与经济管理》2004年第6期。

民共和国户口登记条例》经全国人大常委会第三次会议讨论通过，其中就包含了严格限制农村人口向城市流动的户口迁移制度，此后影响中国几十年的城乡二元分隔体制即源于此。以户籍制度为基础的城乡分隔，事实上是通过城市和农村两种不同的地域赋予他们不同的社会身份。城镇和农村由于计划经济时代的资源配置差异以及市场经济社会的发展差异，导致二者差距越来越大。改革前中国社会中的资源主要是由行政性进行再分配的，而不是由市场来进行配置的。无论是生产资料、生活资料还是教育、公共设施等公共产品的分配上，城市都享有优势，农村更多需要自力更生，国家投入非常有限。

以改革开放为起点，城乡二元结构得以松动，国家为了促进城乡的协调发展，实行了一系列改革举措和政策措施，如全面推行家庭承包经营责任制，使农民土地承包权长期稳定；调整优先发展重工业战略，支持农业和轻工业的发展；支持发展乡镇企业，促进农业剩余劳动力就地转移；逐步放开农产品流通和价格，培育农村商品市场；实施城镇化战略等。[①]伴随这一系列的政策组合，中国的农村与城市之间出现了一种新的趋势，这就是所谓的城镇化过程。

城镇化是一个中性概念，是一个农村人口转变为城镇人口的过程，而这一过程也是一个世界性的趋势，世界各国都经历过城镇化的过程。有数据显示，城镇化的过程与经济发展过程呈正相关。工业化发达的国家最先经历城镇化的过程，在其经济起飞阶段，伴随着工业化的同时是城市化的发展。而其他后发达国家的城镇化模式也基本类同于发达国家，经济驱动着"人的变化"，即众多从事农业的劳动者转移到了非农产业中。中国的城镇化过程就是这种世界性趋势中的一部分。但中国经验却为城镇化标注了色彩，不同的城镇化模式对乡村

---

① 童有好：《我国政府调控与市场调节失衡的原因》，《改革与战略》2014 年第 6 期。

产生了不同的影响。

（一）传统城镇化对村落秩序的解构

一个国家的城镇化进程受到多方面的影响，但主要取决于生产的发展，国民收入的实际增长，商业繁荣程度，文化教育发达与否，等等。中国是一个发展中国家，在整个 20 世纪的前 2/3 要么处在战争中，要么处在内部动乱之中，城镇化水平较低。新中国成立之初，中国的城镇化率只有 10.64%，到 1978 年中国改革开放初的时候城镇化率也只有 17.92%。但是经过改革开放后的大发展，1978～2000 年，中国的城镇化率上升到 36.22%。[①] 进入 21 世纪以来我国城镇化进程基本保持在年均提高 1 个百分点的水平上，远远高于同期世界城镇化发展年均提高 0.2 个百分点的水平，也快于许多新兴工业化国家城镇化发展的速度。[②] 到了 2013 年，国家统计局公布的城镇化率已经达到 53.73%。[③]

中国的城镇化取得了可喜成就，虽然二元分立的户籍制度并未彻底更张，但工业化的发展、经济体制的进步，都促进了城市的长足发展。特别是改革开放后的中国清明政治、开放经济，以及全球化分工的扩展，都是城镇化的有力推动剂。Northam 将城镇化的发展过程描述为一条近似 S 形曲线，并且可以相应地划分为 3 个阶段：城镇化水平较低且发展缓慢的初始阶段（initial stage）、城镇化水平急剧上升的加速阶段（acceleration stage）、城镇化水平较高且发展平缓的最终阶段（terminal stage）；城镇化水平在第二阶段开始时低于 25%，发展到

[①] 马晓河，李拥军：《中国城镇化进程、面临问题及其总体布局》，《改革》2010 年第 10 期。
[②] 刘勇：《中国城镇化发展的历史、问题和趋势》，《经济与管理研究》2011 年第 3 期。
[③] 《国家统计局：2013 年中国城镇化率为 53.73%》，http://www.chinanews.com/gn/2014/01-20/5755331.shtml。

超过60%、70%后进入第三阶段。① 依据这样的阶段划分，中国目前的城镇化正好处在第二阶段，也就是城镇化水平急剧上升的加速阶段，在这一阶段内，经济飞速发展，农村人口急速向城市人口转移，城市化率水平急剧上升。但正如"中等收入陷阱"②所提示的经济发展的自身矛盾一样，城镇化的快速发展也会产生内在的矛盾，而这样的矛盾也会阻碍、甚至抑制城市化的进一步发展。

中国的城镇化在快速发展的同时，也出现了不少问题。中国的城镇化是在人口多、资源相对短缺、生态环境比较脆弱、城乡区域发展不平衡的背景下推进的③，底子薄也导致后天不足，而且推进的速度又很快，这就难免产生问题。

第一个问题是城乡二元分隔的户籍制度。户籍制度是国家行政制度之一，它在历史上是以家庭、家族、宗族为本位的，跟土地直接联系的。现代户籍制度是国家依法收集、确认、登记公民出生、死亡、亲属关系、法定地址等公民人口基本信息的法律制度，以保障公民在就业、教育、社会福利等方面的权益，以个人为本位的人口管理方式。④ 中华人民共和国的户籍制度草创于解放战争末期的1948年，当时中央社会部发布《新解放城市的公安工作介绍》，文件指出：户口工作是管理城市的重要环节，是建立革命秩序、掌握社会动向，了解阶级关系、限制坏人活动的工作基础，是公安工作不可缺

---

① Northam, RM. Urban Geography. 2nd edn. New York: John Wiley & Sons, 1979. 65 – 67.
② 世界银行《东亚经济发展报告（2006）》提出了"中等收入陷阱"（Middle Income Trap）的概念。所谓的"中等收入陷阱"是指当一个国家的人均收入达到中等水平后，由于不能顺利实现经济发展方式的转变，导致经济增长动力不足，最终出现经济停滞的一种状态。进入这个时期，经济快速发展积累的矛盾集中爆发，原有的增长机制和发展模式无法有效应对由此形成的系统性风险，经济增长容易出现大幅波动或陷入停滞。大部分国家则长期在中等收入阶段徘徊，迟迟不能进入高收入国家行列。
③ 徐绍史：《坚定不移走中国特色新型城镇化道路》，《人民日报》2014年3月17日。
④ 户籍制度：http://baike.baidu.com/。

少的工作。① 但这个时候的户籍管理，包括新中国成立初期，人口还是可以自由流动的。1951 年 7 月，新中国颁布了《城市户口管理暂行条例》，这是首个全国性的户籍法规。当时的《条例》还只是城市户籍管理制度，农村的户籍工作还没有正式开展。这一户籍制度并没有特别限制城乡之间、城市与城市之间的人口流动，民众有着居住和迁徙自由。根据温铁军的统计，在 1952~1957 年的"一五"计划时期内，大约有 2000 多万农民工已经自由流动进入城市。② 1958 年，《中华人民共和国户口登记条例》发布，是中国人口管理制度中的一个分水岭，标志着城乡二元户籍制度的正式建立。《条例》规定：公民由农村迁往城市，必须持有城市劳动部门的录用证明，学校的录取证明，或者城市户口登记机关的准予迁入的证明，向常住地户口登记机关申请办理迁出手续。③ 这就改变了新中国成立以来人口自由迁徙的情况，控制了人口的自由迁徙状态。这一制度对城市户口迁往农村没有限定，但对农民要求迁入城市设置了重重障碍，农民需要向拟迁入城市户口登记机关提出申请，审查合格后，才能签发"准予迁入的证明"，若审核通不过，就无法迁入。这种分隔性的户籍管理制度造成了城市和农村的分立，"常住、暂住、出生、死亡、迁出、迁入、变更"等七项人口登记制度，限制了农村户口变为城市户口，纵然在城市务工、居住，但身份的转变始终是一个难题。

中国户籍制度的特点是，根据地域和家庭成员关系将户籍属性划分为农业户口和非农业户口。这种做法在新中国成立初期曾起到积极作用，但随着城乡交流的日益广泛，该制度已引起愈来愈广泛的争议

---

① 王海光：《转轨和嬗变——中国当代户籍制度形成的制度渊源探析》，《战略与管理》2011 年第 1、2 期合编本。
② 温铁军：《我们是怎样失去迁徙自由的》，《中国改革》2002 年第 4 期。
③ 《建国以来重要文献选编》（第 11 册），中央文献出版社，2011，第 16 页。

与指责。① 这种城乡二元户籍制度实际上构筑起了城乡之间的高墙，"农业户口"与"城市户口"成为中国公民的重要身份标签，这是对公民身份的不公平的等级界定，形成了利益分配上的不平等，带有一定的歧视性。可以说，中国的很多社会问题都跟这种分裂性的社会制度有关系，城乡差距、身份歧视、就业歧视、农村贫困、教育差异、农民工问题等都是它直接或间接影响的结果。

当然，户籍制度并不是坚冰一块，改革开放后中国经济大发展开始撼动这一体系。20世纪80年代的农民工流动带来了最显著的影响。农村家庭承包经营责任制提高了生产效率，从根本上解决了我国农产品短缺的问题，同时大量私营企业和乡镇企业蓬勃发展，以及地区间经济发展的不平衡，有些地区劳动力过剩，有些地区又急需劳动力，因此客观上造成了农村大量的剩余劳动力潮水般涌向城市，从而促进了城市经济的大发展，也带来了农民生活水平的提高，同时推动了户籍制度的松动。20世纪90年代政府开始讨论放松对人口身份的限制，国家取消了按照商品粮和非商品粮的农业户口和非农业户口的二元划分法，改为以居住地和职业为依据，划分为农业和非农业人口，并建立新的户籍管理登记制度，即常住户口、暂住户口、寄住户口，此后又开始推行居住证制度，很多省份开始陆续取消农业户口。2005年底，中国开始着手改革户籍制度。2014年6月30日，中共中央政治局审议通过《关于进一步推进户籍制度改革的意见》。随后，我国户籍制度改革意见发布，并要求各地出台本地区的户籍制度改革措施。一年来，至少20个省份出台了省级深化户籍制度改革的实施意见，居住

---

① 户籍制度：http://baike.baidu.com/。

证制度正在成为"平权"载体。①

但从目前看,户籍管理制度的放松并没有彻底地改变业已存在的城乡二元分立的社会体系,城市和农村在某种意义上仍然有对立性。进入城市的农民工在城市可以"立业",但无法"安家",城市不给他们"户口",意味着没有城市居民的身份,也就享受不到城市居民可以获得的一切福利待遇。户籍制度、教育制度、保障制度、人事制度、医疗制度对城市户口、农村户口的双重标准,使得农民工只能游离于体制之外。户籍政策成为这一系列制度不公的核心载体。② 有形的藩篱不在了,但无形的藩篱还在。现行的户籍管理、土地管理、社会保障、财税金融、行政管理等制度,在一定程度上已经固化了城乡利益失衡格局,制约了农业转移人口市民化和城乡发展一体化。③ 所以在必须转变经济发展方式的同时,也要转变社会发展方式,把提升社会品质、社会和谐放在首位,走新型城镇化之路。

第二个问题就是"伪城镇化"。问题核心在于测量城镇化的效果究竟是以城镇化率这样的量的指标,还是要以更加具有实质性的质的指标。如果只是以埃尔德里奇(H. T. Eidridge)的"人口集中的过程"来理解城市化,那城镇化率就是一个恰当的指标。但中国几十年快速城镇化的过程所产生的负面效果也越来越明显起来,所以"伪城镇化"也作为一个指责被提出来了。

所谓的"伪城镇化",简单来说是一种城市化的不成熟产品,或者说"不完全城市化",由于制度约束和现实制约,很多农村人口进

---

① 贾玥:《20省出台户籍制度改革意见 农业与非农户口统一》,http://www.slrbs.com/qyfc/dynamic/wjdt/2015-07-23/442764.html。
② 陶卫华、杜鹃:《城乡割裂50载 "大户籍"改革成中国政府艰巨命题》,《小康》2008年第2期。
③ 徐绍史:《坚定不移走中国特色新型城镇化道路》,《人民日报》2014年3月17日。

入城市脱离农业而当起了产业工人,他们虽被计算为城市人口但却享受不到城市应有的待遇。他们不管在生活模式、收入水平、消费模式、文化体会上都与真正的城里人有较大的差距,当然在享受公共服务、就业机遇、经济红利、政治权利方面也处于下风。这种差距往往导致两个群体之间的冲突、矛盾,甚至歧视,进而产生更深层次的社会矛盾。原来存在于城市与农村两个分隔区域里的对立和矛盾,被转移到城市这一个区位里的矛盾。

产生"伪城镇化"的原因除了户籍制度这一根本原因外,还有国家层面的制度和政策原因。土地制度和房地产政策造成的高房价就是摆在进城农民工面前的首个障碍。没有房产,这对于素有"安土重迁"的中国人来说是没有扎下根的,始终处于一种漂浮状态。根据统计局《2012年全国农民工监测调查报告》的数据,"以受雇形式从业的农民工,在单位宿舍中居住的占32.3%,在工地或工棚居住的占10.4%,在生产经营场所居住的占6.1%,与他人合租住房的占19.7%,独立租赁住房的占13.5%,有13.8%的外出农民工在乡镇以外从业但每天回家居住,仅有0.6%的外出农民工在务工地自购房"[①]。而且自购房的比例增长缓慢,2013年的监测数据显示,当年度的"自购房比率也只是提高到0.9%"[②]。所以,如果改变不了目前的这种高房价格局,中国城镇化的道路必将是既阻且长。

"伪城镇化"的问题中还包括第二个障碍,即进入城市后的社会保障制度的问题。在广度和深度上,中国现代的社会保障制度还不完善,还存在诸多不公。对于农民来说,从农村到城市的过程,实际上

[①] 国家统计局网站:《2012年全国农民工监测调查报告》,http://www.stats.gov.cn/tjsj/zxfb/201305/t20130527_12978.html。
[②] 国家统计局网站:《2013年全国农民工监测调查报告》,http://www.stats.gov.cn/tjsj/zxfb/201405/t20140512_551585.html。

是失地的过程，脱离了土地，但又得不到在城市的保障，将处于进退维谷的地步。但这里的"得不到"有两层含义，一层是农民工自己不愿意。由于农民工的小农思想作怪，他们自身缺乏保障意识，法律意识普遍比较淡薄。从大老远的地方跑到城市来打工，虽然已经不是为了单纯的糊口，但让他们将付出自己心血和汗水，赚取得来不易的薪酬，拿出一部分来支付养老保险金，思想上还处在传统观念和新型制度间的转变中，一时不容易接受。一方面他们对这种保险意识的认识还不够明确，他们普遍认为养老是几十年后的事情，走一步算一步；另一方面是因为现在农民工的流动性非常高，他们很少会在同一个城市长久地呆下去，出于就业岗位和薪酬待遇的考虑，农民工跨省、跨地区流动也成为一种常态，因此造成劳动力市场流动性很大。而现行的社会保险的缴费、接续、转移不能"保随人行"，参保人的权益得不到相应的保障。所以，从实际利益上来看，很多农民工也选择不参保。

农民工"得不到"社会保障的第二层含义是，国家在农民工社会保障的政策方面保障不足，以及作为市场的主体——企业对劳动保险政策落实执行不到位。本来农民工就不太愿意参加保险，所以很多用人单位就顺水推舟，为了节省成本，不为农民工办理社会保险。特别是一些建筑业、规模以下工业企业、小微企业等，它们大量地雇佣临时工，不签合同也不为其办理社会保险，而这些临时工大部分是进城的农民工。

第三个更现实的问题是，进城农民工在能力上也处于弱势，他们中的大部分人只能在一些劳动密集型行业谋生，或从事一些技术含量低、又苦又累收入低的边缘职业，比如建筑业、粗加工业等，也不太可能掌握到核心技能，相应地收入增长就非常缓慢，这种就业桎梏从根本上限制了他们职业提升的通道，也限制了他们获得和城里人一样的社会福利的可能性。

笔者把中国这种长期以来的传统城镇化模式称为旧城镇化模式，这是一种数量上的、形式上的城镇化，有速度而缺乏人文，有效率而缺乏本质，是土地城镇化而不是人的城镇化，因此，中国急需一种新型城镇化道路来指引。

（二）新型城镇化对村落秩序的影响

相对于旧城镇化，新型城镇化概念的提出并没有很长的历史。在2010年前偶见学术期刊中，很少有学者专门研究，但也有部分地区将新型城镇化纳入政府施政要略。比如，2009年山东省的全省城镇工作会议，就出台了《关于大力推进新型城镇化的意见》，确立了新型城镇化的工作目标和任务。[①] 这可能是比较早的政府层面上的新型城镇化施政纲领。笔者检索了山东省省委省政府出台的这份文件，里面提出了很多关于落实新型城镇化的意见和方法，但是整份文件实际上只是借用了新型城镇化这样一个比较有新意的概念，与后来的官方文件中的新型城镇化的明确意义相比，这里的概念实际上缺乏一个明确的所指。

新型城镇化真正被作为国家重大战略提出是在2012年的中国共产党第十八次全国代表大会上。大会通过的报告强调："要坚持走中国特色新型城镇化道路，推动工业化和城镇化良性互动、城镇化和农业现代化相互协调，促进工业化、信息化、城镇化、农业现代化同步发展。'四化同步'是对我国经济社会发展阶段和发展任务的科学把握，是中国现代化建设的新决策、新部署。"在"四化"中，城镇化地位

---

① 杨焕彩：《加速推进新型城镇化》，《山东经济战略研究》2010年第7期。

特殊、位置关键，因此也成为此后中国经济发展及社会发展中被讨论最多、最深的内容之一。众多的学术探讨和时政文章随后出现在学术期刊和媒体版面，对新型城镇化的探讨也逐渐增多起来。

对新型城镇化的探讨首先是从概念的辨析及其与旧的城镇化模式的区分开始的。所谓的新型城镇化，就是以城乡统筹、城乡一体、产城互动、节约集约、生态宜居、和谐发展为基本特征的城镇化，是大中小城市、小城镇、新型农村社区协调发展、互促共进的城镇化。[①]官方对新型城镇化的定义凸显出一种协调性，要求阻止过往的发展冒进，上承以人为本的发展政策，下启全面实现小康社会的战略图景。因此，新型城镇化被众多的研究者概括为"人的城镇化"，即是一种以人为本，以人的发展为核心的城镇化。新型城镇化的"新"体现在要改变过去片面注重追求"大"的误区，而应注重发展的质量，把城市的公共服务、文化资源等作为发展的重心，使城镇成为真正的适宜人居之所。城镇化不只是建高楼、建广场，而是要实现从农民到市民的根本转变。农业剩余人口不能顺利转移出来，农业规模效益和扩大内需的目标都无法实现。当然，转移出来后，也需要相配套的市民待遇和公共服务。归纳起来，旧的城镇化就是人从农村转移出来，而新型城镇化不仅是要转移出来，而且是要做好有效的衔接。

2014年3月16日，中共中央、国务院发布《国家新型城镇化规划（2014—2020年）》公报，新型城镇化的发展目标至少应该包括以下内容："（1）城镇化水平和质量稳步提升。常住人口城镇化率达到60%左右，户籍人口城镇化率达到45%左右。（2）城镇化格局更加优化。城市规模结构更加完善，中心城市辐射带动作用更加突出，中小城市数量增加，小城镇服务功能增强。（3）城市发展模式科学合理。

[①] 中共中央、国务院：《国家新型城镇化规划（2014—2020年）》，2014年3月16日。

(4) 城市生活和谐宜人。(5) 城镇化体制机制不断完善。"① 如果从国家对于城镇化的定义来看，更多的目标侧重于城镇的"新"，新的质量、新的水平、新的格局、新的机制，国家期望通过这样的工程来实现农村的更新战略。作为一项国家战略，新型城镇化对于农村的发展当然有官方语境中描述的正面意义。对于推动全面小康社会、国民生活改善有非常积极的意义。根据公报中的描述，城镇化是现代化的必由之路，是保持经济持续健康发展的强大引擎，是加快产业结构转型升级的重要抓手，是解决农业农村农民问题的重要途径，是推动区域协调发展的有力支撑，是促进社会全面进步的必然要求。城镇化作为人类文明进步的产物，既能提高生产活动效率，又能富裕农民、造福人民，全面提升生活质量。随着城镇经济的繁荣，城镇功能的完善，公共服务水平和生态环境质量的提升，人们的物质生活会更加殷实充裕，精神生活会更加丰富多彩；随着城乡二元体制逐步破除，城市内部二元结构矛盾逐步化解，全体人民将共享现代文明成果。这既有利于维护社会公平正义、消除社会风险隐患，也有利于促进人的全面发展和社会和谐进步。②

虽然说城镇化是一个全面的社会变革过程，但城镇化的本质还是一种经济学意义的发展。由于经济行为是系统性的，所以其影响不仅仅局限在经济领域，会在政治、社会甚至文化领域都产生很大影响，因此新型城镇化也是一项对农村存在重大影响的政治工程。新型城镇化作为一种系统的国家城市化发展策略，究竟能否实现城市和农村的协调发展，还是会给乡村带来新的冲击？新型城镇化从根本上来说是过去城镇化的过程延续，是对旧的模式的修正，在实质层面上是一种

---

① 中共中央、国务院：《国家新型城镇化规划（2014—2020年）》，2014年3月16日。
② 中共中央、国务院：《国家新型城镇化规划（2014—2020年）》，2014年3月16日。

农村向城市的流动，是被卷入现代性过程中的。因此对于农村来说，新型城镇化毫无疑问是农村特质的减少，以及城镇属性的增加，农村人口的身份会加快向城镇人口身份嬗变。

从"村"到"城镇"的变化，是城镇化的应有之义。新型城镇化当然也是一种"摧毁"农村、"建造"城市的过程，只不过这些基本上在原址重新建立的"城镇"摆脱了更多的农村的特性，而拥有了城市的属性，或者它们拥有了介于城市和农村之间的那种独特的地位和特征。这种中间者的位置，首先冲击了他们既有的自我定位。大多数时候，他们急切地摆脱农民的先赋身份，转而去追求城镇户口或者城市身份，但是这种转换也许并不能那么迅速。我们看到过很多的农民因为工业的发展或者城市扩张而硬性的转变身份，但产业发展、社会发展措施，甚至基础建设、卫生环境设施等都没有及时跟进，往往会导致心理落差以及认知与现实的差距，而这种差距会直接影响到群体的社会期望和社会心态，从而在更大层面上影响到社会稳定和社会秩序。比如，如果没办法满足农村转移人口的就业需要，就会有大量无业人员，而这些人已失去土地等最基础的生产资料，两头无着落，就会给整个社会造成隐患。

其次影响的是社区成员之间的互动模式和社区构成方式的演化，从而影响到整个社区生态和社区成员的归属感。传统的农村是熟人社会，人们之间的信任感强，社会交往的"沟通成本"或者说社会交往过程中需要投入的附加资源少，没有陌生人社会的防备和戒惕。这当然是同农村社会的建筑和居住方式、通勤距离、宗族社会的传统、农业作为一种产业的生产组织方式等有关系，所以一旦变成城镇，以上提到的很多内容都会有变化。城镇社会的建筑和居住方式跟农村差别很大，农村大部分独门独户，而城镇里的房地产的发达所塑造出来的

"格子楼房"和压缩式的住宅模式都极大地减少了人们的沟通，通勤距离的增加也产生了同样的效果。而宗族社会的衰落，以及因为在城镇生活的分散，传统聚族而居的生活习惯也被打散，家族、亲属群体、邻里这些传统社会很重要的概念在城镇社会往往就显得不那么重要了。同时，农业的特性是集体劳作、协作分担，但到了城镇从农业转化成第二、三产业后，那种基于生产的协作性和集体性就会弱化掉，即使还有集体性和协作性，也是一种陌生人的协作与集体，也没有了传统农村集体协作的意义和价值。这些变化共同促成了从农村到城镇后人们之间的沟通和互动方式的演变，沟通频率大幅下降、时间减短、正式性增加等等，这些都让整个社区的构成变成了一种陌生人的生产生活模式，而不再是熟人的生产生活。异质性的增加，也促成人们不安全感的增加，从而更加压抑人们的交往冲动。这些多方面的"精神特征"或"心理属性"的演变，又相互叠加演绎，导致一种社会秩序上的"解体"。当然这里的"解体"并不是指实体的没落或物质生活的衰败，而是指构成"社会"关键的"连接性"和"互动"的减少和衰败。

最后是社区治理方式和人们生活原则的变迁。传统的农村社区的治理是基于自治的治理，理论上农村的管理和治理是不卷入国家体系的，不管是古代的乡贤里长，还是当下的村民自治，国家都最大程度上试图保持乡村的自我管辖，乡村也很大程度上拥有一定的自由，但是转移到城镇后，实际上就加入更广泛的国家治理体系。而对于生活原则来说，中国农村是一个宗族导向的伦理社会，人们服从儒家所制定的家庭伦理，是一个典型的"人治"或者说以人为导向的社会，儒家伦理就是最大的道德，也是最大的规则。相比城市来说，是一种很自由的生活原则，灵活、柔性、可变，也充满温情。但生活到城市后，生活的最大原则往往就让位给规则，掌握规则成为城市生活的技巧。

工作有工作的规则，生活有生活的规则，人们被包裹在国家为实施管理而建构起来的规则丛中。从农村的自由到城市的规则，人们实际上面对的是一个重大的治理规则的转变。规则同市场、算计、理性这些概念相关联，让人们精确处事，逻辑生活，但也让人们之间的情感趋淡，人与人之间的互惠性利益关系转变成算计性利益关系。

上述几点是城镇化进程当然也包括新型城镇化可能带来的对传统农村社会秩序的影响。此外，城镇化进程中，农村社会的冲突也表现出了新的特征。据孙瑾和郑风田的概括，新时期的农民抗争有以下三个新的特征：（1）冲突的主体发生变化。美国学者Perry研究认为，20世纪80年代上半期，家庭经营制度普遍建立，农村社会冲突主要表现为村庄之间、农户之间争夺公共资源，传统宗族活动和迷信活动重新恢复和发展。而随着中国经济社会转型的不断深入，当前农村社会冲突不再主要是乡村内部农户之间、村社之间的民间性质的资源利益纷争，而是转换为农民和基层政府之间的政治性冲突，表现为农民为了捍卫自身权益与基层政府之间的抗争。（2）农村社会冲突的组织化程度提高，冲突形式逐渐升级。农村发生的多起"农民有组织、大规模抗争"事件表明，农民与政权的对立正在向对抗性发展，矛盾运动向质的变化发展，已经严重地影响到了农村的政治稳定和社会秩序。（3）农民的法制意识、知识水平显著提高，农民的政治意识在成长。[1] 有冲突就说明存在利益冲突，而抗争性政治事件的大量出现则说明了情况的严重性。仔细分析以上的三个特征就会发现，它们大部分是因为当代的城镇化进程和城市对农村侵蚀所造成的转型问题。

---

[1] 孙瑾、郑风田：《关于中国农村社会冲突的国内外研究评述》，《中国农村观察》2009年第1期。

于建嵘用"资源性权益抗争"向"政治性权利抗争"的转变来描述农村群体性抗争的特征,这说明农民的抗争更具有系统性。当然,具体的抗争涉及的问题也是多种多样,至少包括以下方面的内容:一是征地问题。土地纠纷已经成为目前农民维权抗争的焦点,是当前影响农村社会稳定和发展的首要问题,而这很显然就是城镇化的直接后果,大量的农村被"吞并",土地从耕地变成工业用地。二是生态环境问题。这也是屡见不鲜的问题,而且也是城镇化的另外一个最直接的后果。随着工业化步伐的加快,中国农村的环境形势正在迅速恶化,因环境污染所引发的社会冲突也在不断加剧。当污染发生并严重损害地方民众的生命财产安全之后,若受害者难以获得被补偿的权利,围绕环境问题的纠纷和冲突也就因此会逐渐升级。因污染导致的邻里冲突、社区冲突等已经显现出来,传统农村社会基于同质性而形成的"共同体"因污染而进一步削弱,农村的社会团结被削弱。当传统的山清水秀被工业废水、废气和废渣所改变,当健康的体魄被疾病缠身的时候,抗争就在所难免了。其他的问题还包括村级选举问题、宗教宗族问题、黑恶势力、干部腐败、公共服务、税费问题等。当然这些问题,有些并不是因为城镇化而产生的,比如税费问题、宗教宗族问题等。

詹姆斯·斯科特(James Scott)是美国著名的农民问题研究专家,他曾在《农民的道义经济学:东南亚的反叛与生存》一书中,从东南亚农民的反叛与起义问题入手,探究了市场资本主义的兴起对传统农业社会的冲击,用"生存伦理"(subsistence ethic)这一重要概念来强调生存规则的道德含义,并提出了农民"日常抵抗"这一重要概念。[①] 他认

---

① 詹姆斯·C. 斯科特:《农民的道义经济学:东南亚的反叛与生存》,程立显等译,译林出版社,2001。

为：贫困本身不是农民反叛的原因；只有当农民的生存道德和社会公正感受到侵犯时，他们才会奋起反抗，甚至铤而走险。而农民的社会公正感及其对剥削的认知和感受，植根于他们具体的生活境遇，同生存策略和生存权的维护密切相关。因此，如果不去仔细考察各种地方性的传统和文化特质，不去探寻那些看似琐碎的农民日常行为的丰富含义，人们对农民问题的认识便会误入歧途，就可能将农民隐蔽的抵抗与积极的合作混为一谈，从中做出错误的政治、经济决策，诱发社会动乱。① 新型城镇化就是这样的一种外部力量，他实际上建立了一种新的"生存道德"和"生存伦理"。

综上所述，新型城镇化对农村的影响不仅在于实体上的，也在于价值规范上的。实体上的农村消失了，小城镇在地理空间上取代了乡村，而城市特质也取代了农村气质，人们的互动模式改变了，社会连接减少了。当然最负面的后果可能还在于这种变革的过程激化了利益的冲突，农民的利益诉求得不到满足，农民的生存伦理的变革催生了更大的不安全感，以致出现大量的农民抗争和反抗。这些都是转型期的社会弊病，也是城镇化对于乡村社会秩序影响的例证。

（三）社会变迁中维系村落秩序的意义

变迁意味着不稳定，从一种状态到另一种状态的过程。变迁有两种意义上的变迁：一种是新的稳定秩序的形成，社会再结构化；一种是现有的社会秩序完全被破坏掉，而新的秩序还没有建立，导致了一种无序、混沌的状态，这就是所谓的失序。这是两种对立的状态，同时也是两种可以继承的状态。通常来说，社会的变迁都是经历失

---

① 詹姆斯·C. 斯科特：《农民的道义经济学：东南亚的反叛与生存》，程立显等译，译林出版社，2001，第322页。

序-再结构化的过程,也就是先将旧的状态打破,把旧的利益关系、社会结构等摧毁,这样先导致一种无序状态的产生,接着由破而立,形成一种新的结构和状态。从客观、自然的角度看,这是一种中性过程,本身并不包含一种价值问题。但是如果从整体社会福利的角度来看,任何社会变迁实际上都包含着一种价值观的衍变。一旦涉及价值观,就会存在正向和负向这种方向性的讨论,虽然从总体上看,人类的整体变迁是呈现积极、进化、发展的特征,但在局部区域、范围和时代内,人类也可能呈现倒退、退化、消极的特征。这可能表现为一种整体性的落后,也可能是表现在某些特征上的退步。

当下的中国就处在一种社会变迁的潮流之中。从大的社会结构到小的社会思潮,整个社会都处在一种加速度的社会变革之中。这一波的变革既是西方现代化革命在中国的版本复制,同时也是中国立于自身历史条件下的一种自我革新。政治结构在变革,经济结构也在变革,社会结构自然也无法逃离。现代化正在以摧枯拉朽之势荡涤着一切旧的东西。我们将本书的聚光镜锁定到中国的农村社会,会发现短短几十年来,农村发生着翻天覆地的变化。这里的变化并不是单指经济意义上的生产力飞跃,还包括更大层面上的农村群落结构、人际关系结构以及文化生态和农民价值观上的变革,是一种包含政治、经济、教育、文化、医疗卫生和人居环境等多方面的变革。

改革开放之后,很多关于中国乡村社会变迁的研究都隐隐包含一种忧郁的语态。因为乡村社会的生态正在发生变化,虽然经济得到了很好的发展,但文化和人际关系却在朝着反方向变化。"失序"有可能正在中国的乡村上演。所谓乡村社会的失序指的是作为一种结构的社会关系的破坏和失凝,原来的凝聚力因子不再起作用。费孝通先生在《乡土中国》一书中，形象地概括了中国传统社会中的社会结构和人际关系，提出"差序格局"的概念。在费孝通看来：中国传统的社会关系是按照亲疏远近的差序原则来确立的，以"己"为中心，像石子一般投入水中，和别人所联系成的社会关系，不像团体中的分子一般大家立在一个平面上的，而是像水的波纹一般，一圈圈推出去，愈推愈远，也愈推愈薄。在这里我们遇到了中国社会结构的基本特征了。[1] 差序格局描述的是一种紧密的熟人社会关系体系。但失序的过程却是传统的社区解体了，原来的熟人网络被打掉，人们从乡村走进城市，农业生产的基础地位被削弱。在中国的语境中，秩序是与国家政权建设过程相联结的。国家改造是中国社会转型区别于西方的最重要特点。[2] 中国的乡村秩序与国家改造是有很大关系的，但却不是直接结果。国家对乡村的改造表面上促成了乡村经济的发展、村民自治促成了村民自发秩序，但实际上改造的结果从社会学的意义上反而是"促成"了秩序的紊乱，改造的过程实质是打破旧秩序，去除特殊主义占主导的状态，建立了普遍主义的乡村逻辑。按韦伯的观点，传统中国人的信任是一种靠血缘共同体的家族优势和宗族纽带而得以形成和维持的特殊信任[3]，普遍主义的信任则相对不足。伴随乡村社会失序的就是宏观层面上的现代化过程以及由此而伴生的整体社会的现代性增长。早在19世纪末，德国社会学家滕尼斯就用"共同体"和"社会"这两个词来表明人类共同生活的基本形式或基本社会类型，之后，涂尔干在《社会分工论》中，根据人们结成的社会关系模式，

---

[1] 费孝通：《乡土中国》，人民出版社，2008，第9页。
[2] 李远行：《从社区走向组织：中国乡村秩序重构的结构基础》，《华中大学学报》2013年第6期。
[3] 转引自林聚任《当前中国乡村社会关系特征与问题分析》，http://www.zgxcfx.com/Article/67055.html。

用"机械团结"和"有机团结"这两个概念，区分了两种不同的社会结构类型，即传统社会和现代社会。滕尼斯和涂尔干其实表达的都是同一个意思。中国社会尤其是中国乡村社会，也正在经历这种变迁。

对乡村秩序的研究有结构化的方向和去结构化的方向，结构化的方向关注宏观因素，而去结构化的研究则更多从农民的个体化的角度，通过他们的行为、态度等微观层面来阐释秩序的变迁过程。但是不管哪一种角度，其落脚点都是包含一种温情的因素在里面，是包含一种普遍的对社会变迁状态下的农村社会失序的关切和对维护农村社会秩序的渴望。这对于整个中国农村社会的健康发展是有深层次的意义的。首先，维护社会秩序是对社会整体的一种尊重。社会之所以为社会，就在于其间的相互关系网络和具有凝聚力的核心精神。社会如果分散了，生存于其间的个体就会出现无力感。因为具有引导性、团结性的力量削弱了，社会缺乏一种统一的、整体的价值观，人们各行其是，分裂、紊乱就可能产生。所以说维护秩序就是保障社会的存在，维护村落秩序就是维护整体的乡村生态。其次，维护社会秩序是对新的外在负面力量的一种抵制。外在的力量并不都是在正面地改造农村社会。当现代性侵入农村时，它带来的可能是经济发展、民生改善这样的积极一面，但也带来了人际关系疏离、传统价值观迷失这样的负面因子。所以，对现在社会秩序的维护就是对外在新生力量中消极、负面内容的抵制。这种抵制很大程度上不能依靠单个的个体来完成，而是需要依靠集体的力量或者有觉知的领头人来完成。最后，维护秩序是在引导变革。变革是复杂的过程，它受很多因素的影响，系统的、零散的、时代的、区域的、地方化的，每一个都可能影响到大的社会变革的进程、方向和程度。即使变革的总体方向是无法改变的，但是通过引导变革的具体过程和形式，就好比同样是国家政治现代化的过程，有的国家转变成了议会民主，有的国家转变成了立宪民主，还有的国家变成了威权民主，但还有些国家偏失了方向变成专制独裁。所以说同样的变革，不同的路径不同的调控，可能产生完全相反的结果。当前中国农村的现代性变革也是需要引导的，如果放任自由，中国的农村社会也可能呈现出我们所不能预见的面貌。尤其是社会变迁的大背景下引导变革就更为重要，变迁的过程就是各种利益主体，结构体系重组的时期，如果不及时引导，等社会已经再结构化再去引导就太晚了。

　　本书的研究基于一个乡村的观察，通过记录一个中国东部乡村的秩序变迁，把微观和宏观有机结合起来，落脚点在农民的行为研究和微观观察，但视角却是宏观的，通过观察权力、市场和社会对行为的嵌入性，客观记录一种秩序的衍变，以及不同外在力量在这种衍变过程中的互动和作用。笔者并不预设一种秩序变迁的模式和路径，我们保留对可能性的尊重，只是从客观角度对这一过程进行描述。但从学术角度读者可以感受到笔者保留的一种期望，一种对乡村秩序发展的结果的期望。这是一个大变迁背景下的中国农村样本，失序和乡村变革正成为一个普遍的状态，城镇化以及官方话语中的新型城镇化正在席卷中国广大农村地区，外生的力量和内生的农村生态之间的互动究竟如何进行？朝向什么样的方向？它带给农村的是一种什么样的面貌？农村是如何抵制这些外部力量的？这些都是笔者关心的问题。我们不期望新型城镇化成为一种力量，一种毁灭农村的力量。但城镇化和传统农村力量就是一个对立的双方，如果要把这种隐性的过程比喻成一场战争的话，那甚至都不是一场拉锯战，因为农村一直以来都是这场"战争"中的弱者，所以从理想上我们期望农村作为一种社会生态和社会结构力量得到保存和保育。

二 村落社会秩序研究述评

(一) 村落研究历史追溯

新型城镇化的发展使转型阶段的农村成为当下学术研究的一个热点，这是中国近百年乡村研究历史的一个新阶段，也是中国历来的乡村关怀的绵延。早在20世纪初，中外社会学家就开始乡村研究了，以国外的传教士学者为代表进行的乡村研究则是中国学者早期的学术启蒙。1899年，美国传教士明恩溥（A. H. Smith）的《中国乡村生活》出版，他基于农村20年生活的直接的经验观察，收集了大量的第一手材料，对中国农村进行了精彩而独到的描述和研究，力求通过诚实客观的研究态度来探讨中国的乡村生活。作者在书中既赞扬了中国人节俭、勤劳等优点，也批评了中国人国民性格中的许多弱点，包括心智混乱、麻木不仁、因循守旧、缺乏公共精神和同情心、漠视时间、言而无信等，认为中国人在精神生活中特别是在宗教方面存在着关键性的缺失。此书不仅影响了西方人和日本人的中国观，甚至对中国以鲁迅、潘光旦为代表的现代国民性反思和中国人的民族改造思潮也产生了极大的影响。[①] 明恩溥的研究虽然是基于中国乡村的研究，但更多的是国民性的反思和观察。1925年，由美国社会学家葛学溥（Daniel Kulp）的《华南的乡村生活——家族主义社会学》一书出版，这是关于农村研究的开端。在书中，他有诸多独到的见解：要真正了解中国人的生活，不能依靠抽象的资料，而要深入研究被选择的群体、村落或地区，以"有机的方式"（organic way）对其进行描述，以便发现事实之间的关系，揭示其功能、过程和发展趋势。他的研究方法受到斯

[①] 黄晓珍：《"他者"视角下的中国——从后殖民语境解读辜鸿铭〈中国人的精神〉与林语堂〈吾国与吾民〉》，《广东教育学院学报》2006年4月。

宾塞（H. Spencer）、摩尔根（H. Morgen）、迪尔凯姆（E. Durkheim）等社会学、人类学大师的明显影响。该书详细记录和分析了凤凰村的经济、婚姻与家庭、宗教、人口及社区组织的情况，他的描述和分析建立在科学的规范之上，比起新闻报道和传教士的记录有价值得多。葛学溥的工作对汉学人类学具有开创性的意义，后来的一些国外汉学人类学家的研究大都建立在他的研究之上。①

国内学者以农村为对象的研究，始于20世纪30年代吴文藻先生对"社区研究"的倡导。当时学界对农民苦难的深切同情和生活关注，由此掀起了农村研究的第一次高潮，如梁漱溟、晏阳初的乡村建设理论与实验，费孝通的乡土重建思想，林耀华、杨懋春等对本土社会学和人类学研究的努力。不同的研究者通过在一些村落进行调查发现了中国农村存在的问题，既是一种学术的萌芽，也是一种发自于知识分子的自救计划。吴文藻是近代中国著名的社会学家、民族学家和教育学家，1901年生于江苏江阴，民国时期的中国社会现状以及反帝爱国运动激发了他的爱国热情，决心探索社会学和民族学的理论问题。早年先是在清华学堂读书，1923年赴美留学，先后在达特默思学院和哥伦比亚大学研习社会学和人类学，1929年获博士学位。回国后在燕京大学社会学系任教授，后兼任系主任。在燕京大学任教期间，吴文藻开创了他的"社区研究"。由于他的人类学和社会学双学科的教育背景，既有国内的本土经验，又有国外先进的理论熏陶，当时又正值国内社会学和民族学学科开端之际，所以吴文藻广泛介绍西方社会思想和人类学的各种流派，力求把社会学和文化人类学结合起来，特别提倡社区研究，强调实地调查和坚持社会学和民族学中国化。吴

---

① 李善峰：《20世纪的中国村落研究：一个以著作为线索的讨论》，《民俗研究》2004年第3期。

文藻针对中国当时的具体情况,提出了进行社区研究的方案。他认为,社会学要中国化,最主要的是要研究中国国情,即通过调查中国各地区的村社和城市的状况,提出改进中国社会结构的参考意见。[①] 吴文藻把这一主张概括为"社区研究"。"社区研究",就是对中国的国情大家用同一区位或文化的观点和方法,来分头进行各种地域不同的社区研究,民族学家考察边疆的部落或社区,或殖民社区;农村社会学家则考察内地的农村社区,或移民社区;都市社会学家则考察沿海或沿江的都市社区;或专作模型调查,即静态的社区研究,以了解社会结构;或专作变异调查,即动态的社区研究,以了解社会历程;甚或对于静态与动态两种状况,双方兼顾,同时并进,以了解社会组织与变迁的整体。[②] 吴文藻身体力行,派出大量的研究生到农村去做实地调查,其深入细致的农村的研究开创了中国社会学理论与实践相结合的范式,也掀起了中国学术研究中农村研究的重大开端。

费孝通是20世纪中国社会学农村研究的另外一位重要的代表人物。费孝通1910年生于江苏吴江,是中国著名社会学家、人类学家、民族学家、社会活动家,也是中国社会学和人类学的学术奠基人。费孝通1930年考入燕京大学社会学系,1933年毕业后考入清华大学社会学系及人类学系研究生,师从吴文藻。1935年毕业后获得公派留学的机会,赴英国伦敦大学师从马林诺夫斯基(Malinowski)攻读博士学位,并于1938年顺利毕业。[③] 费孝通的毕业论文题为《开弦弓,一个中国农村的经济生活》;1939年以《中国农民的生活》为书名在英国出版;1986年江苏人民出版社以《江村经济》出版中文本,因作者

---

① 吴文藻:http://baike.baidu.com/。
② 董长弟:《吴文藻社区研究思想及其现实启示》,《齐齐哈尔大学学报》2008年第7期。
③ 费孝通:http://baike.baidu.com/。

将江苏省吴江县开弦弓村取名为江村。

《江村经济》是根据作者对中国东部，太湖东南岸开弦弓村的实地考察写成的，它描述了中国农民的消费、生产、分配和交易等体系，旨在说明这一经济体系与特定地理环境的关系，以及与这个社区的社会结构的关系。费孝通在农村社区研究中运用的以村落为单位的实地研究法、类型比较法、功能分析法具有鲜明特色，不仅是对传统社区研究方法的超越与创新，而且对社会学、人类学研究方法和未来发展做出了巨大贡献。[1] 这本书之所以能够成为社会学经典，至少有两个原因：一是对中国基层农村的深入客观、入木三分的细致描述，二是提供了经验性的研究方法。

《江村经济》的续篇是1940年出版的《禄村农田》。禄村的原型是云南省楚雄彝族自治州禄丰县大北厂村，1938年刚从英国学成归来的费孝通来到云南大学任教，为了学以致用，同时也为了报答正处在苦难之中的祖国，费孝通决定来到农村开展社会调查，于是他和同事们一起来到云南的几个农村地区做调查，这就包括其中的禄村。在30年代末期，禄村是差不多完全以农业为主要生产事业的内地农村结构，它的特色是众多人口挤在一狭小的地面上，用着简单的农业技术，靠土地的生产来维持很低的生计。如何为农村剩余劳动力找到出路，提高劳动力的价值，这是费孝通通过禄村调查提出的内地农村面临的现实问题。[2] 最初，费孝通认为必须依赖城市工业的兴起，但随着调查研究的不断深入，费孝通逐步改变了自己的看法，认为农村应当发展自己的乡村工业。

除了江村和禄村的深入研究，志在"学术富民"的费孝通此后还

---

[1] 乔凯：《费孝通农村社区研究方法探析》，《黄山学院学报》2006年第1期。
[2] 费孝通：《禄村农田》，载《费孝通文集》第二卷，群言出版社，1999，第150页。

调查了很多中国农村,写出《内地农村》《乡土中国》《乡土重建》等一系列乡村研究的名著,并在江村和禄村研究的基础上提出了他的乡土重建的思想。与当时想搞乡村建设的知识分子相比,费孝通先生是以发展经济为中心,他时刻关注的是如何增加农民收入,改善他们的生活。他说:"在我看来乡土工业的转变并不是突然也不一定是彻底的,重要的是增加农民的收入。"而"以往种种乡村建设的尝试,似乎太偏重了文字教育、卫生等一类并不直接增加农家收入的事业,这些事并不是不重要。但是它们是消费性的,没有外力来资助就不易继续。要乡土在自力更新的原则中重建起来。一切新事业本身必须是要经济上算得过来的。所以乡土工业可能是一种最有效的入手处"①。费孝通的乡土情结和乡土重建思想具有鲜明的时代特点,是那个时代救国救民思想的一部分,本质上是救国,但实质上也起到了社会学学术启蒙和农村研究开端的重要作用。

虽然说中国的农村研究在20世纪二三十年代取得了较大的成就,但是随着抗日战争和国内战争的相继爆发,刚刚萌芽的农村研究的花朵此后就逐渐凋零了。不仅仅是学术,正常的教育教学也都因为战争而被改变。梳理新中国成立前的乡村研究,我们认为这时期的学术更多的是一种人类学意义上的深描或民族志研究,着重的是大转折背景下的乡村素描,而且这时候的乡村研究更大程度是与当时的宏观社会背景有关系,学术基本上都是为救国服务,所以学术中也更多地包含了一些实用主义的考量。但遗憾的是,新中国成立后,相应的学术研究并没有恢复,政治因素导致中国的乡村研究经历了几十年的断裂状态。1952年6月至9月,中央人民政府对全国高等学校的院系设置进行了大规模调整。此次院系调整中受影响较大的是人文社会学科,社

---

① 费孝通:《乡土重建》,载《费孝通文集》第四卷,群言出版社,1999,第438~439页。

会学、政治学、心理学、人类学等学科相继被停止和取消。这一阶段的人文社会学科的发展不大，农村研究也基本停顿。改革开放后，国家重心由阶级斗争转移到经济建设上来，拨乱反正，国家的教育体系和学术体系恢复正常；中国农村的社会结构、生产生活方式都发生了极大变化，国内学者又掀起了农村研究的新热潮。

从80年代开始陆续出现一些具有代表性的农村研究的成果。1992年，陆学艺出版了《改革中的农村和农民》，对大寨、刘庄、华西等13个人民公社时期的著名村庄进行了研究，指出在现代化过程中，农民逐渐离开土地，转化为非农业劳动者，即使留在农村从事农业的劳动者，其社会身份、生产手段、生活方式、价值观念等也发生了相应的变化，传统意义上的农民逐渐消失。[①] 王沪宁的《当代中国村落家族文化——对中国社会现代化的一项探索》，将村落文化作为研究中国社会现代化的核心内容。[②] 1997年，王铭铭出版了对福建安溪县美法村的调查而撰写的《社区的历程——溪村汉人家族的个案研究》，该书以国家与社会的关系作为分析框架。[③] 1997年，折晓叶出版了《村庄的再造——一个超级村庄的社会变迁》，以广东珠江三角洲地区的万丰村为个案，将乡镇企业的兴起和农民外出流动这两大热点主题置于对一个农村社区的研究之中。[④] 类似这样的研究还有很多，由于国家总体的政治形势的缓和以及经济发展的向好，这一阶段农村研究的角度也更加多样化：有从农村自治制度和自治组织改革角度进

---

① 陆学艺：《改革中的农村与农民：对大寨、刘庄、华西等13个村庄的实证研究》，中共中央党校出版社，1992。
② 王沪宁：《当代中国村落家族文化——对中国社会现代化的一项探索》，上海人民出版社，1991。
③ 王铭铭：《社区的历程——溪村汉人家族的个案研究》，天津人民出版社，1997。
④ 折晓叶：《村庄的再造——一个超级村庄的社会变迁》，中国社会科学出版社，1997。

行的研究[①]；有从农村社会流动和分层角度进行的研究[②]；有对中国农村宗族势力进行的研究[③]；有从农村文化变迁角度进行的研究[④]；有从农村非农化、城市化的角度进行的研究[⑤]；还有对著名田野调查村庄的再研究[⑥]等。处于转型变迁的中国众多村落为学者的研究提供了丰富的素材样本，迎来了中国农村研究的第二个高潮。

乡村研究已经成为海外中国学的重要部分，不同学科不同理论流派对中国的农村社会进行了全面的、综合性的、细致的考察，形成了不同的研究视角。社会学家们利用从深度访谈到抽样调查、从实地考察到推理分析等多种方法描述和研究着中国农村社会的各种变化；人类学学者则走入田野，不仅探讨了中国农村的现实变化，而且追寻着

[①] 张厚安：《三个面向，理论务农：社会科学研究的反思性转换》，《华中师范大学学报》（人文社会科学版）2001第1期；徐勇：《中国农村村民自治》，华中师范大学出版社，1997；胡荣：《理性选择与制度实施：中国农村村民委员会选举的个案研究》，远东出版社，2001；于建嵘：《岳村政治：转型期中国乡村政治结构的变迁》，商务印书馆，2001；吴毅：《村治变迁中的权威与秩序——20世纪川东乡村的表达》，中国社会科学出版社，2002；张静：《国家政权建设与乡村自治单位——问题与回顾》，《开放时代》2001年第9期。

[②] 王春光：《社会流动和社会重构：京城"浙江村"研究》，浙江人民出版社，1995；李强：《转型时期的中国社会分层结构》，黑龙江人民出版社，2002；李培林：《流动民工的社会网络和社会地位》，《社会学研究》1996年第4期。

[③] 陈礼颂：《一九四九前潮州宗族村落社区的研究》，上海古籍出版社，1995；李国庆：载陆学艺《内发的村庄》，社会科学文献出版社，2001；王铭铭、王斯福编《乡土社会的秩序、公正与权威》，中国政法大学出版社，1997；杨方泉：《塘村纠纷——一个南方村落的土地、宗族与社会》，中国社会科学出版社，2006。

[④] 王沪宁：《当代中国村落家族文化——对中国社会现代化的一项探索》，上海人民出版社，1991；曹锦清、张乐天、陈中亚：《当代浙北乡村的社会文化变迁》，上海远东出版社，2001。

[⑤] 周晓虹：《传统与变迁——江浙农民的社会心理及其近代以来的嬗变》，三联书店，1998；李培林：《村落的终结——羊城村的故事》，商务印书馆，2004；周大鸣：《社会转型与中国乡村权力结构研究——传统文化、乡镇企业和乡政村治》，《思想战线》2004年第1期；蓝宇蕴：《都市里的村庄：关于一个"新村社共同体"的实地研究》，中国社会科学院研究生院社会学系博士论文，2003年。

[⑥] 费孝通、张之毅：《云南三村》，天津人民出版社，1990；潘守永：《"一个中国村庄"的跨世纪对话》，《广西民族学院学报》2004年第1期；周大鸣：《凤凰村的追踪研究》，《广西民族学院学报》2004年第1期。

中国农村的历史发展；政治学界在结构－功能主义框架和现代化理论等的支配下对农村政权和政治文化进行分析，有的则从基层政权建设、政治稳定和发展的角度做探讨，从而使当代海外中国农村研究呈现出多学科背景的特点。1985 年，美国斯坦福大学出版了黄宗智利用满铁调查资料撰写的《华北的小农经济与社会变迁》，该书探讨了 20 世纪上半期华北农村宗族与村政的关系，指出了现代化所导致的国家权力扩张对于新型的国家与村庄社会关系的影响。① 1988 年，美国芝加哥大学教授、美籍印度裔学者杜赞奇（Prasenjit Duara）出版了利用满铁惯行调查资料所写的《文化、权力与国家：1900—1942 年的华北农村》，该书探讨了中国近代国家政权建设背景下的国家政权内卷化和国家与村庄连接机制的变异问题，对华北的村落性质、宗族结构、国家代理人等问题进行了讨论。② 社会学家、前东亚研究中心主任傅作义博士是较早对中国农村进行研究的学者，早在 1987 年就有对广东农村的考察。此后，采用社会生态学和结构论的方法进行农村研究的是东亚研究中心主任裴宜理教授，他通过从造反到革命的农民运动的分析，指出地理环境影响着农民的政治行为，进而决定革命发生的过程。另外，比较著名的研究还有斯坦福大学政治系教授戴慕珍对中国农村经济转型的制度视角的分析；加州大学圣迭戈分校历史系的毕克伟教授关于特殊政治化时代的乡村转型研究。

如果说乡村研究的第一个阶段处于大转型的历史背景，中国从上到下、从里到外都在经历一场三千年未有之变革，农村只是这一变化的节点和缩影，那么，第二个研究阶段所处的则是另一个大变局、大

---

① 黄宗智：《华北的小农经济与社会变迁》，中华书局，2000。
② 〔美〕杜赞奇：《文化、权力与国家：1900—1942 年的华北农村》，江苏人民出版社，2010。

转折的宏观背景，这就是中国社会现代化、城市化的过程，而农村也毫无疑问地卷入这一进程中。因此这一阶段对农村的研究，很多都是在"冲击－回应"的框架内展开的。因为有现代化、城镇化的外在冲击，农村是如何"回应"这一趋势的就成为学界所关心的话题。不管是政治上的变动，经济上的转型，还是文化上的嬗变，总之农村都处在"变"之中，从结构上的变到形式上的变，从形式上的变到实质上的变。

(二) 村落秩序研究动因

在众多的乡村研究视角中，对于村落社会秩序的研究显得尤为重要。社会学对秩序的关注由来已久，早在社会学之父孔德把社会学分成"社会动力学"和"社会静力学"的时候，对秩序的关注就已经深深地烙上了社会学学科的特性。孔德生活在法国大革命之后封建王朝势力与资产阶级共和派反复较量的时期，连年的国内政治动乱和对外战争严重破坏了法国的社会稳定，阻碍了法国的工业革命进程和经济发展。面对法国的内忧外患，孔德构建了以重建社会秩序和促进社会进步为核心的实证社会学思想。孔德将其社会静力学界定为关于"人类社会的自发秩序的一般理论"，其基本任务就是"从静态的角度对社会有机体进行解剖式的分析，从而发现社会有机体的各种组成部分，考察这些不同层次的组成部分之间的结构关系，以及它们如何相互协调以便维护社会存在的秩序，然后在此基础上阐明社会和国家的形成过程"[①]。孔德提出"重建秩序"的构想，一生都在孜孜不倦地寻求走出混乱、建立秩序的途径，他主要观点有：建立社会秩序的原则有6个方面：(1) 崇尚科学与自然法则，(2) 扩大博爱倾向，(3) 增

---

① 杨深：《简论孔德的社会发展阶段理论》，《中国社会科学院研究生院学报》2008年第5期。

加信仰与道德的一致性，(4) 实行社会分工与合作，(5) 增强政府权威与调节，(6) 在私有制基础上进行"社会改造"。按照宋林飞的说法，"孔德虽然接受世俗的、专横的和等级的秩序，但是他特别强调要在世俗的等级制度上增加一种精神秩序，并认为这对于促进社会的统一与和谐是至关重要的，而这种精神秩序的重要支柱就是宗教"。[①] 孔德点燃了关于社会秩序研究的星星之火，此后众多的社会学家都将思想的光芒投射到社会秩序研究领域。

同样生活在社会秩序裂变时代的涂尔干，关注的是分散后的整合问题，一种秩序被打破了，另外一种秩序如何建立？传统道德动摇了，但代替它的道德还没有形成，新的道德的可能性在哪里？基于这些基本理念，从社会分工的视角出发，涂尔干研究了失范和反常状态对现代社会秩序的挑战，尤其是个人主义、利己主义以及社会道德规范的缺失对社会秩序的破坏。[②] 拥有社会学主义之父头衔的涂尔干其实是一位怀旧者，他所希望的是恢复一种旧的集体的社会秩序，或者建立一种新道德，他不希望看到一种社会的支离破碎，那样社会就会成孤立化的原子主义，所以他特别看重学校的教化和社会的职业团体对人的精神的影响，引导人们朝向一种集体的秩序观。

帕森斯所建构的社会行动模型，也是一种对抗社会分化的模型，每一个系统都受到独立结构化机制支配，但它们又通过相应的规范和机制促成整体的社会秩序。后来的更多社会学家，不管是现代还是后现代，包括布迪厄、哈贝马斯、福柯、吉登斯等均在社会秩序的理论建构方面有很多努力和精进。他们的思想中都隐含着一种特殊的时空语境，那就是个体化时代的到来。在社会秩序转型的过程中，个体对

---

① 转引自宋林飞《西方社会学理论》，南京大学出版社，1997，第15~24页。
② 参见涂尔干《社会分工论》，三联书店，2000。

社会空间有着空间的型构,有着空前的创造力。当个体力量被更多地激发、释放出来,有利于当代社会个体化秩序结构的创建。

改革开放后的中国农村虽然不像孔德所处的时代那样动荡不安,但却经历了另外一种"不稳定性"。在"冲击-回应"模式下的乡村秩序显然受到外在因素的较大影响。渐进的市场化过程、快速的城市化进程,伴随着不稳定且多变的制度变迁,导致整个乡村都处在一种结构不稳定的状态。权力结构、经济模式、社会文化因子、公共空间、互动模式等都因为外力的牵制而变动。从稳定到危机到重建,这是一种传统到现代的分析思路。林聚任概括了四种乡村社会秩序的分析思路,传统-现代只是其中的一种,另外三种分别是国家-社会的思路、理智-浪漫的分析思路以及后现代的思路。[①] 尽管存在四种不同的分析思路,但毫无疑问前两种的分析话语基本上是目前乡村研究中的公共话语,但不管是国家和社会的分析模式,还是传统与现代的分析框架,都体现的是一种张力情境下的紧张。一种普遍的观点就是现代化的过程让"乡村秩序"遭到损害,而抛开浪漫社会学关于秩序的想象,中观层面上的实证研究更多的是关注一种可能性,即新的情境下乡村社会秩序是如何可能的?

乡村社会秩序的问题实际上也就是在探讨"乡村社会的可能性"或者"乡村社会秩序重建的逻辑"。中国传统的乡村社会秩序一直是比较稳定和单纯的,由宗族制度的普遍化和庶民化为一极构成的自下而上的自发秩序,以及由中央政权的强制性政治权力为基础构成的由上到下的建构秩序,共同互动、竞争,参与塑造了传统乡村社会秩序。当然这是两种权力因素,实际上乡村的经济形态、文化因素、空间格

---

① 林聚任、刘翠霞:《论乡村社会秩序的重建——"共同体"之路》,《中国农村社会学研究》(第一辑),2011。

局、资源依赖等都是影响传统乡村社会秩序的重要因素。吴雪梅指出：居住格局决定乡村聚落性质；经济形态建构乡村互动模式；水利模式划定乡村公域边界；权力半径影响乡村治理类型。[①] 中国大江南北，有着两种不同的社会秩序模式：南方大多形成以血缘为纽带的宗族小共同体，而北方大多形成以政权为中心的大共同体。但不管是哪一种社会秩序模式，其基本特征都表现为稳定、单纯、可调和。这种稳定、单纯和可调和的乡村秩序是中国长久以来农村稳定的基础，甚至也是中国社会和中国民族得以凝聚、稳定的基础。

众所周知，中国是世界上最古老的文明之一，也是四大文明古国中唯一延续到现在的文明。经历了历史长河的大浪淘沙，埃及文明和巴比伦文明消亡了、毁灭了，只有印度文明部分留存，而中华文明被大部分保留下来且能生生不息。中国的几千年历史，实际上也是朝代更替不断，战火连绵，兵燹频仍，但不管战争破坏如何，也不管人口如何灭失，中华文明的内核仿佛注入中国人的基因中，很快就会萌生出来。这种文化基因的延续性与很多因素有关系，有说是跟地理因素有关系，有说是因为文化内核自身的强大，有说是因为政府的支持，应该说这些都是影响因素，我们也没有办法找到唯一的一个因素来说明这种传承的原因。笔者这里提到的观点是从文化实践单位的视角来观察。其实文化是一种虚的东西，看不见，摸不着，我们观察不到它的形体，但我们却真真切切地感受到文化的存在和力量。这是因为文化有它的实践单位和物质载体。物质载体比较好理解，那些几千年留传下来的东西就是文化的载体，从这些载体上我们可以观察到文化大概是个什么样子。比如，我们都说中国是一个尊师重教的国度，它的

---

① 吴雪梅：《多中心乡村社会秩序的建构——以明清时期两湖地区为考察对象》，《华中师范大学学报》（人文社会科学版）2012年第6期。

载体在哪里？我们去看看孔庙，看看孔庙里的那些孔子牌位，那就是最好的文化载体。但是文化载体会变，改朝换代的时候，旧的朝代留下来的东西很容易就被摧毁掉。孔庙能够保存下来，那是比较幸运，而大部分的物件、载体其实都是很容易灭失掉的。所以单靠载体是不足以观察文明为什么能够被延续的。这就需要靠文化实践单位的传承。

所谓的实践单位就是指依照文化规范进行生活的人或集体，他们遵照文化的指令行事，并且再生产出文化的模式和范式，将其延续下来。那么，中国的文化实践单位到底是谁？笔者的观点是：村落。如果以城市－农村的二元法来观察中国社会，毫无疑问，城市是流动的、变迁的、不稳定的、多元的，而农村则是固定的、静态的、稳定的、单纯的。中国古代的大部分战争和动乱都是发生在城市区域，农村虽然也受到影响，但是农村的根基是稳固的。农民们组成的小社会，可以被外力破坏，但其稳定的结构没有变，基于血缘关系组成的村落集体不依赖于土地也可以生根发芽。战乱可以将人从中国北方驱赶到中国南方，但文化因子也依然可以在南方重新生长。中国的村落社会很好地当起了中国文化的实践单位，这个单位的存在是保证中国社会稳定和中国文明传承的重要力量。所以村落秩序的研究，实质是面对强大的新时期的外部力量造成"农村衰败"的情况下的一种觉知。

"农村秩序为什么可能"这样的问题就是对当下中国的农村一个终极之问。村落秩序按照其生成主体、生成的内在逻辑两个维度划分为三种类型，即原生性秩序、后致性秩序和建构性秩序。原生性秩序是随着村民、自然与社会长期互动的过程而形成的，规范着村民、自然与社会的基本关系结构，从而维系着村落正常的生产和生活。原生性秩序的主体即村落本身，包括了村落中的人、自然与社会等元素，生成的逻辑即自发自觉，而非外力所迫。这种秩序可以理解为哈耶克的"自发秩序",即一种非经个人或权威机构设计、自我生成的内部秩序。原生性秩序主要表现为传统和地方性知识两种类型。传统包括历史传承下来,人们共享的价值观、规则、习俗、信仰等。虽然在非农化背景下,新的观念对村落传统产生了极大的冲击,但传统仍具有很强大的惯性,在一定程度上规定了人们活动的方向、方式,规定了语言和符号使用的对象和方法,调整着当下人们的各种社会关系。传统本身只是一个时间维度的概念,并没有价值判断,而优良的传统更是一种资源、一种理念、一种共享的文化通则。"地方性知识"由美国学者克利福德·吉尔兹提出,"地方性"既指特定的地域性和特殊性,又包含着特定的历史文化条件所形成的立场、观念和价值等。沿着这些地方性知识的运行逻辑,产生了诸如"乡规民约""风土人情""乡风民俗""土经验""土办法"等共同体行动策略和共同的社会秩序。[①]

后致性秩序,即秩序是在村落的发展过程中通过某种力量或在某种目的的推动下逐渐形成的。后致性秩序最典型的代表是市场规律与契约法律。随着非农化进程的推进,大量工业和商业在村落发展,市场规律便随之成为村落秩序的新力量。在商品经济的发展过程中,村落社会流动增加,就业多样化,社会经济分化,人们的互动方式更多元化,人与人之间的利益关系也更复杂化,理性、精于计算等"经济人"的逻辑也在一定程度上影响着村落中的人们。于是,人们逐渐具备了市场意识、竞争观念,市场规律就这样引领着村落向现代化方向发展。与此同时,契约和法律逐渐成为维持社会秩序的又一力量。在商品交换的过程中,人与人之间的利益诉求通过契约来维系,而契约的有效性则以法律为后盾,这就意味着法律在村落社会中的作用不再

---

① 张秀梅:《非农化背景下村落秩序的多维互动》,《中国社会科学报》2014年8月8日。

形同虚设。①

建构性秩序，即秩序是依靠外来制度安排形成的。建构性秩序的主体是村落以外的主体，如国家或其他行政级别的主体。其生成逻辑是建构性的，是在外力介入并推动下生成的秩序。建构性秩序的根源是国家权力，表现形式是村级治理。有学者指出，在前现代社会，国家与乡村有紧密的衔接关系，国家的治理体系是在乡村治理体系的基础上建构起来，国家将乡村治理体系紧紧地吸附在自身的治理体系之中，但城市化改变了国家治理重心。当下，非农化再次改变了国家的治理逻辑，曾远离国家权力的具有一定自主性的村落也逐步被纳入现代国家的治理视野之中。从国家建设的角度来看，社会一体化的制度与机制要进入村落社会，以国家名义供给的教育、公共财政和卫生医疗等公共产品、公共服务也要进入村落社会，因此国家权力是建构性秩序的合法性来源。② 村级治理的权利分配方式是"自下而上"的，这是国家制度安排的结果。虽然是村民自治，但仍是建构性的秩序。

秩序建构、秩序变迁是社会学关注的中心问题，村落秩序更是当下中国社会不可忽视的重要问题。不管是原生性秩序，还是后致性秩序、建构性秩序，它们都构成了当下中国农村社会的最大实际问题。

三 研究方法

本文选择中国东部一个农村——安村作为研究对象来研究村落的社会秩序变迁模式及如何在时代变迁背景下保护村落秩序。之所以选择这样一个村子，就在于作为一个东部的小村落它具有中国广大乡村的一般性特征，是中国农村的一个缩影，同时安村的发展又诠释了自

---

① 张秀梅：《非农化背景下村落秩序的多维互动》，《中国社会科学报》2014年8月8日。
② 张秀梅：《非农化背景下村落秩序的多维互动》，《中国社会科学报》2014年8月8日。

己的独特风貌。首先，安村经历了中国农村1949年之后的各种变革和发展的进程，从20世纪50年代的土地革命到农业合作化，从1978年之后的分田到户到市场经济发展阶段下的农村城镇化，等等，安村的历史就是一部写实的历史，中国农村的各种大变革小革命的印迹都深深地嵌入在安村的山水田野。如今的安村也在感受并经验着新型城镇化这一农村发展大潮大势所带来的震动和革新，因此对安村的观察可以作为对中国农村观察的一个微观探头，可以用来描述和研究中国农村整体的一种趋势变化。其次，安村又呈现了自己的独特性，在一个长时间的历史维度中，安村并没有完全"随波逐流"地卷入现代性的变革之中，我们在这里观察到了其他农村都会卷入的现代性因子增加的过程，但显然这里的速度更慢，程序更缓，一些社会理想的原生性秩序在这里得到更好的保留，我们把这些称之为"社会性的因素"，比如这里尊师重教的风俗保存得很好，比如这里民风淳朴，打架斗殴的现象比较少，还有一些文化民俗也得到了最大程度的保存。那么，安村是如何留存这些社会原生态的内容，作为一种秩序是如何生存和发展，这就是本书所要探讨的核心命题。

  这样的观察和研究显然具有自己的时代性意义。当下的中国社会正处在一个深刻的社会转型时期，从纵向来看，我们的社会呈现出巨大断裂和跃迁，很多特征和社会事实有急剧的变化和重整。一方面城市在现代化的潮流下正在重新设计，交通体系的重新设计、建筑风格的改善、居住密度的调整、居民个人观念的变化都极大影响城市这个人类居住区的风尚和面貌。城市在被改变，农村也不例外。而且是一种比其他国家要快数倍的城镇化过程，是农村自我革命的过程。在这种过程里很多我们珍惜的东西和价值被丢掉，一种更具有城市性的人类属性正在照耀黄土大地。而在我们感觉到鲜明的城市印象的同时，我们发现人和人之间增加了隔阂，原来的那种熟人社会的基础突然之间就消失了，陌生人的气质突然就凝固在我们那片熟悉土地的空气中了。理想的社会秩序被打乱了，类似于经济学中的"交易成本"突然就增加了，人们为了维持社会关系所需要额外付出的成本增加了。我们在远离乌托邦的路上跑得越来越快，奔向一个讲究实用价值、不可靠、无信任的社会空间里。那片熟悉的土地还在，但我们的人和心变了。关键是我们也知道我们自己在变，所以我们希望竭力扼制这种趋势。所以我们的这项研究就在为这种理想尽一份力，我们希望从这个村落的观察中寻找一些模式和特征，让我们了解为什么会变，以及怎样可以不变，或者怎样才可以让趋势变得更加缓和一些。安村只是研究的切入点，更宏观的意义应该置入更加庞大和广阔的中国农村。

毫无疑问，这是一个需要大量田野调查的实地研究课题。本书将以安村为切入点，通过宏观与微观相结合，历史和现实相结合，理论研究和经验研究相结合的逻辑，以国家－市场－社会互动的方法论和理论视角为框架，讨论并分析社会秩序的可能性。本书具体使用了以下几种研究方法。

（1）实地研究。实地研究也称现场研究，或田野调查，在人类学研究中被广泛运用。它是指研究者直接深入调查或研究对象所在的群体、区域或社区进行资料收集或访谈的一种研究方法。它最初为社会人类学家采用，英国著名社会人类学家 B. K. 马林诺夫斯基（Malinowski, Bronislaw Kaspar）曾于1914～1921年在太平洋美拉尼西亚特罗布里思德群岛与土著居民共同生活，研究他们的文化和生活方式，写下了著名的《西太平洋的淘金者》（1922），这是田野研究的代表作。从那以后，实地研究作为社会学的一项重要研究方法开始得到学界的认可和发展，并逐渐成为进行社区研究和群体研究的重要方法。实地研究法不同于自然观察法，它实质上是一种亲自介入社区中的一种参与式观察法，需要在亲自观察中收集数据、试图去理解它、进而形成理论。实地研究法是质的研究中最为重要的研究方法，被社会科学研究者所广泛使用。

本研究就是对一个乡村社区的总体性研究，所以采用实地研究的方法是再贴切不过了。笔者在村庄内部，采用质性研究中的"目的性抽样"原则，选择能够为本研究提供最大信息的人和事进行深入访谈。并通过非参与观察或半参与观察、座谈会、问卷调查等方式进行具体研究。

实地研究中需要谨慎处理的关系是研究者与研究对象之间的关系。在实地研究中，研究者一方面需要介入社区之中，如果不能介入，就没办法形成关于研究对象的完整体验和对微小细节的感知，但同时，如果过分介入，研究者的客观性原则有可能会被破坏。要充分考虑主体间性对研究的影响，所以研究者应该是一种客观地介入。

（2）问卷调查法和访谈法。问卷调查法，也叫"填表法"或称"书面调查法"，是研究者通过书面的标准化表格形式，以当面作答、邮寄或者追踪访谈等形式，了解当事人的看法和意见，是一种间接搜集材料的调查手段。问卷调查是一种结构化的研究方法。通常设计一份问卷会包含模型变量、辅助变量及人口统计学的特征。由于这些都可以收集量化的数据，因此问卷设计通常是定量分析的一种重要数据分析方法。在互联网如此发达的时代，信息技术让笔者与调研对象保持着最近的距离，同时给问卷调查和统计提供了许多便利。

访谈法常和问卷调查法配合使用。访谈员通过和受访人面对面交谈来收集数据，通常应用于社会学或者心理学研究。因研究问题的性质、目的或对象的不同，访谈法可以采用结构型访谈和非结构型访谈等不同形式。访谈法能够简单而迅速地收集大量调研信息、资料,是一种行之有效的调研方法。与问卷调查法相比,访谈法有自己的优点和不足。由于问卷调查法需要自己填写,对受访者的知识文化水平有一定的要求,当调查对象是知识文化水平相对较低的群体的时候,问卷调查就不太适合,而访谈法就比较适合了。访谈的过程就相当于一个"解释"的环节。访谈法的不足之处在于,访谈法收集到的资料的标准性相对于问卷法就显得不足,访谈完的资料需要有人记录、整理、标准化,这实际上就是一个人为"加工"的过程,其客观性就存在不足。所以在实际的社会学研究过程中,研究者往往会根据客观情况选择适合的研究方法。

从 2012 年课题立项到 2016 年四年的时间内,笔者和课题组成员多次进入该村,发放结构化问卷 200 份,进行半结构式的访谈,一共完成个人访谈约 20 人次,家庭户访谈约 10 户,三次座谈会共有 30 余名村民代表和村干部参加,多次回访,了解该村发展情况。这些数据为本研究提供了重要的质性资料。

(3) 建立村落实验基地。这是一种社会学实验的研究方法。一般来说实验研究法分为实验室实验和实地实验。我们通常所说的实验法往往是指实验室实验。但实验室实验是在高度控制的条件下,运用科学实验的原理和方法,通过引入、控制或操纵某些条件、某个因素或变量,观察另一个变量所发生的变化,并进行实验组和控制组的对比,来分析现象之间、变量之间的因果关系。实验室实验本身具有其他研究方法无法取代的优点,被广泛运用于各个学科中。但是,实验室实验中也包含着大量的不确定因素,制约了实验室实验的发展,当研究对象是社会规律和人时,实验室内发生的一系列行为过程,在正常发展的自然的社会环境中未必就会发生,同时,多次重复的实验,无法保证下一次的实验结论与上一次是完全相同的,可信度和复制研究能力较差。通过实验研究在各个学科中的运用结果我们可以了解到,在较为微观的研究背景下,实验室研究的使用可以更加运用自如,在较为宏观的研究背景下,实验室研究应用就有些捉襟见肘了。所以另外一种实验,实地实验或者说自然实验就应运而生了。实地实验一般是在实际场所中进行,如教室、操场或者其他自然情境中,不需要对实验变量进行严格的控制,只需要观察一种外在的刺激对于某种情境的影响。对于本研究来说,虽然我们不可能采用20世纪30年代乡村建设运动的方法,但其中一些可贵的经验仍然可以汲取,即社会学研究者要"接地气"。具体研究方法是人类学的非参与观察或半参与观察方法,采用"自然实验"方法。即主要以旁观者的身份观察村落秩序。实验基地的研究必须在地方政府的支持下开展工作,遵守科学研究必要的伦理道德。本研究将安村作为一个自然实验点,通过介入式的观察者身份来研究新型城镇化这种巨大的外力是如何改变村庄,以及村庄是如何应对这种外部性力量。

(4)文献资料法。整个调研过程,我们都注重分类搜集大量文献资料:一是国内外学者的相关研究成果;二是地方志、族谱、地方文学作品等,这些资料为研究安村及其所在地区的历史、地理、经济、社会与文化状况提供了重要资料;三是成文的村规民约和村庄自治过程中涉及的内容,如户籍资料、会议记录、调解记录、工作通告、工作总结、统计报表、制度章程、各类档案资料等,安村的干部对笔者毫无保留地开放他们的档案室,极大地方便了调研工作的进行;四是地方党组织和政府的文件、统计资料、计划、报表、地方法规等,这些文献对于了解村治过程中的国家进入也十分重要;五是干部和村民的私人记录、民间契约文书、碑文、捐献记录等。

四　研究框架

前文已经交待本研究的核心命题在于探讨大变革时代的村落秩序的变迁以及作为一种理想的、自然的社会秩序是如何在乡村得到保存的。我们的研究是在中国东部的一个小乡村——安村展开的，这是代表千万个中国乡村的一个缩影。在1978年后的中国现代化以及更贴近中国农村现实的城镇化和新型城镇化的时代背景下，本研究试图从国家、市场和社会三个层面去观察、描述、分析、研究这种外部力量与内生力量之间的激荡酝酿变革的过程，以及代表国家、社会与市场的三种表征性机制之间的互动冲击，从而找到一种合理性的机制，从中我们可以一窥安村发展的特色。为什么有些价值和秩序在安村得到了保留？这是我们留给所有读者的问题，也是我们在书中所要探讨的问题。

第一章分析了研究的时空背景。当前中国的广大农村是处在新型城镇化的时代。当然这里的新型城镇化包含了两层意思，一层意思是指这种农村转型过程，它是实实在在地发生于当前的农村社会。所谓的新型城镇化，首先是城镇化，它表征的是一种农村人口向城市转移、农村土地向城市土地转移，以及农村生活形态向城市生活形态转移的过程，之所以要强调新，是因为过去的旧式的城镇化在"质"上存在瑕疵，所以这就是为什么要提"新"，新的内涵就在于一种质和态上的改变，不再单纯强调速度和量，而把和谐和质放在着重点上。另一层意思，新型城镇化是作为一种政策愿景被提出来的。它包含的也是一种理想的状态，政策的制定者和农村里的劳动人民期望有一种更加合理的秩序和转型过程。如果理解新型城镇化既是作为一种现况也是作为一种愿景，就可以理解本研究的目的和意义，即既是一种对当下过程的描述，也存在一种对于合理秩序的渴望和促进。同时本章还交代了本书的研究方法和研究框架。现在的研究一般都趋向于综合研究，很少使用单一的研究方法。为了更全面地梳理安村的社会秩序变革的历史，笔者使用了问卷、访谈、实地研究、文献分析等多种研究方法。

第二章介绍了研究的理论框架和视角。国家-社会的视角一直是研究中国乡村治理的主要视角。作为两种形塑社会的力量和机制，通过将国家和社会的冲突、互动及博弈的过程嵌套到中国的微观现实中，可以活灵活现地展现农村社会秩序及生态的动态演变过程。但传统的视角在新发展中遇到了障碍，第二章分析了国家与社会的机制中可能存在的问题和缺陷。为了克服这种缺陷，很多学者作了多种尝试，本研究的尝试就是其中的一种。即在国家和社会两种机制外，引入新的力量——市场机制的力量，它代表的是在乡村发展过程中自发的、关涉经济交换的一种机制，从而用国家-市场-社会的新视角，来分析安村的社会秩序变迁的机制。

第三章重点描述了研究对象——安村的历史和现状。安村过去是一个以煎盐业为重心的乡村，在清代就因为发展煎盐业而变得富足，只是民国时期的"废煎改晒"政策让小村落一度落寞，但新中国成立后种植业、渔业以及运输业的发展，又让村子重新获得辉煌。此后经历过村办企业的发展，以及目前新型城镇化过程中的征地拆迁这种最直接的发展方式，安村毫无意外被裹挟到现代性的增长过程中，那些在别处显而易见的结果也在安村复制着。但安村又存在自己的独特性，也许是一种原生性文化的强大力量，抑或存在某种机制让这里又保存了很多传统，这是值得研究的。

第四章至第六章分别从国家、市场和社会的角度分析了安村社会秩序的变迁过程，并且通过这种变迁过程去揭示不同的运作机制。安村从传统农村到经济开发区的历史演变，很大程度是国家治理力量的结果。国家治理的方式有很多，政治方式、经济方式、代理人方式等，但不论采用何种方式，最终的治理逻辑落脚到一种"不求发展"的发展，即稳定式发展，特别在社会矛盾丛生、社会转型急剧的背景下，国家治理更希望是建立在村庄稳定、和谐的基础上。但市场的逻辑却呈现不同，市场的力量无处不卷入乡村的角角落落，"剥离"和"嵌入"是市场运作的主要机制。在国家和市场两者的"合谋"下，社会很大程度上只有防卫的命。仔细研究就会发现，国家和市场的运作首先都是在改变社会的力量，传统、文明没有了，人与人之间的关系淡漠了，亲情价值淡化了，制度性的力量被增长了，生态恶化了……总之，那些被我们称为"社会性的力量"，那些不涉及交换、市场、行政的善的力量和因子被削弱了。但翻开安村的历史，观察安村的现状，我们看到了这种趋势的增加，当然我们也看到好的一面，那就是这里比其他地方这种线性变化的过程更慢，或者说社会性的因素竟然还有很多被保存下来了。那么，社会是如何自行运作的，让这些价值和机制得以传承呢？这些我们将在第六章中重点分析。

国家、市场和社会三种机制并不是相互独立的，而是存在相互影响、互促互阻的力量。在第七章，我们将逐一分析国家与市场、国家与社会、市场与社会两两之间是如何在安村这个角力场中发挥作用的。在第八章中，笔者提到一种"社会保育"的理想。把社会保育作为一种社会学关怀意义上的概念提出来，是希望在多种力量的博弈中找到一种保存社会力量，保存传统，保存秩序的方法和机制，不至于让村落在现代化的大潮中迷失得太快，在理性化的道路中丧失特性。

第二章
国家-社会-市场三维互动：
一种研究新视角

前文我们介绍了研究意义、研究方法，但尚缺少研究模型或视角的介绍。只是提到当前乡村秩序研究视角的两种大的路径，一种是对宏观的结构化因素的关注，另外一种是对微观行动的民族志研究，这两种路径构成乡村秩序研究谱系的两个端点。关于乡村研究的框架很多，但如何把握宏观和微观则是进行社会剖析的关键，其中"国家与社会"的分析视角就是其中最经典的一个模型。这种分析模型将乡村作为一种场域置入国家与社会两种力量的角力场中。下面，我们将对这种视角的起源、发展及其在中国乡村研究中的应用作简单的介绍。

一 "国家与社会"的研究评述

（一）"国家与社会"研究的起源与发展

从理论源头上看，国家与社会相互对立和制衡的二分法起源于近代西方政治思想的发展。从国家与社会关系的角度出发，约翰·洛克（John Locke）和黑格尔（Georg Wilhelm Friedrich Hegel）分别发展出两种截然相反的国家与社会的关系框架,即以洛克自由主义思想为基础的"社会高于国家"框架和以黑格尔为代表的"国家高于社会"框架。①

与霍布斯（Thomas Hobbes）在《利维坦》一书中提出的人与人全面对抗的自然状态不同,洛克认为:"人类最初的社会是自然的、和平的、善意的、互助的,是一个理性人自由组合的自由状态。"② 不过随着生产力的提高、人口的增长、劳动分工的细化、社会分化的加剧、财富的丰富和私有制的产生,这个自由状态的缺点逐步显现出来:它缺少一个确定的法律和公正的裁判者,也缺少权力来支持正确的裁判。洛克认为:"人们为了克服自由状态的缺陷,解决生活中的冲突和维护自身的权利而订立了社会契约,因此最初的国家就是社会契约的产物。我们有理由断定,政府的一切和平的起源都是源于人民的同意。"③ 所以,"国家或政治社会是基于人们的同意而建立的,是以个人的同意为依据的,人们通过社会契约赋予国家的并不是全部自然权利,而只是其中一部分,因此,国家的权力是有限的"。④ 只有每个人让出自己的一部分自然权利,才能得到另一部分社会权利。自由也一样,自由的实现是需要每个人让出一部分自由来换取的。因此,"国家只是处于社会中的个人为达至某种目的而形成的契约结果;毋宁说,国家是一个工具,其目的是将自然状态所隐含的自由和平等予以实现"。⑤ 通过洛克的叙述,我们发现,社会是先于国家而存在的,社会有自己的自主性或是生命,国家是一种工具性或者保护性的存在。

---

① 邓正来:《国家与社会:中国市民社会研究》,北京大学出版社,2008,第40页。
② 洛克:《政府论》(下篇),商务印书馆,1986,第5页。
③ 洛克:《政府论》(下篇),第70页。
④ 洛克:《政府论》(下篇),第86页。
⑤ 洛克:《政府论》(下篇),第98页。

洛克"社会高于国家"的框架，是自由主义者反对君主专制的体现，他们强调国家的"守夜人"角色，从个人权利与生俱来的角度来限制国家权力的范围。

与洛克相反，黑格尔通过"市民社会"这一概念强调国家的重要性，提出"国家高于社会"的框架，他认为市民社会乃是个人私利欲望驱动的非理性力量所致的状态，是一个由机械的必然性所支配的王国；因此，撇开国家来看市民社会，它就只能在伦理层面上表现为一种无政府状态，而绝非由理性人构成的完备状态。[1] 在黑格尔那里，"市民社会"是一个含义极其复杂的概念，"市民社会"是处于家庭与国家之间的地带，它不再只是与野蛮或不安全的自然状态相对的概念，更准确地说，它是同时与自然社会（家庭）和政治社会（国家）相对的状态。[2] 显然，黑格尔这种"国家－市民社会"的架构完全不同于洛克的国家与社会二分法架构，国家是对社会的超越，是一种高于社会的新阶段。因为黑格尔肯定了国家对社会的限制和积极作用，但作为"伦理理念的现实"和"绝对自在自为的理性"的国家是正义和道德的化身，这样洛克意义上作为手段的"守夜人"的国家，在黑格尔这里变成了作为目的的国家，容易使人产生对国家集权的理想化幻想，极端化的表现就是国家高高在上，国家对社会的绝对控制。

总之，无论是洛克的"社会高于国家"还是黑格尔的"国家高于社会"，都为国家与社会的关系模式开启了先河。当然，如果从国家与社会力量对比来看，可以有四种理想类型：强社会－弱国家模式、弱社会－强国家模式、弱社会－弱国家模式和强社会－强国家模式。第一种模式反映了传统自由主义的理念，即社会对抗国家；第二种模

---

[1] 参见邓正来《国家与社会：中国市民社会研究》，第40页。
[2] 参见邓正来《国家与社会：中国市民社会研究》，第31页。

式反映了现代威权主义的要求,即国家主宰社会;第三种模式见诸于中世纪西欧封建制国家和现代不发达政体。[①] 第一种模式和第二种模式是对立的两种模式,也是现代社会最常见的模式,要么是社会占优,这常见于西方自由民主社会,要么是国家占优,这常见于一些威权政体社会。而国家和社会都处于弱势,或者都处于强势则相对来说非常态。前者表明社会处于一种不发达的状态,两种重要的驱动力量都被压制。当民主社会碰到强硬的政府,即可能出现强国家强社会的状态。这种状态可能会引发民间意愿与强权政府之间的矛盾,轻则会导致无休止的政治争论,重则产生严重的社会冲突。比如,美国就经常在强社会弱国家和强社会强国家之间转换。

虽然国家与社会之间力量往往此消彼长,但无论谁"高"谁"低",至少我们不能笼统地将国家与社会混为一谈,因为二者在起源上有着根本的区别。同时,这种仅仅从力量对比来划分的二元对立模式在解释和分析时略显粗糙。后来的丹尼尔·贝尔(Daniel Bell)从"资本主义后工业社会"的视角入手,沿着洛克的传统构建出"政治-社会结构-文化"这样一种整合性分析框架。[②] 在贝尔那里,"国家"隐缩为一种政治机制或政权,而"社会"则体现为由技术与经济所决定的社会结构,"文化"则被描述为布满矛盾的"现代主义"的后果。同样,尤尔根·哈贝马斯(Jürgen Habermas)依据黑格尔"国家高于社会"的框架,构建出"国家-公共领域-市民社会"三层结构的变体框架。他的"公共领域"也被视作是介于"国家与社会"的

[①] 陈明明:《比较现代化、市民社会、新制度主义——关于20世纪80、90年代中国政治研究的三个理论视角》,《战略与管理》2001年第4期。
[②] 贝尔:《资本主义文化矛盾》,三联书店,1989,第11页。

"第三领域"①，随着国家与社会的相互渗透，公共领域发展成为"国家的社会化"和"社会的国家化"的中介场所。虽然哈贝马斯强调国家与社会之间的融合趋势，其将"市民社会"分解为"市民社会"和"公共领域"并研究其互动机制使得该框架更加复杂。②

通过对"国家与社会"框架进行修订而形成的理论变体还有很多，人类学、社会学、历史学、政治学等学科都有过各种尝试，随着"后工业社会"的来临和"后现代"理论流派的兴起，"国家与社会"的分析框架受到前所未有的批判和挑战，一些学者甚至给"国家与社会"的分析框架判了"死刑"。但国家与社会关系问题作为社会学的核心问题之一，社会学又作为一个整体性学科终究是无法绕过这一问题的，问题是如何在具体的研究中既继承已有理论工具的优点又结合研究问题的需要创造出新的分析工具。

(二)"国家与社会"视角的局限与不足

"国家与社会"分析框架从一开始就受到了不少批评。一方面是源于这一理论本身的复杂特点和形成的历史原因，学者们总是出于各自研究需求加以理解、应用和取舍，批评者质疑在具体的变迁与秩序研究中使用"国家"与"社会"这样宏大概念的正当性和适用性；另一个重要原因是，很多研究者在不同的概念层次上或者在不同的范畴中使用"国家"和"社会"的概念，从而陷入一种同样使用"国家-社会"分析框架的不同研究成果之间无法相互对话的混乱。因为众所周知，"国家"从来不是一个同质性的实体，她有不同层级、不同类型、不同利益诉求的代理人，"社会"也不是铁板一块、边界清

---

① 邓正来、亚历山大：《国家与市民社会》，载黄宗智主编《中国的"公共领域"与"市民社会"》，中央编译出版社，1999。
② 参阅裴宜理2000年6月在南京大学授予其兼职教授仪式上的讲演：http://lw.china-b.com/zxsh/20090318/1015028_1.html。

晰、高度统一的同质性实体，"国家"与"社会"都需要在具体的情境中针对具体问题来建构和讨论。① 此外，"国家与社会"视角的局限和不足还表现在以下三个方面。

第一，是宏观与微观、理想与现实的差距问题。"国家""社会""国家与社会的关系""公民社会"等都是宏大理论和宏大叙事，人们甚至对这些概念本身都充满了名与实、单数与复数、大与小、强与弱、包含与被包含等争论，如果将它们用于具体事件的研究时，其可行性常受到质疑。

第二，"国家与社会"的视角缺乏对生活主体的关照。"国家与社会"的视角看到了社会变迁中的结构性因素，却忽视了日常生活中的行动者。当"国家""社会"成为分析的主体后，就看不到国家和社会背景下具体行动者的影子。即便是"国家与社会"的互动，也是不同国家代理人和不同社会行动者的互动，互动的过程、性质、后果是由当时的互动情境以及行动者各自的利益所决定的，"国家""社会"这样的表述往往忽视了里面的权力结构和微妙的社会关系，甚至看不到具体秩序维系和变迁背后真正的决定因素和逻辑关系。忽视行动者，忽视人有悖于学术研究和理论建构的初衷，无论是现象的描述、因果关系的发现、新知识体系的构建，其最终目的无非是解决具体问题、拓宽认识的视野、增加知识的积累以增进人类的福祉。

第三，"国家与社会"框架在中国研究上的适用性也遭到争论。持肯定意见的学者认为：中国在清末民初就有了资产阶级的萌芽，出现了类似西方"公民社会"或是"公共领域"之类的现象。"比如，行业协会、同乡会、家族和门第、通行团体、邻里社团和诸如庙宇社、拜神社、寺院和秘密团体等宗教团体组织等，因为所有这些社团都是

---

① 邓正来：《国家与社会：中国市民社会研究》，序言，第1页。

在国家之外且独立于国家而建立的。"① 可以肯定，明清时期中国的基层就出现了相当活跃的民间力量，虽然这些民间社团组织是否符合西方的"市民社会"标准可以再论，但它们组织起个人，在国家和个人之间充当中间人、扮演了和西方"市民社会"类似角色等是毋庸置疑的。

然而，也有学者认为西方理论对于中国研究的适用性应当持谨慎的态度。孔飞力在《中国现代国家的起源》中就指出："中国自身的历史文化资源同包括宪政民主在内的现代性构建必定是相通的，而不可能是全然相悖的，并会在历史演进的各个时期不断表现出来。'现代性'有着多种形式的存在，也有着各种替代性选择；不同的国家是可以通过不同的方式走向'现代'的。中国的现代化是一种中国的过程。从本质上来看，中国现代国家的特征是由其内部的历史演变所决定的。"② 这是对西方经验垄断"现代性"界定的一种否定。"与此同时，从他的问题意识的逻辑出发，他又认为，任何具有普世性质的问题必定会在所涉及的个案中（不管这些个案具有多大的特殊性）在某一层面以其本身内在的，而不是外部强加的方式被提出来。因此，在现代国家构建的问题上，比之来自外部世界的影响，植根于本土环境及相应的知识资源的'内部动力'要带有更为根本的性质——归根结底，外部世界的影响也是要通过这种内部动力而起作用的。正是在这一意义上，他提出，现代性构建的'内部'史观和'外部'史观在方法论上是可以统一起来的。"③ 因此，简单地将源自西方经验的理论套用在中国现实上有一定的危险性。

---

① 黄宗智：《中国研究的范式问题讨论》，社会科学文献出版社，2003，第 273~274 页。
② 孔飞力：《现代国家的起源》，格致出版社、上海人民出版社，2011，第 1 页。
③ 陈兼、陈之宏：《孔飞力与〈中国现代国家的起源〉》，《开放时代》2012 年第 7 期。

金耀基认为:"'西方模型'(概念)只有在历史的意义上说是'西方的',但在社会学的意义上说,则是全球性的。"① 如果说,作为一种分析工具来使用"国家与社会"的框架研究中国社会现实,其实在笔者看来并没有什么不妥。"工具"和"手段"本身是用来分析和解决问题的,就像各种技术和专利在全世界范围内相互推广和转让一样,问题的关键是看谁来使用这一工具、用于什么目的。国内学者使用"公共领域""市民社会"等有一个很重要的目的,就是通过理论和经验研究来思考如何使中国这样的大国实现或者走上"民主、法治"的道路。当然,概念工具不像日常生活中使用的工具,要考虑到具体的历史、政治、文化、经济等社会环境因素,需要谨慎选择和适当重构。

(三)"国家与社会"视角下的中国研究

"国家与社会"框架虽然源自西方,但在社会科学界却是被其他国家和地区的学者广泛使用,中国也不例外。从一开始学者们就考虑到这一框架对分析和解释中国社会的适用性问题,都不约而同地提出"国家与社会"分析框架的本土化问题。比如,对 Civil society 的中文翻译就有数种,诸如"公民社会""市民社会""民间社会""市场社会""文明社会""第三部门"等。中国学者是在中国语境中来理解和翻译各种西文概念的,因此,当他们被要求在 Civil society 的不同汉译名称之间做出选择时,必然倾注了各自关于中国社会现代化的不同判断和价值期待,不仅如此,这种分化还表现在对作为社会实在的 Civil society 的内涵和功能探讨上。②

---

① 金耀基:《从传统到现代》,中国人民大学出版社,1999,第85页。
② 肖瑛:《复调社会及其生产——以 civil society 的三种汉译法为基础》,《社会学研究》2010年第3期。

对于从西方引入的理论，如果能够持批判和借鉴的态度，审慎合理地加以改造利用，有可能为我们提供一种新的视角，但不能在实际研究中简单套用西方理论，避免有意无意落入西方中心主义的窠臼。①借鉴西方市民社会理论，提炼出中国特色的"国家与社会"理论，从而发现中国不同于西方的国家与社会的互动模式，这是该研究领域的学术理想之一。

"国家与社会"的框架一开始就用来研究中国乡村社会的变迁。无论是国外汉学研究者所关注的政治革命、社会运动、土地改革、制度变迁、经济发展、文化变迁等宏观的理论问题，还是国内学者着力考察的贫富两极分化、城乡二元对立、分层与流动、民主与法制、市场化与城镇化、村民自治和民主选举、乡镇企业和小城镇建设、社会保障与公民权等事关社会现实的具体议题，其背后都涉及国家与社会关系问题，因为社会转型或者变迁本身就是一个国家与社会关系不断调整的过程。总体上，自从20世纪80年代国内学者使用"国家－社会"分析框架来研究中国问题以来，无论是在分析层面还是在规范层面都取得了不少重要成果。②"国家与社会"的视角在中国乡村社会研究中主要集中于两个方面，即农村的现代化和基层治理。根据国内学者在实际研究中对"国家与社会"框架的运用，张静将这些研究成果归纳为三个方向"市民社会、国家中心和国家中的社会"③。

（1）"市民社会"方向。邓正来是早期"市民社会"研究的倡导者和带头人，"我的努力主要是透过对既有的政治学和社会学理论解

---

① 朱英：《近代中国的"社会与国家"：研究回顾与思考》，《江苏社会科学》2006 年第 4 期。
② 比较有影响的主要有王沪宁（1991）、孙立平（1997）、张静（1998）、于建嵘（2001）、吴毅（2002）、邓正来（2008）等人的论述。
③ 张静：《政治社会学及其主要研究方向》，《社会学研究》1998 年第 3 期。

释模式的批判和反思而试图构建中国社会理论中的'国家与市民社会'或是'国家与社会'分析框架,并努力据此分析框架而揭示出中国在步入全球性现代化进程以后所遭遇到的各种问题以及背后所隐含的更为深层次的结构性困境"。① 邓正来在20世纪90年代和景跃进合著了《构建中国的市民社会》,他们强调,无论国家权力的过度集中,还是政治权威的削弱,除了本身的原因,都与国家与社会的关系密切相关,因此必须用"国家与社会"的二元对立来代替"权威本位(转型)观"②。

  黄宗智认为"国家与社会"二元对立的分析是来源于西方社会的经验,用于解释中国社会并不合适。他试图建构一个价值中立的范畴,即介于国家与社会之间的"第三领域"来描述"市民社会"的特征。王笛尝试用"市民社会"理论和哈贝马斯的"公共领域"理论来研究巴蜀茶馆,以寻求中国乡村"市民社会"中的"公共空间"③。这些研究其实就是讨论社会如何从国家那里分享一部分权利,以及探讨国家所能让渡权利的范围和大小。杨念群也在《近代中国研究重点市民社会——方法及限度》中,对将"市民社会"和"公共领域"等概念用于中国乡村社会研究持积极的态度,但他也指出了采用这类方法的学者所面临的两难困境:一方面想采用西方的概念来分析和解释中国本土社会;另一方面又想避免对源自西方的概念和方法的简单、机械的套用。④ 不过,据郑卫东的研究,目前"市民社会"的方向在中国乡

---

① 邓正来:《国家与社会:中国市民社会研究》,第2页。
② 邓正来:《国家与市民社会:中国视角》,格致出版社、上海人民出版社,2011,第13页。
③ 王笛:《二十世纪初的茶馆与中国城市社会生活——以成都为例》,《历史研究》2005年第5期。
④ 杨念群:《近代中国研究中的市民社会——方法及限度》,载《二十一世纪》1995年12月。

村社会的研究中渐渐淡出了学者的视野。①

(2)"国家中心"即"国家政权建设"方向。"国家政权建设"概念源自查尔斯·梯利（Charles Tilly），"'国家政权建设'方向是'国家与社会'分析框架用于'中国乡村研究取得成果最多的研究方向'"。②在学术上使用的"国家政权建设"一词，与人们在日常生活中常用的"政权建设"概念是有很大区别的。"'国家政权建设'就是指现代化过程中以民族国家为中心的制度与文化整合措施、活动及过程，其基本目标是要建立一个合理化的、能对社会与全体民众进行有效动员与监控的政府或政权体系。"③

新中国成立之后"文革"之前的中国大陆学术界，因为在单一的公有制和严格的社会管理之下，大多数文、史、哲领域学者的意识中并不存在"国家—社会"的紧张关系。"自治""分权""社团"等地方性的"市民社会"问题，不是大家的关注焦点。倒是在"文革"前后，鉴于几十年不正常的政治生活，一些党内的思想家们探讨了一个"市民社会"的可能性，比如顾准提出如何实现"大国而不独裁"这样的思考。改革开放以后，学者们意识到：如果没有扎扎实实的"地方建设"，没有政治学意义上的"市民社会"和"公共空间"去填充，整个民族可能只是个空洞的大符号。因此，"全民—地方"并不是一个注定的对立关系，而应该是一个良性的互动关系："国家"扶持"社会"，"社会"支撑"国家"。④

---

① 郑卫东：《"国家与社会"框架下的中国乡村研究综述》，《中国农村观察》2005年第2期。
② 郑卫东：《"国家与社会"框架下的中国乡村研究综述》，《中国农村观察》2005年第2期。
③ 于建嵘：《抗争性政治：中国政治社会学基本问题》，人民出版社，2010，第175页。
④ 卜正民，傅尧乐：《国家与社会》，张晓涵译，中央编译出版社，2014。参见译者所写的序言。

到了20世纪90年代以后，国家改革的中心从农村转移到了城市，在建立社会主义市场经济体制的过程中，国家对经济部门放宽控制，对政治部门也进行有选择的放权和集权的调整，一时间出现"国退民进"的局面。进入21世纪，国家经济能力取得巨大成就，但伴随着工业化和城市化进程，城乡二元格局进一步形成，特别是社会个体化后公民权利意识逐渐觉醒，国家与社会的关系有了新特点。国家自身建设中的行动直接影响着国家与社会的关系，所以，致力于中国基层社会秩序和社会变迁研究的学者，倾向选择用"国家政权建设"来解释乡村社会秩序的变化，因为他们认为这种变化往往是国家政权向乡村社会基层延伸的结果。

国家政权建设，并非只涉及权力扩张，更为实质性的内容是，它必定还涉及权力本身性质的变化、国家－公共（政府）组织角色的变化、与此相关的各种制度——法律、税收、授权和治理方式的变化，以及公共权威与公民关系的变化。这些方面预示着，国家政权建设能够成功取代其他政治单位或共同体，成为版图内公民归属中心的关键，在于伴随这个过程出现的不同于以往的治理原则、一系列新的社会身份分类，不同成员权利和相互关系的界定以及公共组织自己成为捍卫并扩散这些基本原则、权利和关系的政治实体。[①] 所以，现代国家本质上是"公正的司法体系"和"自由的市场经济"有机结合的结果。[②] 关注"国家政权建设"的学者，容易忽视乡村社会具体的个体，在21世纪初随着"社会的个体化"和"个体化社会"的逐步形成，这种实体论、宏观性、宏大叙事的研究越来越无法让人满意，一些研究者纷纷从微观、

---

① 转引自于建嵘《抗争性政治：中国政治社会学基本问题》，第175页。
② 〔美〕杜赞奇：《文化、权力与国家：1900—1942年的华北农村》，江苏人民出版社，1994。

从个体、从日常生活的角度来思考国家是什么、社会在哪里、国家和社会的关系等问题,产生了一些新的理论思考和经验探索。

(3)"国家中的社会"方向。"国家与社会"二元对立局限在于将国家视为一个完整的概念,坚持"国家中的社会"方向的学者认为,"现实中国家很难摆脱社会而独立自主,国家的效力与它联系的社会紧密相关。这一取向主张将国家看成是非统一的组织体系,国家的各部分在嵌入社会时存在差异性,国家不同部分与社会的互动有着不同的特征"。[①] 由于国家与社会的边界总是很难清楚界定,二者一直处于"你中有我,我中有你"的模糊状态,受后现代理论思想影响的学者在研究乡村社会时,正是基于对"国家与社会"二元对立的批判而发展出了不同的替代方案。他们将行动者、行动策略、社会关系、过程、事件、日常生活等引入进来,取得了丰硕的成果,如樊平、李猛、强世功、孙立平和郭于华、应星等。

其他学者提出的有关"国家与社会"框架的变体,如新权威主义、法团主义、分类控制、利益契合、社会化小农等,也对"国家与社会"分析框架的本土化做出了尝试。国内坚持这一观点的学者认为加强国家干预的必要性[②],反对者认为这样做是历史的倒退[③]。康晓光、韩恒等人基于中国的实际经验提出新的分析模式,即"分类控制体系"[④]。在中国,人们的结社权利受到一定的限制,在农村社会其社会组织发育没有城市成熟,对此江华等人提出了"利益契合"

[①] 张静:《国家与社会》,浙江人民出版社,1998。
[②] 刘军:《新权威主义——〈改革理论纲领的争论〉》,北京经济学院出版社,1989。
[③] 罗梦罡:《评"新权威主义"及其历史观》,《哲学研究》1990年第6期。
[④] 康晓光,韩恒:《分类控制:当前中国大陆国家与社会关系研究》,《开放时代》2008年第2期。

模式[①]。

无论是自上而下的"国家政权建设"或是自下而上的"过程－事件"分析，还是其他学者对"国家与社会"分析框架的本土化尝试，这些讨论的主要背景还是围绕着现代性即中国的现代化，都是在国家与社会的框架内讨论"国家与社会的良性互动"。无论强调国家的因素或是社会的因素，或者是国家与社会互动的因素，或者把行动者、行动策略、社会关系、过程、事件、日常生活等引入进来，这些努力基本上回答了在使用"国家与社会"框架之前提出的两个问题，即"国家与社会"框架是西方世界的专利，还是人类社会发展的必然模式？能否构建一个中国的市民社会？我们的结论是："国家与社会"框架并不是西方独有的，因为现代性并不是一个固定僵化的现代性，每个社会中的行动者都具有反思性，在反思行动的过程中会形成不同模式的现代性。[②]

针对中国的农村研究，"国家与社会"作为一种最常被运用的框架之一，还有其实践的障碍。

（1）"国家与社会"的分析框架在乡村研究的实际分析过程中，将社会理解成一个或几个村庄、村庄代表或是村庄组织，如此一来，"国家与社会的关系被分成了国家与村庄的关系、国家与村庄代表的关系或是国家与村庄组织的关系。这种分析'只见村庄，不见村民'，'只见精英，不见农民'，'只见社会，不见农户'，'社会'掩盖了具

[①] 江华、张建民、周莹：《利益契合：转型期中国国家与社会关系的一个分析框架——以行业组织政策参与为案例》，《社会学研究》2011年第3期。

[②] 比如有不同的现代性理想模型，"欧洲现代性"：调控型或协调的资本主义、高度发达的民主、制度化的个体主义（福利国家）和世俗化社会；"美国现代性"：自由的或不协调的资本主义、高度发达的民主、制度化的个体主义和后世俗宗教信仰；"中国现代性"：国家调控的资本主义、后传统权威、不完整的制度性个体化和多元宗教社会；"伊斯兰现代性"：调控型资本主义、传统极权政府、单一宗教社会和禁止个体化。参见乌尔里希·贝克（Ulrich Beck）：《个体化》，李荣山等译，北京大学出版社，2011，第6页。

体的农民个体,国家与社会的分析无法分析农民与村庄、国家的关系"。① 这种表面化的分析忽视了乡村社会文化网络②的作用。

（2）"国家与社会"的分析框架"起源于欧洲的国家与社会的对抗政治,而中国乡村社会与国家的关系从晚清到现代并非是一种西方式的对抗与冲突关系"③。新中国成立前的乡村社会属于村庄自治或是宗族、乡绅自治;1949年之后国家逐渐挤压、覆盖乡村社会,所谓的对抗已经不复存在;改革开放之后,随着国家放开人口流动、市场经济和政治控制放松后,社会自主性空间逐步扩大,但国家与社会之间对抗和冲突并不是主流,更多的是一种指导与互助的关系。所以,如果我们不详细考察具体村庄的实际情况,就选用"国家与社会"的分析框架,并不能得到有价值的结果。

（3）"国家与社会"的分析视角在分析中国乡村社会时,需要克服"国家"本身的复杂性和"社会"内部的异质性。中国现在的农村,早已不是费孝通在《江村经济》中描述的那样,特别是改革开放以来农村社会的异质性越来越强,老少边穷地区的农村可能还是"乡土中国"时的样子,东部沿海以及城市周遭的农村早已旧貌换新颜。随着乡村经济的开发、乡镇工业的发展、土地用途的变更、外来人口的流入、外资企业的进入、商品房小区的建设等一系列变革,模糊了农村本来的边界,农村社会秩序的维系不单单是"国家与社会"互动的结果,还有很重要却容易被忽视的市场力量的作用。

针对"国家与社会"视角在中国农村研究中的不足之处,在第二

---

① 邓大才:《社会化小农:一个尝试的分析框架——兼论中国农村研究的分析框架》,《社会科学研究》2012年第4期。
② 〔美〕杜赞奇:《权力、文化与国家:1900—1942年的华北农村》,江苏人民出版社,2010,第15页。
③ 张静:《国家政权建设与乡村自治单位——问题与回顾》,《开放时代》2001年第9期。

节的论述中，笔者试图引入"市场"的力量，应用"国家、市场和社会"三维互动的分析视角来思考村落社会秩序。

二　市场力量嵌入后的研究新拓展

"国家与社会"作为一种分析视角源于西方，但却在中国研究中熠熠生辉。国内的学者在将该视角应用到村落秩序研究中也是收获颇多，不过前文也分析了该视角在中国农村研究中的不足之处。为了解决这一问题，国内的研究者也做了很多努力。其中的一种努力是提出符合中国实际的替代性选择方案，比如李友梅、刘世定、肖瑛等学者提出了"制度与生活"的分析框架。即用"制度"代替"国家"，表明制度的多样性和变动性；用"生活"替代"社会"，表明政府之外尚不存在独立的公民社会，而是高弥散和活跃的日常生活；用"与"替代"vs"，表明"制度"与"生活"之间不是二元对立的，而是互动和彼此嵌入的。[1]

另外的一种选择，则是对原有框架的修正。本节在简要回溯国家与市场关系理论争论的基础上，分析了市场化或市场力量对我国农村社会的影响，并在此基础上提出应用国家-社会-市场的框架来分析村落社会秩序。

（一）"国家与市场"理论的历史回顾

政府与市场是塑造经济社会的两大重要力量源泉。作为经济学研究的核心问题，"看得见的手"与"看不见的手"二者之间的关系，成为探究经济社会问题的重要视角。就政府与市场关系问题，发展出两个基本对立的理论流派：经济自由主义和国家干预主义。两大对立

---

[1] 李友梅：《新时期社会协调机制建设问题研究》成果简介，http://www.npopss-cn.gov.cn/GB/219506/14633619.html。

的理论流派在西方经济学史上发生过三次重大论争：古典政治经济学和重商主义之争，凯恩斯经济学与新古典经济学之争，新凯恩斯主义经济学与新古典宏观经济学之争。[①]其中，古典政治经济学和重商主义之争、凯恩斯经济学与新古典经济学之争为思考国家（政府）与市场的关系及其二者对整个经济社会发展的影响提供了重要启示。

资本主义发展早期主要通过广泛的国家干预来实现资本的原始积累，重商主义强调国家的作用，采取贸易保护主义政策，在资本原始积累时期促进了西欧国家的资本主义工厂手工业和对外贸易的发展。而在市场经济中，市场是配置资源的主要方式，市场通过配置各种社会资源，能有效地引导微观经济主体朝着有利于社会的方向发展，市场交换是实现社会利益最大化的基本方式。

以自由竞争的市场经济作为条件和假设的新古典经济学在经济政策方面主张自由放任和国家不干预的经济原则，认为资本主义经济可以通过市场机制的自我调节达到充分就业。但1929~1933年的经济大萧条的出现使人们开始质疑新古典经济学的基本假设，凯恩斯经济政策的核心是主张国家干预主义，强调政府在发展经济和促进就业方面的作用，凯恩斯的经济政策也为国家干预主义提供了理论支撑。作为新自由主义代表人物的哈耶克则坚信资本主义经济本身有一种自行趋于稳定的机能，反对国家对于经济生活的干预，哈耶克对国家干预主义（尤其是社会主义和计划经济）的不可行性进行了阐释："社会目标是个人目标的总和，社会目标不能抑制个人目标，而社会主义贬低个人目标，遵从于社会的目标，限制了利己的动力，计划经济中的集中决策没有市场经济中的分散决策灵活，所以社会主义不可能有高效率，而且社会主义违背人性，计划经济导致政府集权，是'通向奴役

---

① 吴易风：《经济自由主义与国家干预主义争论的历史考察》，《当代思潮》2002年第2期。

的道路'。"①凯恩斯经济学与新古典经济学之争以凯恩斯主义的胜利告终，20世纪五六十年代，主张国家干预主义的凯恩斯主义成为西方经济学的主流。但70年代后，资本主义国家滞涨问题的出现，使得新古典自由主义经济学再度复苏。

经济自由主义和国家干预主义的争论其实质是对国家力量与市场力量对于整个经济社会发展作用的思考，但无论是经济自由主义还是国家干预主义，其本身都无法摆脱政府和市场内在的缺陷性。新政治经济学的公共选择理论，提出了较为完整的政府失灵理论，布坎南（James Buchanan）对政府失灵的主要表现形式及其根源进行了较为深入的剖析。②但同时，正如萨缪尔森所言，市场不是理想的，存在着市场失灵。市场不是万能的。

（二）市场力量对村落社会秩序的形塑

现代市场观念或者说市场经济的概念由西方引入中国的历史并不长，但市场在中国却古已有之，先秦时代将商品交易的地方称作"市"。《说文解字》中："市，买卖所也。"《风俗通》中："市，恃也。言交易而退，恃以不匮也。古者日中为市，致民而聚货，以其所有者，易其所无者。"由此可见，市场是塑造中国传统社会秩序的重要力量。

施坚雅（G. W. Skinner）在其名著《中国乡村的集市和社会结构》③中强调市场的力量影响着乡村的基本形态分布。弗里曼（Edward Friedman）等人深入探讨了20世纪二三十年代到1960年间华北农村社会的变迁，同时也阐明了农村集市贸易的变迁。黄宗智从国家权力

---

① 〔英〕哈耶克：《通往奴役之路》，中国社会科学出版社，2013。
② 〔美〕詹姆斯·M. 布坎南：《自由、市场和国家》，北京经济学院出版社，1988。
③ G. W. Skinner, Marketing and Social Structure in Rural China, *Journal of Asian Studies*, 24 - 1. 2. 3（1964 - 1965）.

与市场关系入手,分析农村集市贸易后认为,作为"地方市场"或"小买卖市场"的农村集市,在计划经济和集体生产制度下,并没有受到国家政权建设的重视。[1] 曹锦清、张乐天、陈中亚等人侧重于考察"制度"对于乡村市场的影响。认为商品流通体制的变化对于乡村集市的影响是具有决定性的。其中乡村供销合作社、农副产品的收购制度与价格政策、乡村工业品供应制度与价格政策,总的说是国家计划经济体制,对于集市和集市贸易的影响起到主导作用。[2]

综观从新中国成立到改革开放这一历史时期,中国通过社会主义改造建立起高度集权的政治经济体制,市场被视作与计划相对立的资本主义尾巴被割弃,农村社会形态和社会关系的形成主要依靠于国家权力对农村基层社会的渗透,市场力量淡化出对乡村社会秩序的形塑,国家力量主导乡村社会秩序,市场在这一历史时期并没有对乡村社会秩序的形成发挥其应有的作用。我们在讨论国家与市场关系时,不能简单地对国家或计划经济采取全面否定的态度,如前文所述,无论是国家还是市场,都存在其自身的独特作用和不足。正如黄宗智所言,过去大家可能过分相信计划经济的作用。但今日也许有人犯了相反的错误:赋予市场经济以同样的魔力。我们需要了解的是,商品经济在什么样的历史条件下和在什么样的形式下才能起到推动发展的作用?在改革十年中,通过市场调节,把生产资料供应到乡和村的工厂企业,肯定对农村发展起了积极作用。但这并不证明市场经济全是,计划经济全非;私有制全是,集体制全非。试问:若没有计划工业援助农村工业,改革十年中的乡村工业能这样地发展?若无社队行政体

---

[1] 黄宗智:《长江三角洲小农家庭与乡村发展》,中华书局,2000。
[2] 李正华:《乡村集市与近代社会——20世纪前半期华北乡村集市研究》,当代中国出版社,1998。

制，乡村企业能否同样地积累工业化所需的资本？[①]

改革开放后市场力量的回归，开始了新时期对乡村社会形态和乡村秩序的塑造。政治环境、经济环境、社会文化环境的变迁为市场的培育和发展提供了基本的制度保障，反过来，市场力量的发展壮大又进一步推动了政治、经济、文化和社会的变迁。

十四大确立了社会主义市场经济体制的改革目标，并指出我国经济体制改革的核心是正确认识和处理计划与市场的关系，第一次把社会主义基本制度和市场经济结合起来，明确提出了社会主义市场经济体制建立的目标模式。十五大确立了坚持以公有制为主体、多种所有制经济共同发展，坚持按劳分配为主体、多种分配方式并存的基本经济制度和分配制度。总之，确立社会主义市场经济体制的发展目标为市场力量的发挥提供了基本的政治保障。从计划经济向市场经济的转变，主要包括定价制度的变革，即从计划定价制度转变为市场定价制度；产权制度的变革，即用一种更有效率的产权制度结构代替单一的国有制；市场组织的变革；企业制度的变革和政府制度的变革。[②] 制度结构的这些不同方面有着不同的性质并且相互影响，构成市场化的重要推力。

20世纪80年代乡镇企业和个体经营在中国迅速崛起，推动了农村经济结构、社会阶层关系、文化结构的变迁。中国乡镇企业获得迅速发展，对充分利用乡村地区的自然及社会经济资源、向生产的深度和广度进军，对促进乡村经济繁荣和人们物质文化生活水平的提高，改变单一的产业结构，吸收数量众多的乡村剩余劳动力，以及改善工

[①] 黄宗智：《略论农村社会经济史研究方法：以长江三角洲和华北平原为例》，《中国经济史研究》1991年第3期。

[②] 盛洪：《关于中国市场化改革的过渡过程的研究》，《经济研究》1996年第1期。

业布局、逐步缩小城乡差别和工农差别，建立新型的城乡关系均具有重要意义。

1978年以来的市场化改革为中国带来了举世瞩目的经济成就，樊纲等利用中国各省份市场化进程相对指数，定量考察了市场化改革对全要素生产率和经济增长的贡献，研究结果显示："从1997年至2007年，市场化进程对经济增长的贡献达到年均1.45个百分点，市场化改革推进了资源配置效率的改善，这一时期全要素生产率的39.2%是由市场化贡献的。"[①]90年代后，尤其是2000年之后，高速的城市化带动了大量农村劳动力流向城市，一方面实现了农村劳动力的非农就业，农民收入大幅度提高，非农收入流回农村成为改善农村面貌的重要资金来源；另一方面，城市生活使得农民原有的生活方式和思想观念发生变化，进而也推动人口城市化进程。

市场的力量更体现在对农业生产方式和经营方式的影响，韦伯和马克思都认为，资本主义的自由雇工劳动及其工业化生产方式最终将取代传统小农家庭经营，传统乡村社会将走向瓦解和消亡。韦伯觉察到，传统农村和现代资本主义是两种完全不同的社会发展趋势，二者秉持不同的经济逻辑：传统农村社会的经济秩序关心的是如何在这块土地上养活最大数目的人口，而资本主义经济秩序关心的是如何能在这块土地上以最少的劳动力向市场提供最大数据的农产品。[②]陶武先认为现代农业是工业革命以来形成的农业，是逐步走向商品化、市场化的农业，伴随着这一过程，传统农业价值取向从自给型向市场型转变、产业结构从分割型向联动型转变、经营方式从粗放型向集约型转变、

---

① 樊纲、王小鲁、马光荣：《中国市场化进程对经济增长的贡献》，《经济研究》2011年第9期。
② 转引自高原《市场经济中的小农农业和村庄：微观实践与理论意义》，《开放时代》2011年第12期。

劳动者技能从生产型向经营型转变。①

与此同时,市场的力量也影响着农村原有的权利关系结构和治理结构。改革前的乡村治理结构主要依托于国家权力对乡村的渗透和对村民个体的控制,但随着农村经济的改革和发展,村庄秩序和村庄治理结构发生了明显的变化。大批经济能人在中国农村崛起,经济能人积极介入农村基层治理,形成了独特的"经济能人治村"现象。经济能人治村是一种经济能人主导的多元精英治理结构,突破了人民公社那种一元集权治理模式,在一些非农经济相对发达的农村地区,经济能人治村成为村庄治理的一种基本趋向。②为了应对外在市场环境的变化,"也正是市场的力量催生了农民合作组织,农民合作组织是处于市场竞争不利地位的弱小生产者按照平等的原则在自愿互助的基础上组织起来,通过共同经营实现改善自身经济利益或经济地位的组织"。③农民合作组织的出现为多元化的村庄治理结构的出现提供了主体性条件。

市场化过程有力地推动了农村生产结构的调整、农民收入水平和生活水平的提高以及农村治理结构向现代治理结构的变迁,但同时也对原有的乡村社会秩序造成了巨大冲击,市场自身的缺陷也显现出来,突出表现为以下几个方面。

第一,原有社会组织解体,出现村落空心化与村落的终结。劳动力作为重要的生产要素,在市场化条件下,劳动力总是配置到其价值更高的生产部门,农村劳动力向城市的流动是市场配置劳动力要素的基本形式,出现村落空心化与村落终结现象也是市场化与城市化发展

---

① 陶武先:《现代农业的基本特征与着力点》,《中国农村经济》2004年第3期。
② 卢福营:《经济能人治村:中国乡村政治的新模式》,《学术月刊》2011年第10期。
③ 苑鹏:《中国农村市场化进程中的农民合作组织研究》,《中国社会科学》2001年第6期。

的必然。田毅鹏、韩丹认为："作为城市化进程中必然出现的后果，城市'过密—过疏'的两极发展使得传统的乡村世界开始面临空前的挑战。村落终结的形态是多元的：位于城市边缘地带的村庄被迅速扩张的城市所吸纳；而远离城市的偏僻村落则是在过疏化、老龄化背景下而走向'终结'；在政府社会规划工程的主导下，通过村落合并等形式，亦使村庄在短时间内快速实现'城市化'。"[①]李培林以广州市"城中村"为调查个案对发达地区村落终结的过程进行了分析，并认为"一个由亲缘、地缘、宗族、民间信仰、乡规民约等深层社会网络联结的村落乡土社会，其终结问题不是非农化和工业化就能解决的。村落终结过程中的裂变和新生，也并不是轻松欢快的旅行，它不仅充满利益的摩擦和文化的碰撞，而且伴随着巨变的失落和超越的艰难"[②]。也就是说，村落的衰退不仅仅是空间上的村庄的消失，而是原有的村庄社会关系和社会组织的瓦解。

第二，市场化难以保证公共物品供给，导致农村公共物品供给不足。农村税费改革之后，政府力量开始退出农村公共物品供给，而由此对农村经济社会发展造成的阻碍也不断显现。农村公共物品概括起来被认为有三种方式可以提供：一是可以通过市场化的办法来供给农村公共物品，二是可以主要通过发育民间组织来提供农村公共物品，三是公共物品供给成本最低的办法是借助于以强制力为依托的政府性权力，通过税收来筹集公共物品供给所需要的资金。贺雪峰、罗兴佐对湖北荆门五个村农田灌溉案例进行了分析，并得出结论认为在当下中国，由于农民特殊的正义观，乡村组织退出农村公共物品供给领域后，难以通过市场化方式保证公共物品供给，因此，农村公共物品供

---

① 田毅鹏、韩丹：《城市化与"村落终结"》，《吉林大学社会科学学报》2011年第3期。
② 李培林：《巨变：村落的终结——都市里的村庄研究》，《中国社会科学》2002年第1期。

给，必须以国家强制力为保障，形成国家与村庄之间合作与互补的供给机制。①

第三，社会分层明显、贫富差距拉大、阶层矛盾凸显。改革开放后，中国农村的收入差距迅速扩大，收入分配与社会分配相互影响，农村私营企业主和农村干部是最引人注目的阶层，民众对收入分配的心理承受能力与客观存在的权钱交易，将对社会的稳定构成威胁。②征地拆迁是农村土地增值收益的再分配过程，这个过程必然会引发不同阶层间的博弈与冲突。农村征地拆迁主要引发了中上阶层与农村管理者阶层、普通农户阶层与管理者阶层的两对冲突，阶层冲突的矛头直指农村管理者阶层乃至基层政府。阶层冲突表现为个体对抗、信访和群体性事件，其结果是冲击了农村阶层关系和政治社会稳定，影响了村级组织和基层政府的合法性。③

第四，片面追求经济利益导致农村生态环境受到严重破坏。在经济利益的驱动下，市场主体以盈利为目的，往往忽视社会总体利益，导致农村生态环境遭到严重破坏。为了增加农产品产量，在农业生产中过度使用农药化肥现象突出，对土壤、水流等造成严重污染。追求规模化的生产养殖也往往导致农村生物多样性锐减。

总之，市场的力量对农村经济社会秩序的塑造作用具有两面性，一方面，市场力量的引入，打破了改革前农村落后的状况，但另一方面，市场本身具有内在的缺陷，其作用的发挥需要良好的制度约束和引导。

---

① 贺雪峰、罗兴佐：《论农村公共物品供给中的均衡》，《经济学家》2006年第1期。
② 李若建：《农村收入分配与社会分化》，《中山大学学报》（社会科学版）1996年第2期。
③ 杨华：《农村征地拆迁中的阶层冲突——以荆门市城郊农村土地纠纷为例》，《中州学刊》2013年第2期。

（三）"国家-社会-市场"的分析视角

基于对"国家-社会"视角和市场力量形塑乡村形态和乡村秩序的分析，我们可以看出，村庄秩序的形成是国家、社会、市场相互作用的结果，或者说，村庄秩序是国家、社会、市场相互作用过程和相互关系本身，进而可以认为，村庄秩序分析的核心即是对形塑村庄形态和村庄秩序的力量关系的分析。

国家、社会、市场是对形塑村庄社会形态和村庄秩序各种力量的一种分类和抽象，为认识村庄社会形态和村庄秩序的形成提供一个基本分析框架和理论视角。国家、社会、市场构成了一个分析和认识的思维坐标体系，而具体的分析对象可以是村庄，也可以是其他社会组织，如城市社区、企业、组织团体等。一方面，这一分析框架或分析视角可以获得以往二元分析框架如国家-社会分析框架或政府-市场分析框架所不能提供的认知，也摆脱了以往二元分析框架本身不可避免的实体性特征和对抗性特征；另一方面，将不同的研究对象（村落或村庄）纳入这一分析框架中，可以使我们对不同研究对象形成比较性认知。

从具体的分析方法上来说，本研究认为对于村落秩序的分析可以划分为：静态/抽象的结构主体分析和动态/具体的历史互动分析。静态/抽象的结构主体分析是为了将形塑村庄社会形态或社会秩序的各种力量主体进行抽象分类，分别划归到国家、社会、市场三个力量分类之中。国家、社会、市场分别体现了三种不同的作用关系类型，作为国家权力向农村社会延伸的各类组织，如村委会、村党支部、村妇联等组织应该划归到国家这一力量维度；村庄中的社会组织、宗教组织、宗族组织等则应该划归到社会这一力量维度；村庄中的企业或经济组织则应当被划归到市场这一力量维度。静态/抽象的结构主体分析构成了动态/具体的历史互动分析的基础。动态/具体的历史互动分析则是考察不同力量主体或关系类型在形塑村庄社会形态和村庄秩序中的消长关系和变化关系，以及国家、社会、市场三者所构成的关系结构对具体行动者的影响。

第三章
安村：大变革中的小村落

新型城镇化背景下的村落秩序如何变迁是本书所要阐述的核心命题。我们选择了安村作为整个研究的切入点。这是一个坐落在中国东部的小村子，同分散在中国大陆成千上万个村落一样，安村显然具有它们共有的一些时代性的特征：农业经济遭遇困境、市场经济侵蚀农村、大量农民外出务工，同时又具有自己因为毗邻城市而具有的特点：出现征地拆迁、产业调整等。这种特征既是乡村自身逻辑发展的延续，也是城镇化外在力量作用的结果，而这些特征的交会融合促成了乡村秩序之变。在进一步分析新型城镇化背景下安村的乡村秩序是如何变迁之前，本章将着重描述安村的地理环境、历史沿革以及安村在社会变革、城镇化大背景下的变迁。这些因素构成了安村的自然和社会生态环境，是安村秩序变迁的场域和空间背景。

一 区域概况

安村隶属于浙江绍兴市。绍兴市位于浙江省中北部、杭州湾南岸。东连宁波市，南临台州市和金华市，西接杭州市，北隔钱塘江与嘉兴市相望，陆域总面积为8273.3平方千米。绍兴中心城市现建成区域面积180.8平方千米。绍兴处于浙西山地丘陵、浙东丘陵山地和浙北平原交接地带，全市地貌可概括为'四山三盆两江一平原'，即会稽山、四明山、天台山、龙门山，诸暨盆地、新嵊盆地、三界-章镇盆地，浦阳江、曹娥江，绍虞平原。绍兴还是典型的水乡，境域内河道密布，湖泊众多，素以'水乡泽国'之称而享誉海内外。主要河流有曹娥江、浦阳江和浙东运河，主要湖泊有30多个，以鉴湖最为著名。[1]

作为国家历史文化名城，绍兴已有2500年的建城史，古称会稽、山阴，在历史上很多时代就是浙江省的经济、政治、文化中心。1949年5月，绍兴全境解放。2013年，绍兴设三区两市一县，共有79个镇、15个乡、2176个行政村。全市总户数161.55万户，户籍总人口441.66万人，其中农业人口281.49万人，占总人口63.7%；非农业人口160.17万人，占总人口36.3%。2013年绍兴全市实现生产总值3967亿元，增长8.5%；公共财政预算收入293亿元，增长10.3%；固定资产投资2002亿元，增长16.2%；社会消费品零售总额1318亿元，增长13.8%；外贸出口279亿美元，增长9.2%；城镇居民人均可支配收入40454元，高于全省的37851元；农村居民人均纯收入19618元，高于全省的16106元，分别增长9.6%和10.8%；居民消费价格上涨2%；城镇登记失业率2.9%；人口自然增长率0.05%。[2]

本研究的个案村——安村，位于绍兴市越城区，宁绍平原西部，会稽山北麓。这里历史悠久，公元前490年，越王勾践迁都到绍兴，秦朝设立会稽郡，唐朝设立越州，曾为南宋的临时都城，是中华民族

---

[1] 绍兴市政府门户网站：http：//www.sx.gov.cn/。
[2] 《2014年绍兴市政府工作报告》；http：//www.sx.gov.cn/《浙江省统计年鉴（2014）》http：//www.zj.stats.gov.cn/tjsj/tjnj/。

最早的发祥地和越文化发达地区之一。越城素有"山清水秀之乡,历史文物之邦,名人荟萃之地"的盛誉,被誉为没有围墙的博物馆。2000年7月,在国家各种产业区集中划设的时候,国家在越城的北边批准设立了工业区。工业区位于沪杭甬高速公路绍兴出入口处,东接宁波(约为100公里),西邻杭州(约为50公里),距上海230公里。工业区规划面积100平方公里,城区人口25万,重点发展电子信息、机电一体化、生物医药、新材料和环保等高新技术产业项目,鼓励引入高新技术来改造传统产业。2010年6月24日,工业区在其成立10周年之际升级为国家级经济技术开发区。[①]

二 村落概况

安村位于经济开发区西南,依河而建,是平原水乡,离绍兴高速路口5公里、离市区10公里,水陆交通方便,地理位置优越。安村属亚热带季风气候区,全年东北风为多,温暖湿润,雨量充沛,四季分明,夏秋间台风暴雨时有侵袭,有时造成较大损失。村中还有内池——后池一个。村南部有一座土地庙,庙前有一座水上戏台,建于明末清初,安村人称之为庙台,这座戏台目前还是绍兴市的文物保护单位。村南北有一条直河。河的南端有一座石桥。桥名"安宁桥",并有城门。[②]

安村现有总人口2103人,户数780户,分12个生产组,1个居民组,1个移民组。村里成立党总支。下设工业支部和农业支部,共有中共党员98名,预备党员1名。全村共有土地1784亩,已征用1594亩,被征地农民农转非1709名,参加失土农民社会保险1462人。村

---

① 《聚焦袍江经济 建设秀美两湖》,《中国经济导报》2013年12月31日。
② 村史档案:安村村史。

民参加新型农村合作医疗保险1346人。拆迁89户，涉及268人。2010年，村庄经济总收入1827.21万元，村民人均收入11770元。安村村内企业经济实力雄厚，现有企业4家，其中一家资产超过1亿元和销售额超过1亿元，利润达到500万元以上。[①]

安村同中国东部省份的大部分小村落一样，有山有水有田，如果不是外在力量的改变，乡村会遵循自己的逻辑在农业经济的范畴内缓慢推进。但时代的发展恰恰推动着大变革的到来，身处大变革时代的乡村如何演化？

三 村落变迁简史

（一）煎盐业下的繁荣

安村历史悠久，安村与另一村合称安城。《越绝书》记载：驾台周六百步，今安城里。驾台是一种以人工推土为台的建筑，是越王勾践游乐歇息之处，而安城离袍谷春秋战国遗址和马鞍、陶里古文化遗址都很近，可见这里很早就是越人的聚居地。《越绝书》还记载：安城里高库者，勾践伐吴，擒夫差，以为胜兵，筑库高阁之，周二百三十步，今安城里。这两处都足以证明安城在战国时期，已是越国的一大村落。

安村向以煎盐为业，在清代末期民国初期时煎盐业达到鼎盛。由于水上交通方便，其所煎精盐行销江、浙、闽、皖、赣诸省，市场繁荣，经济富裕，在绍兴市是个小有名气的村子。据知晓本村历史的原绍兴县文化馆馆长、本村村民杨老师介绍，村里人口最多时达到了2000户，仅盐厂就有18个。他向我们介绍了安村煎盐的历史：

---

① 安村概况介绍，2010年。

这个地方是产盐的，以前的食盐是有两种制作方法，一种是靠太阳晒的，叫晒盐；另一种是用火烧的，用盐卤熬和煎的。那个时候村里有18家盐所，也就是18只盐灶，一个灶就是一个制盐厂，制出来的就是我们现在的精盐，也就是细盐，精细的盐。

煎盐的操作方法还是非常原始的。它是这样的一块块的钢板，中间一块铁板，两边挂下来，有很多钢板，钢板与钢板之间要密封，否则的话呢，卤水是会漏出去的，一定要密封，这里就用稻草塞起来，然后用油灰把它胶起来，就是以前用稻草的灰和桐油掺和在一起，所以叫油灰，这样子就密封了，卤水就不会流出去了，旁边用竹篾拦起来，就是一个锅子的周边，这个地方也是用油灰抹过的，这样的话就把卤水啪啪啪啪地这样灌进去，下面呢，它就有一个灶头烧火，要烧6个钟头。一个班呢要6个人，下面有3~4个人要给它烧火，上面两个人要给它搅动，不要让它们停下来，这样呢，烧6个小时就成了。

这些工人需要吃饭的，所以这个时候，每个盐所、每个灶头都有一个大厨，烧饭做菜给他们吃的，大厨每天早上要到前面买菜，这买菜到哪里买呢？就是在边上的石桥头买菜，就是安城大庙边上的那座石桥，我的祖父告诉我，那个地方就叫做十八个鱼斗篮，鱼斗篮是竹编的背筐，很长的，可以这样背着，装这个菜，然后这样背着，这个就是形容当时清末民初安村的经济状况和人民的生活状况。（访谈对象11）

煎盐业的发展带动安村变成一个小小的工业区，有菜市场，有小饭店，有中药铺，还有小的诊所。繁荣的安村也吸引周边村庄的人到本村来工作谋生。

> 咱们这个村子呢，还是比较富的，所以呢这个村就变成一个大村，比如说呢，我是别的村里面的，我呢经济有困难，那我还不如直接搬到安村来，为什么呢，一个是这些个厂家是要用工的，工人，对不对呀，就是这样的一个情况，对于周边的村子来讲呢，它存在一个新的地位。
>
> 盐所的经济效益，我简单地给你形容一下，比如说一只（个）盐所，它劈成十份，平均分成十份，我呢，从中占了一份，1/10 的盐所，一个盐所的 1/10，我的家里就能用上一个长工，一个保姆，现在叫保姆，以前叫孋孋。是这样的状况，一个厂的 1/10 就可以这个样子，我们整个村子有 18 个哩，这不得了哩，相当于有 180 户人家，除了自己吃以外，每一户，还可以雇一个长工，一个孋孋。那个时候一般的情况家里有 5～6 口人，老爹老妈，两夫妻，两个子女，起码 6 口人，再加上长工和孋孋，这是很大的一个经济（指盐所——编注）。（访谈对象 11）

安村煎盐业发达，但并无资源上的优势，一则安村不靠海，缺少煎盐的原材料，二则安村山不多，煎盐需大量的柴火。但安村人有经济头脑。充分发挥安村水上交通发达的优势。

> 资源没有的，所以都从外面来，这里柴也没有的，平水（音）运过来的柴。卤水是从上虞沿海的、有海的地方去拿的，这个是用很大的大船运输的。这里是没有资源的，但是它的水上交通是很方便的，这里呢总有一批人，有经济头脑，有商业头脑，就是这么一个情况。（访谈对象 11）

煎盐业的发达，使安村的百姓过上富足的生活，也形成了尊师重教的风气。安村主要的姓氏有六个，分别是金、杨、章、徐、高、何，其中金姓和杨姓是村里的大姓，金家田产最多，收入更高，在金家祠堂开办了免费学校，凡是金家子弟去读书都是免费的。

安村人就是这一点好，不管你有钱没钱，就先送小孩读书去，像这种人是有一大帮的。我们老一辈人里面，读书的人也是很多的。（访谈对象11）

安村读书的氛围比较深厚，村里上了年纪的老人也基本识字的。据村干部介绍，解放后至今本村已经出过大大小小校长50多名，所以安村不仅是一个经济比较发达的小村落，文化底蕴也很深厚。

安村呢，是这个样子的，由于这个村的经济情况比较好，所以崇尚读书，所以读书的人就比较多了，不是现在的时候，是在解放前哦，现在没什么了不起的，这是解放前，受过中等教育的，数不清了，所以呢，解放之后做人民教师的，在学校里教书的人占了不少，出了一批校长，所以也有这样的一个渊源的关系了。这是跟村子的经济有关系的，经济实力雄厚，他就知道培养自己的子女了，所以就送子女去读书了，只要他愿意读，能够读到什么地方（程度）就读到什么地方。（访谈对象11）

（二）民国时的凋零

煎盐业成就了安村，但也束缚了安村的发展。到了民国，一项"废煎改晒"的政策严重影响了安村的经济，就是要废除煎盐业，改用晒盐，这样一来，18个盐所，有的关闭、停业，也有的转型生产卤饼,当然也有偷偷地还在煎盐,但总体来说,安村的经济受到了很大的挫折。

"废煎改晒"是村子的一大起伏,比现在的搬迁还要厉害。搬迁无非就是房子或者是厂子搬过去喽,设备搬过去了,还是生产原来的产品,我们这个呢,就不允许生产了,那怎么办呢?有些个就倒闭了,有些呢就改产了。就好像现在的转型啊,转型了,那干什么呢?就是烧卤饼,卤饼是什么呢?卤饼就是一种化肥,改制化肥了,那他怎么制化肥呢?山区的土壤是酸性的,而这个卤饼是碱性的,这个东西放下去是酸碱中和了,这样就有利于山区的人了,种一些茶叶啦、玉米啦,对他们有利的。烧碱是工业碱,我们这个是化肥,为什么可以制成化肥呢,这个是盐做的,也是像盐一样的东西,也很细,就像制作肥皂那样的碱,制成饼,然后把它敲碎了,撒在田里面,那话虽这么说,转型的毕竟是少部分的。原来有十八个的,现在减少到就剩两个,是这样的情况,所以严重影响了村子经济的发展。(访谈对象11)

"废煎改晒"的政策直接影响到了安村的经济发展,但安村人是不安于现状的,是要求发展的。勤劳的安村人又想出了新法子。

这样下去,村子就不行了,我们整个村子就不行了,然后出了一个能人,这个能人姓杨,就是我的上辈,叫杨亚林(音),他是什么年代的呢?他死掉的时候,我大概就八岁,八九岁吧,再怎么算的话,也是七十多年前就已经死了。他到上海去了,他到上海干吗去呢?去销盐,就是去卖盐,为啥呢?虽然说机器是废了,废是废了,但是偷偷生产的还是有的,为什么上海有销路呢?上海有很多食品业,比方说杏花楼啊,什么什么菜馆啦,他们都喜欢用我们煎的盐,因为我们煎的盐是高档盐,像粉一样的,很细的,而晒的盐呢,因为粒子很大,他们不喜欢的。

我们这个呢,偷偷生产的,村子里的人呢,不去举报的话,也没什么了不起的事情,政府又不知道,要是村子里的人去举报了,那么政府的人是要来干涉你了,就是这样的情况。他去销盐,到上海去销盐,他呢,暗暗地将村子里偷偷生产的盐,贩到上海去了。慢慢地村子里就有往上海去做生意发展的。(访谈对象11)

从安村"废煎改晒"到偷偷销盐,再到形成外出经商的风气,可以看出安村人是敢闯敢干的。

(三) 解放后的发展

1949年解放后,安村成立农会,1950年建立合作乡人民政府,安村隶属于马山区。1954年建立了低级合作社,1955年成立了高级合作社,1956年建立了党支部,1958年建立了人民公社,1983年大队改为村级组织,隶属于合作乡,1987年合作乡更名为安城乡,1988年建立党总支部,1992年安城乡纳入马山镇。①

新中国成立后的几十年内,安村和中国的其他农村一样经历了土改、大跃进、"文化大革命"等。所幸的是,村民们都还能保有善良。据村里的老人介绍,"文化大革命"时,村干部金某某被批斗了,但当时老百姓也都不理解,这么个好人怎么就被批斗了呢,还专门编了个顺口溜:"安村有个金某某,镢头棉袄和尚头(说他这个棉袄是短

---

① 村史档案:安村村史。

一截的),不吃香烟不吃酒,今天给我斗来明天给我游。"

他就想不通了,要跟私有制做朋友,他就想,我是共产党,为什么还要跟私有制做朋友。"文化大革命"是一棍子打死,大家拖出来就斗的,大家拉到台上斗,有些东西没有定性是不应该斗的。但是当时也是没办法的。(访谈对象23)

但农村要发展总不能靠天吃饭,虽然经历了一系列的运动和挫折,但一旦政治环境稳定下来后,很快就通过发展种植业、渔业和运输业来谋求发展,虽然没有立即富裕,但至少人民生活相对安定。

大部分人就是务农,还有一个呢是养鱼,渔业,安村前面有一个小的湖泊,然后养鱼的,我们这个村子里面呢有几个大师,我们绍兴管养鱼的叫大师。以前我们村子里面的水啊,是非常清澈的,很干净的,我们小的时候,就趴在河面上,就跟鲁迅先生所说的那个样子钓虾,这个我们都会干的。

以前我们会务农的这些人呢,会把河泥捞起来,去肥田,所以水就很清澈了。现在这个事情不干了,那河床上的淤泥就积起来,河床就高起来了,这样的话,河水就很容易变得浑浊了。

村里最早搞运输是由生产队去搞,去抓,大家轮流跑运输。生产队的经营管理根据各队来调整,村里不是一刀切,赚的钱归生产队,不用交村里。多数是从绍兴到海宁、桐乡等地。钱赚回来后,百分之几交给生产队,百分之几给个人基本工资(补贴)加奖励,并且算工分。由于生产积极性的高低不同,业务能力不同,赚的钱也不同。后来分产到户后,把船卖给农户,如果要的

人多,就是抽签,自负赢亏。(访谈对象11)

安村人勤劳能干,还很有想法。在大队生产时期充分发挥个体的积极性,这种灵活应变的理念一直影响着安村人。

(四) 改革中的前进

从全国范围来看,从新中国成立之初到1978年,社队企业开始萌芽。"我国的乡镇企业就萌芽于建国初期的农村副业和手工业。农民凭借人民公社时期办社队工副业的基础和经验,自找门路、自置设备、自学技术、自主经营,办起了乡镇集体企业,乡镇集体企业曾经作为'无农不稳,无工不富'农村发展的两只轮子中的一只,发展迅速。"[1]安村在1975年办起了第一家社办企业——校办塑料厂,该厂发展较快。1976年在校办塑料厂的支持下,安村又办起了另一家塑料厂。校办塑料厂的效益很好,当时在安村完小读书免交学杂费,是由校办厂的收益来助学的。

"改革开放后到1996年,我国乡镇企业迅速崛起。1978年12月中国共产党召开了具有伟大历史意义的十一届三中全会,全会决定将全党的工作重点转移到社会主义现代化建设上来,社队企业也开始了历史性的转折。1984年中央4号文件将社队企业正式改称为乡镇企业,对家庭办和联户办企业及时给予了充分的肯定。1992年邓小平同志南巡讲话,充分肯定了乡镇企业的重要作用,为乡镇企业创造了空前良好的外部环境。"[2] 在这个阶段,村干部把精力都放在了集体企业上。

---

[1] 陆学艺:《我国农村发展的新阶段、新任务、新对策》,《中国农村经济》1986年第12期。
[2] 施茂平:《中国农村改革的奇葩——乡镇企业》,《半亩历史》2011年第7期。

1979年安村办起了塑料编织厂,从14台织机逐年增加到了100多台,从土织机调换到圆筒织机,从原来的生产逐步转为生产经营一体。1987年安村兴办丝织厂,并从6台织机逐步发展到128台。1996年,安村又办了工艺蜡烛厂。村办企业的发展势头越来越好。

这个阶段,村办企业的发展对于资本的原始积累、剩余劳动力向非农领域的转移乃至推动农村经济社会的整体变迁都发挥了极其重要的作用。然而,村办企业还是属于人民公社的管理体制,不能摆脱与之共生并存的各种弊端,乡村集体企业不得不走上改革或"改制"的道路。"为了更好地适应社会主义市场经济的要求和乡镇企业多种形式发展的新形势,促进、引导、保护、规范乡镇企业发展,1996年八届全国人大常委会第二十二次会议讨论通过了《中华人民共和国乡镇企业法》,自1997年1月1日实施。乡镇企业法的出台为乡镇企业的改革、发展和提高奠定了法律基础。"① 随后,乡镇企业加快了分化重组步伐,进入了以产权制度改革为核心的乡镇集体企业"改制"阶段。

安村根据绍兴县委文件,从1998年至2001年完成了对丝织厂、塑料厂、工艺蜡烛厂及校办厂、塑料编织厂的转制工作。安村的私营经济自此开始发展。

> 上面有文件下来要转制,转得越彻底越好,安村是试点,不折不扣地执行,转得最彻底了。(访谈对象16)

改革发展了安村的乡镇企业,积累了集体资产,当然经营过程中也交了学费。转制则让安村失去了发展集体经济的机会。但安村在这一阶段发展还是较快的,全村掀起了基建高潮。1987~1998年80%的

---

① 施茂平:《中国农村改革的奇葩——乡镇企业》。

安村村民建了新楼房。1988年全村除一个自然村外都装上了自来水，1994~1995年，安村对公路及全村主要道路进行水泥路面浇盖，修筑河道、造桥、造路等。

（五）新型城镇化大潮中的安村

改革开放后的中国农村卷入到城镇化的发展浪潮之中，安村也不例外。从目前新型城镇化的建设来看，对于农村的发展推进主要有三种方式：一是建设新农村，利用农村的资源，发展旅游业、种植业等，从而发展农村经济，改变农村面貌；二是就地城镇化，以中心镇、特色小镇建设为依托，通过发展生产来增加农民收入，提高生活水平，改变生活方式；三是通过征地和拆迁，把农村变为城镇或城市的扩张，把农民变为市民。

安村的城镇化属于第三种。安村离绍兴市区只有10公里，离高速路入口只有5公里，因此地理位置十分优越。从2000年开发区兴建以来，已被征用土地1594亩。全村村民98%以上均已转为非农户口。

安村已经进行过两次拆迁。第一次是2002年，第二次是2004年，为了配合开发区修路、建设，分别拆迁了28户人家和60多户人家。对于拆迁，已经被拆迁的村民内心也还是比较矛盾，一方面他们不反对拆迁，甚至庆幸被拆迁，另一方面对于拆迁后的生活却也未必满意。

> 我不反对拆迁。我们自然村，交通不便，买东西、乘车都不方便。所以95%以上的人都同意拆迁。以前买东西，没车的时候走到村里买盐、买油，来回要一个小时。（访谈对象14）

> 但我们原来自然村，环境很好、风景很好，有水，果园、竹园。现在大家都搬到小区里了。和以前是不同的。以前是平房，现在这个单元，那个单元，看不到人了。走到楼下才看得到。说

话肯定少了。原来老自然村的时候,好的方面,相互熟悉,相互协调。现在小区里,纠纷也少了,因为以前是平房晒谷子啊,小孩子吵架啊,家畜乱跑啊,但现在交流少了,跟城市一样。隔壁的人叫什么名字都不晓得。(访谈对象14)

我们是第二批拆迁的,是第12生产队,是一个自然村,拆迁时60户左右。第一批是造高速公路时,沿路涉及28户人家,分属于三四个不同生产队。工作应该还好做,但是有几户感到拆迁吃亏,有三户过了一年多才拆迁。基本上达到他们的意愿。各退一步,政策上协调一下,让他们得到一些实惠。但这样做,今后的拆迁困难会更多,因为同样的政策,可能有七八十户人家都是同样的政策,但他们已经签订了合同。如果要是强拆,会涉及很多部门,而且不好办。但开了头后,对其他人不公平,而且对后面的工作影响不好。(访谈对象12)

目前来看,安村已经是城中村了,村子四周被大马路和高楼包围。安村先于城市存在,发展滞后于城市。从长远来看,安村肯定是要变的,至于怎么变,当然老百姓的想法不一,有的人期待能全部拆迁,变成和城市一样,有的人希望能保留传统,把村子建设得更好些。但从工业开发区的规划来看,安村是属于整体拆迁村,也就是说,安村最终会终结、消失。

拆迁已经列入计划,就是一只脚跨入了。首先是村两委会,如果有一个反对就不拆,然后是村民代表要百分百同意,这个就有难度了,村民代表有50个,从每个村民小组中按人口比例选出来的。老百姓要百分之九十五同意才可以。反正村里不拿钱,是由拆迁办和农户签合同，拆迁办有个清单下来，把钱给村里，由村里去发。其实村里是专门跑腿的。

最担心的是村民代表就在拆迁户里，如果他不愿意，他肯定就提出反对意见，这样的话百分之百就达不到了。从我内心来讲还是希望拆迁，因为老百姓是有需要的，孩子都长大了，房子不够住的。一涉及经济利益工作就难做了。为了鼓励全拆，上面有奖励，每个平方米奖励200元。给老百姓，一户人家就有四五万。但是钉子户是不管的，你要拆就拆，反正我不拆。拆迁办就是你需要什么样的帮助，他也会来给你做，但最终的工作还是要靠村里。(访谈对象16)

当然，新型城镇化建设过程中，征地、拆迁是重头戏，村庄建设和治理也不能忽视。这个阶段，村民自治的发展还是比较有成效的。

老百姓比较关心村务公开，我们的钱到底用到哪里去，去年我们的村务公开上有线电视，老百姓只要开电视就能看到，而且知道我们都做了什么。

村里选举是每个人都参与的。我们村里都挺好的，村里的事情我们都支持的。(访谈户7)

选举是肯定参加的啊，村里的事肯定关心的。(访谈户8)

选举是参加的，平时特意去村委不太会去的。但是因为离得近，去的话就会看看的。(访谈户9)

村民的参政意识越强、越普遍、越自觉主动，政治参与行为越深入、越广泛，就意味着农村基层民主建设越进步、政治文明越发展。

村民的民主意识还表现在监督意识上,他们对整个村级政务活动怀有主人翁的责任感,对村干部总体是持满意态度的。

A:村里的事情,村干部还是做了很多工作,道路啊、村容村貌啊、贫困扶助啊,都做得挺好。(访谈户5)

B:现在村里比较干净,马路比较整洁。本来说要拆的,也住不了几年的,但他们还是踏实地工作。

厕所,以前没有的,现在有公共厕所。我们本地的很少到外面去的,不过我们村有很多外地人,因为有很多厂嘛,但现在管理得也比较好。(访谈户9)

C:我们村干部在马山镇不是属一就是属二的,选举的时候我们村不搞什么送礼的,其他村子是有的,我们这里都没有送东西的。铺张浪费,红白喜事,白吃酒什么的,我们村干部都没有的,我们的干部都不到人家家里去吃饭的。我们村干部是好的。第一任书记当了40多年,现在84岁了。第二任也当了近20年。他们头带得都好,都在正路上走,不走邪路的。第三任书记老早就当了村委主任,大概20多岁就当上了,就是儿子刚生出来的时候。(访谈户7)

在城镇化进程中,安村人没了土地,也没了集体企业,生活方式发生了变化,谋生手段也发生了变化。安村人向来有经商的传统,有打拼的勇气。他们或者成为个体经营者或开办小工厂,或者到开发区里上班;另有一些人外出做生意。征地、拆迁并没有阻碍他们的发展,也没有造成很大的矛盾冲突。面临新的发展形势,安村人选择了顺势而为。

第四章
国家能量：顺应契合中的村落秩序

"皇权不下县"。过去人们一般认为，在传统中国，国家权力的行使被限制在城邦之中。虽然也有学者指出皇权不下县只表明行使国家权力的行政机构仅止于县一级，并不必然表示国家政权不深入乡村社会[①]，但在县级以下不可否认地存在与国家力量运行与治理逻辑不同的力量，实际上自上而下的国家权力与自下而上的乡村社会权力是同时存在的，并且有可能交叉重叠，互相掣肘又互相契合。

不过，中国的乡村并不是避世主义的。外在的力量一直试图进入乡村并改变乡村。新中国成立后的几十年，从人民公社化运动到"文化大革命"的政策序列都表明了国家力量试图将乡村社会纳入自己的控制范畴。改革开放以来，从家庭联产承包责任制到新农村建设，这一系列国家政策的调整给中国乡村社会带来了前所未有的变革与挑战。"乡村社会正在被重塑，它被迫或带着少许自发的向现代社会迈

[①] 陈洪生：《传统乡村治理的历史视阈》，《江西师范大学学报》（哲学社会科学版）2006年第3期。

进。乡村社会的现代性正在与日俱增。"① "在传统的较少变化的社会，也许靠社会内生力量就可以解决农村社会内部的问题及处理好国家与农民的关系。在快速变动，甚至农民价值观都在巨变的时代，国家行政力量将不仅是需要的，而且是必要的。"② 无论作为中国基层社会的乡村社会是不是自治的，国家治理对于乡村的历史意义和实践意义都不可小觑。

关于国家行政力量与村庄之间的关系问题，表现在学术领域就是现存文献中大量的关于乡村治理的研究。如果说旧时代国家对乡村的管理表现为一种统治上的管辖权，新时代的管理更多的是一种国家治理，而并不仅仅是宣示一种权力利益。农村是国之基础，国家需要农村的稳定和繁荣，这是城市稳定和繁荣的基础，甚至是国家政权合法性的一个重要保障。中国共产党的革命史和建设史是同农村分不开的，它是通过农村包围城市的策略赢得革命，又是通过联产承包责任制实现乡村发展从而带动全国经济转折的，所以国家治理对于乡村的历史意义和实践意义都不可小觑。但毕竟国家政权"居庙堂之高"，对于乡村社会而言，显得有些遥远。封建社会的朝廷向来是远离乡土社会的，它必须通过其他形式来保持统治，所以普遍采用的是一种严密的政治组织形式和残酷的法律治理形式。进入新社会以后，国家可利用的手段会更加多元，形式也更加隐蔽。

一 乡村治理的政治形式

所谓乡村治理，"是指如何对中国的乡村进行管理，或中国乡村

---

① 董磊明、陈柏峰、聂良波：《结构混乱与迎法下乡》，《中国社会科学》2008 年第 5 期。
② 贺雪峰、刘锐：《熟人社会的治理》，《中国农业大学学报》（社会科学版）2009 年第 2 期。

如何可以自主管理,从而实现乡村社会的有序发展"。① 贺雪峰的这种界定成为他所在的华中学派,同时也是主流学界,在乡村治理问题上的基本立场。这种立场强调的不仅是它"既包括对国家安排的制度文本的讨论,还要落实到这些制度文本在实践中的对应表现。这些表现的基本部分,构成了现实中的乡村治理的基本结构"②。这也体现出了当前关于治理的某种转向,即从旧的国家中心(state-centered)的治理模式中脱胎出来,转向更为多元性的治理。③

乡村治理是国家治理体系的一部分,甚至在很大程度上,乡村治理就表现为国家的治理。新中国成立以后,农村经历过多种组织形式的演变,但都体现为一种国家主导型的"政社合一"模式。国家通过多种方式,政策的、经济的、代理人的,来实现对乡村的控制和治理。这种治理既有成功的一面,实现了乡村经济的持续发展,但也有不成功的一面,即国家并没有实现其治理上的终极目标,而是维持一种表面上的平衡。

乡村的治理大致可以分为两个阶段:两个以不同的乡村组织制度为核心的阶段。第一个阶段,即新中国成立以后,国家以公有制为核心理念在农村实行了"三级所有、队为基础"的人民公社权力体系。从新中国成立后的农业合作化运动、集体化运动,到人民公社化运动,国家实现了对乡村的全面控制,国家把村庄置于自己的体系内,农民直接处在国家政权的严格管理中。这是一种"全能主义"的控制,这一政治全能主义使得乡村的社会生活军事化、经济生活行政化、精神生活一统化,乡村与国家出现高度一体化。

---

① 贺雪峰:《乡村治理研究的三大主题》,《社会科学战线》2005 年第 1 期。
② 贺雪峰:《中国乡村治理:结构与类型》,《经济社会体制比较》2005 年第 3 期。
③ Walters, W. 2012. Governmentality: Critical Encounters. NY: Routledge. p. 65.

第二个阶段是改革开放之后。经过30多年的经济发展,中国城市和农村的经济都得到了发展。特别是城市的进步使得国家越来越不需要从农村抽取资源,过去那种农村贴补城市的发展模式逐渐结束。随着1978年十一届三中全会的召开,中国迎来现代史上最重要的政治经济转捩点,农村政治体制改革也发生巨大变化。1983年10月,《中共中央、国务院关于实行政社分开建立乡政府的通知》,正式宣告人民公社开始解体,从此确立起"乡政村治"体制模式。同时,1987年11月第六届全国人民代表大会常务委员会第23次会议又通过了《村民委员会组织法(试行)》,并于1988年6月1日开始试行,于是在全国农村基层普遍建立了村民委员会。从而用"乡政村治"的新的政治模式代替了人民公社"公社、大队、生产队"三级管理的模式,"乡政村治"的治理架构最终确立。[①] 从人民公社到村民自治,中国的乡村治理中的"国家"角色实现了华丽的转身,从前台到后台,国家"完成了自己的使命",将村治主导权交给了村民自己。

从全能主义的"政社合一"体制到"村民自治"制度,国家表面上实现了乡村治理主导权的下放。从国家完全的、绝对的控制到由村民自己选择治理团队。这种转变对乡村秩序的影响在于,秩序从受控型到自发型的转变。"政社合一"体制下的秩序是一种受控型的秩序,国家以及国家在乡村的代理机构塑造的秩序,是标准化治理下的应然性结果。到了村民自治时代,乡村的自由度提升。秩序成为一种多方治理下的结果,不是哪一种力量塑造的结果,而是多方力量的平衡博弈,宏观的社会转型和微观的社会心理转变也都影响到这种秩序的演变。

---

① 刘涛:《六十年中国乡村治理逻辑的嬗变》,《中共贵州省委党校学报》2010年第1期。

二 乡村治理的经济形式

新中国成立后,国家对农村的整合经历了公社化运动和村民自治两个阶段,通过这样的政权整合形式,国家基本上实现了对乡村的整合。但如果要实现乡村的发展,单纯的政治整合并不是有效的手段,发展农村经济实现乡村发展才是手段。新中国成立初期中国农村一穷二白,百废待兴,为了实现乡村经济发展,党中央开始在解放区推行土地改革,1950年,中央人民政府颁布《中华人民共和国土地改革法》,规定废除地主阶级封建剥削的土地所有制,实行农民的土地所有制,到1952年,广大农村基本上实现了土地所有权的转移,农民开始拥有生产资料,农村的经济有了发展的动力。但是当时农民普遍缺乏生产工具,没有先进的机械化农具,也没有资金可以投入,单靠一家一户是根本解决不了水利问题,也抵御不了自然灾害,不能合理地使用耕地。分散化的经营阻碍了农业生产的发展,因此国家从1953年起推动了农业的社会主义改造,通过把分散的个体农民组织起来,引导他们参加农业合作社,走集体化和共同富裕的社会主义道路。到1956年年底,我国有96.3%的农户加入了初级社和高级社,我国对农业的社会主义改造基本完成,社会主义制度在农村基本建立。[①] 农业的社会主义改造促进了农村经济的发展,1957年底"一五计划"超额完成,导致毛泽东和一些党的领导人片面认为农业合作化规模越大,公有化程度越高,越是能对农业经济起到拉动作用。以至于1958年中共八大二次会议提出建设社会主义的总路线——"鼓足干劲、力争上游、多快好省地建设社会主义",在此基础上,中央推动了"农村公

---

① 周学平:《新中国成立后党的农村政策的演变》,http://www.pep.com.cn/czls/js/tbjx/ck/8x/u2/201106/t20110630_1051782.htm。

社化"运动，建立"一大二公"的人民公社，集体经营和按劳分配成为农村经济组织的重要方式。但这一主观脱离现实的经济模式不仅造成了浮夸风、大跃进，也造成了中国农村经济的严重滞后，而且严重损害了农民的利益，影响了他们建设社会主义的积极性。农村公社化运动的结局是失败的，不过在当时的历史情境下这些失败让步于更复杂的国内政治斗争。直到1978年十一届三中全会的召开，中国的农村发展也随着国内政治经济形势的好转而开始变好。当年，安徽省凤阳县小岗村18位农民签下"生死状"，将村内土地分开承包，开创了家庭联产承包责任制的先河。当年，小岗村粮食大丰收。以此为标志，掀起了中国农村经济飞跃发展的序幕。[①]

要分析安村的村庄变迁与村庄秩序就不得不提到绍兴袍江经济技术开发区。该经济技术开发区成立于2000年7月，辖区面积118.3平方公里，规划建设面积66平方公里，常住人口30万。它位于长三角南翼，地处沪杭甬高速路绍兴入口处，是以高新技术产业为主导的现代化新城区和绍兴中心城市新组团。[②] 2010年，国务院办公厅发文同意新区升级为国家级经济技术开发区，新区的发展进入了新阶段。从根本上说，经济开发区的设立是为了吸引外来投资。从经济过程上来说，等于是把城市的部分土地作为新一轮工业化的原材料投入生产与再生产的循环，这也是"国家与资本合作的最早形式"[③]。2002年，经济开发区安村征用土地工作开始。时至今日，安村的农耕地已经被征用殆尽，甚至一些居民的住房也都被划入经济开发区的范围之内。虽

[①] 《家庭联产承包责任制》，http://baike.baidu.com/。
[②] 绍兴袍江经济技术开发区:《浙江人大关于袍江经济开发区的详细情况》，参见"国家级绍兴袍江经济技术开发区"官方网站，http://www.paojiang.com/pjweb/index.do?theAction = index。
[③] 叶涯剑:《现代化约束下中国城市空间重构的内在逻辑》，《暨南学报》2012年第2期。

然安村并没有出现被动城市化所带来的一系列社会问题，但是袍江经济开发区的设置作为一种国家力量的体现对于村庄的秩序与村民生活都产生了不容忽视的影响。"现代性，乃至现代化的力量不仅仅体现在经济、政治、文化等宏观层面，更表现为一个基于全球化力量影响向度的个体生活的塑造的过程"。① 经济开发区建设征地等对村民生活与村庄秩序又产生了哪些影响呢？

首先是交通条件的改善。"城市交通与现代社会的塑造和特定形式现代性的形成密切相关"。② 如果在象征学意义上城市被看作心脏，道路与交通甚至会被比作支持心脏运作的血管与血液。③ 没有便利的交通就等于剥夺了一个地方同外界相联系的渠道。这无论是从社会经济发展的层面还是在人民日常生活的角度都是极为不利的。而在经济开发区建设以前，安村的交通情况就是这样。

> 根据自己的想法，我们自然村，交通不便，买东西，乘车都不方便。所以95%以上的人都同意拆迁。以前买东西，没车的时候用走，走到村里来，买盐，买油，走过来半个小时，来回要一个小时。（访谈对象12）

据安村的党支部金书记说，经济技术开发区征用安村的土地主要用途有两块，一块是修路，另一块主要是建小区，包括三个作为拆迁安置房的小区和两个作为商品房的小区。当被问到经济开发区给村庄

---

① Ho, L. W. W. 2010. Gay and Lesbian Subculture in Urban China. London & NY: Routledge. p.119.
② Pante, M. D. Mobility and Modernity in the Urban Transport System of Colonial Manila and Singapore. Journal of Social History. Forthcoming.
③ 参见福柯《安全、领土与人口》，钱翰、陈晓径译，上海人民出版社，2010，第13页。

带来的影响时，金书记的第一反应就是交通。

> 经济收入这方面没有太大的改变。拆迁难度太大，（村民）享受不到（拆迁带来的实惠）。我们说拆迁能直接改善民生，可是大多数人享受不到。开发区建成后影响最大的还是交通，四通八达，大大改善了，现在村前村后公交车都能通。好几路车，村前面有三四路，村后面也有一路。（访谈对象16）

其次是村民盖房问题。由于安村处在经济开发区建设的拆迁范围内，原则上是不允许再新建房屋的，村子的批地建房之权被剥夺。这种政策是可以理解的，如果允许新建房屋，势必造成重复建设与资源浪费的问题，另外也会大大提高拆迁的成本。在短期之内，这种政策不仅是有效的，而且是必要的。但是，资金支持与政策力度的不足造成了土地征用工作的滞后，划入征地范围已有十多年之久的安村，面积比较大、征地补偿标准较低的耕地都已经征用完毕，对于面积比较小、征地补偿标准高、拆迁难度大的村居民房的征用工作却迟迟没有开始。按照村民的说法，他们开始的时候主动来找你商量，把最肥的"肥肉"给吃掉了，留下了最难啃的"骨头"却迟迟不肯下嘴。但是在等他们"下嘴"的这十几年，村里是不能破土动工新建房屋的。

> 开发区刚开始征地的时候，2002年、2003年，10岁的小孩子，现在也都二十多岁了要结婚成家了。这十年，要盖房子娶媳妇的人有多少？盖房子又不许盖，小孩子结婚怎么办？只有两个办法，一个是在外面买商品房，可是商品房现在这么贵，一般人家也负担不起；第二个就是住老宅，住家里的老房子。可是一个

村子里房子就这么多。这个问题每个村都有。是个大问题，不搞好，会乱。开发区这么多领导下来，没有一个人明明白白给出一个态度的。因为这是个烂泥塘，掉进去就出不来。之前有人来摸底，以为有希望了，结果还是不了了之。你要么不搞，让我们没希望，心是死的。可是这么搞一下，让人觉得有希望了，又没有下文了，反而不好，还不如不搞。（访谈对象16）

所以，对于类似于经济开发区是否改善了民生、便利了村民生活一类的问题，我们似乎并不能简单地给出一个确定的答案。在福柯看来，治理化的过程中，国家开始关注并涉及每个人的日常生活，让人们的幸福成为国家效用，让人们的幸福成为国家本身的力量，[①] 国家的力量与个人的幸福这两种东西被连接在一起。我们必须看到，经济开发区的建设改善了村庄的社会经济环境，改善了村庄的交通条件。这不仅仅为村民带来了方便与实惠，同时也使安村成为很多在经济开发区企业工作的外来人员的落脚地。无论是哪一任领导还是就整个经济开发区来说，在处理盖房问题的时候都会更多地通过理性的计算与衡量，对每一个行动的每一个步骤进行精确的分析，而放松安村和其他村庄批地建房政策的成本与收益明显不成比例。

再次是村两委职能的变化。村两委职能从"管理"转向了"服务"。20世纪90年代村集体企业从集体转让给私人经营，村集体企业转制后，虽然是私人控股，可是村集体还持有一部分股份。另外，土地作为集体财产可以为村庄创收，可是经济开发区建设之后将所有的耕地征用殆尽。

[①] 〔法〕米歇尔·福柯：《安全、领土与人口》，钱翰、陈晓径译，上海人民出版社，2010，第291页。

对村级组织说，经济发展，壮大集体经济这部分被扣掉了。土地没了，资产、资源、资金都受到了限制，经济发展的这部分功能没有了，我们就转到了社会管理层面、上面政策的落实、服务（村民）。性质变了，从原来的告诉百姓要做什么要做好，到现在，有意见的给他们处理好。从管理变成了服务，变成了物业性质的了。（访谈对象16）

除了村集体资产的缺位，与经济开发区建设以前相比安村的顶头上司绍兴县，新上司却总显得囊中羞涩。按照村民的话，他们是从原来的"富爸爸"那儿被交到了"穷爸爸"的手里，原来跟着"有钱的亲爹"，现在跟了个"没钱的干爹"。诚然，经济开发区对于村庄的基础设施建设的扶植力度远没有绍兴县来得大，"亲爹"是不用村子承担任何经费百分之百投入资金，而"干爹"只是提供百分之四十的配套补贴，剩下的就由村子自己解决了。没有了土地，没有集体财产，所有的村集体的开销都是从土地征收款的增值保值的利息里出。[①] 这类似于新中国成立以后被剥夺族产而日渐式微的宗族。族产是一个宗族的根本[②]，族产是宗族存在并且得以正常运行的基础条件，而被剥夺了族产的宗族各项功能的弱化也在情理之中。那么，没有足够经济能力的村两委的工作开展的确会受到很大的限制，就很容易理解了。

从总体上来说，农村土地包括宅基地和耕地这两种最重要的生活和生产资料，是农民生活和生产的基础。土地的所有权影响着人们对土地开发的投入以及劳动生产的热情。因此，当一项土地制度能够起

---

① 经济技术开发区对安村的征地补偿金共有1900万元，现作为增值保值金由经济开发区管委会代管，利息高于银行利率。工作人员在座谈会上称这是一种"父爱主义"。

② Freedman, M. Lineage Organization in Southeastern China. London：Athlone. p. 127。

到解放生产力作用时,其对社会经济的促进作用有时远远大于农耕技术的进步。纵观历史,任何时代或者国家对乡村的经济治理形式都涉及对土地的管理或治理。中国原始氏族社会最早实行的是一种土地公有制。到了夏商周时代,中国最早的土地制度"井田制"得到推广。西周时期,道路和渠道纵横交错,把土地分隔成方块,形状像"井"字,因此称作"井田"。"井田属周王所有,分配给庶民使用。领主不得买卖和转让井田,还要交一定的贡赋。领主强迫庶民集体耕种井田,周边为私田,中间为公田。所以实际上是一种土地私有制度,土地归周王所有。"[1] 井田制也开创了中国古代政权统治者利用土地不断改革土地制度的先河。此后历代王朝的统治者或者变法的实施者都在不停地改革土地制度,比如商鞅变法"开阡陌封疆"废土地国有制实行土地私有制;王莽变法实行的王田制;三国时期曹操实行的屯田制;北魏、隋、唐实行的均田制;等等。

新中国成立后,通过土地改革实现了农村土地的集体所有制,限制了生产力的发展,但是此后通过土地联产承包责任制又让农业生产力得到了解放,而现在的新型城镇化的模式则是通过"征地"的方式实现了农业土地性质的转变。以前的土地主要是住宅和种植之用,现在很多地方的农业土地则变成了工业用地,变成了城市土地的一部分。这是一种新时代的"土地革命",本质上是属于国家治理的一部分。但这样做带来的既有积极的一面,也有消极的一面。积极的一面在于对整个乡村面貌的改变,比如本节分析到的对交通环境的改善;消极的一面体现在对乡村生态的影响,比如本节提到的作为被征地区的安村的住房建设问题。不过,至少通过这种经济的方式,国家也实现了对乡村的治理,改变了乡村进而推动了乡村秩序的变化。

---

[1] 百度百科:http://baike.baidu.com/。

三　乡村治理的代理人形式

历史上的多数时候，国家在乡村的地位是隐藏在幕后的，是通过其代理人来治理乡村，这是一种较为隐蔽但又聪明的做法。

费孝通先生提出："中国乡土社会的基层结构是一种差序格局。皇权政治在人民实际生活中，是松弛和微弱的，是挂名的，是无为的。"① 他的著名的中国社会"双轨政治理论"指出："一方面是自上而下的皇权，另一方面是自下而上的绅权和族权，二者平行运作，互相作用，形成了'皇帝无为而天下治'的乡村治理模式，塑造出一个形象而又独特的描述传统中国政治运作逻辑的'双轨政治模型'。"② 美国家族史专家古德也在其《家庭》一书中说："在中华帝国统治下，行政机构的管理还没有渗透到乡村一级，而宗族特有的势力却维护着乡村的安定和秩序。"吴理财在《民主化与中国乡村社会转型》文中指出："在中国，三代之始，虽无地方自治之名，然确有地方'自治'之实。自隋朝中叶以降，直到清代，国家实行郡县制，政权仅止于州县。那时，乡绅阶层成为乡村社会的主导性力量，乡村公共事务主要由绅士出面组织，从而在客观上造就了乡村社会一定的自治空间。但是，与其说那时是乡村自治，还不如说是'乡村绅治'。"③ 秦晖则将传统乡村社会概述为："国权不下县，县下惟宗族，宗族皆自治，自治靠伦理，伦理造乡绅。"④

上述学者基本上都认同乡村里存在一种自发性的力量：乡绅，他

---

① 费孝通：《乡土中国·生育制度》，北京大学出版社，1998，第 24～63 页。
② 费孝通：《乡土重建》，见《费孝通选集》，天津人民出版社，1988，第 95～301 页。
③ 吴理财：《民主化与中国乡村社会转型》，《天津社会科学》1999 年第 4 期。
④ 秦晖：《传统十论》，载《本土社会的制度文化与其变革》，复旦大学出版社，2003，第 3 页。

们在很大程度上保证了乡村秩序的稳定性。当然他们最重要的价值还在于乡绅的连接桥的位置，他们居于国家与农民之间，他们既是国家力量的象征（一般的乡绅都是退休官员或者与官方保持较密切的联系的人），同时又是平民的身份，这种二重性使得他们能够稳妥行使好居间的角色。国家需要乡绅的力量去推行政治的、经济的和军事的政策，而村民也需要乡绅去帮助向国家反馈意见，帮助诉讼等。"绅士作为一个居于领袖地位和享有各种特权的社会集团，也承担了若干社会职责。他们视自己家乡的福利增进和利益保护为己任。在政府官员面前，他们代表了本地的利益。他们承担了诸如公益活动、排解纠纷、兴修公共工程，有时还有组织团练和征税等许多事务。他们在文化上的领袖作用包括弘扬儒学社会所有的价值观念以及这些观念的物质表现，诸如维护寺院、学校和贡院等。"[1] 乡绅的作用非常大，长久以来这实际上形成了一种平衡，乡绅也作为一个稳定的阶层存在于乡土社会，渐渐成为乡村中的精英阶层，他们掌握着资源，有着自己的非正式性权力。

不过伴随着新中国的成立，一种孙立平所谓的总体性社会（total society）出现了。"通过土地改革、合作化、人民公社化等步骤，国家实现了对土地及其他农业要素的控制，同时垄断了包括物资、资金、权力、威望、机会等在内的各种社会稀缺资源。至此，民间统治精英失去了存在的土壤，国家－精英－民众的三层社会结构被化约为国家－民众的双层结构。"[2] 特别是"文革"期间，民间社会的"乡村绅士"和精英分子基本上被批斗，国家与民众的双层结构被强化。但这

---

[1] 张仲礼：《中国绅士研究》，上海人民出版社，2008，第123页。
[2] 孙立平：《改革前后中国国家、民间统治精英及民众间互动关系的演变》，《中国社会科学季刊》1994年第1卷。

种体制的缺点很快就彰显出来，总体性社会的轴心是非常态化的国家政权，是以绝对的控制为核心，需要调用大量的行政和经济资源。当"文革"结束国家走向常态化后，原来的刚性结构马上就出现危机，乡村出现空洞，没有一支强大的力量去维持乡村的发展。所以总体性社会所面临的总体性危机迫使国家不得不重新寻求问题的解决之道。

改革开放以来，国家对稀缺社会资源控制的放松，一定程度上为新的民间精英的成长提供了空间。改革开放初期与90年代中期，我国先后出现了两次关于改革是姓资还是姓社的讨论。很多老同志对于改革持怀疑态度，甚至有学者称改革开放会使中国逐步走上资本主义的道路。党和国家始终坚持公有制经济主体地位的原则逐渐打消了诸多疑虑。诚如改革开放的总设计师邓小平在南方谈话中指出："社会主义要赢得与资本主义相比较的优势，就必须大胆吸收和借鉴人类社会创造的一切文明成果，吸收和借鉴当今世界各国包括资本主义发达国家的一切反映现代社会化生产规律的经营方式、管理方法。"[1] 不管是黑猫还是白猫，能抓住老鼠就是好猫。在这里，国家的力量从以前伦理学意义上的价值判断转向了功利主义的价值判断，不再从意识形态的角度去划分阶级、划分敌我[2]，而将关注的重点转向实用性。

20世纪80年代，人民公社向家庭联产承包责任制的过渡，打破了农村的绝对平均主义的幻想，大大地解放了农村生产力。然而，这种农村生产力的解放必须放在国家以工业化为重心的时代背景中去理解，农业与工业的剪刀差成为该时期工业积累的重要财富来源。农村

---

[1] 《邓小平文选》第3卷，人民出版社，1993，第373页。
[2] 意识形态的划分，使人们的生活方式高度同质化。参见 Dutton, M. 2007. Passionately Governmental: Maoism and the Structured Intensities of Revolutionary Governmentality. In E. Jeffreys ed. China's Governmentalities: Governing Change, Changing Government. London & NY: Routledge. 21–32.

经济服务于国家工业化目标的位置决定了包产到户带来的生产力解放的局限性；到了90年代，农业发展就遇到了瓶颈。1982年，根据绍兴县统一部署，全县土地按人口和劳力分摊到户，安村12个生产队的耕田按县委指示，1495亩土地全部分给农户。但是到了1995年前后，安村村民的种田积极性已经大不如前了，国家对农产品价格的压低造成了农业生产投入和产出的失衡。结果就是很多田地被抛荒，一部分年轻人选择外出谋生，而后来不少的经济精英就是从这些被从土地中解放出来的农村剩余劳动力中成长起来的。从1994年开始，因为乡镇企业的资产报酬率、资本收益率和营业额利润率逐年下滑，出现了大规模的乡镇企业转制（私有化）浪潮。那个时候，上级政府有文件下来，将安村作为集体企业转制的试点村。村民说："安村对上面的话太听了，不折不扣地执行，安村是试点，转得最彻底了。"安村的村集体企业丝织厂、塑料厂、工艺蜡烛厂于1999年进行转制，校办厂、塑料编织厂于2001年进行转制。从理论上讲，村集体企业改制后地方威权主义的式微为建立新型治理模式，实行村民自治留下了空间[1]，也为新的乡村精英成长留下了空间。

综观后改革开放时期的乡村治理，乡村企业的发展与改制以及在此基础上成长起来的新的社会精英，与村庄里传统意义上的、德高望重的、长老式的乡村精英，都被纳入了国家力量治理村庄的场域之中。在全能主义、包管一切的人民公社解体之后，地方威权主义式微，仅仅依靠作为国家力量代理人的基层干部来维持乡村的治理显得愈发困难。所以一种新的乡村管理模式，村民自治的实践创造了不同于费孝通先生笔下的旧中国双轨政治的一种新的自下而上的权力运作方式。

---

[1] 董磊明：《传统与嬗变——集体企业改制后的苏南农村村级治理》，《社会学研究》2002年第1期。

1982年，我国修订颁布的《宪法》，"村民自治"的提法始见于第111条，规定"村民委员会是基层群众自治性组织"。村民自治，是一项基本社会政治制度，村民直接行使自己的民主权利，依照国家法律办理自己的事情，实行自我管理、自我教育、自我服务。村民自治的核心内容是民主选举、民主决策、民主管理、民主监督等"四个民主"。1998年的《中华人民共和国村民委员会自治法》为村民自治提供了法律保障。近年来，安村处理村务坚持"四议两公开"：四议，即村党支部提议、村两委会商议、党员大会评议、村民代表大会决议；两公开，即决议公开、结果公开。村民自治实践正日趋成熟。

村民自治通过这一套民主制度运作选举出来的村干部，他们通常年轻有为，作为国家力量在基层乡村社会的代理人，是新时代的乡村精英。大批量的村干部形成了一个独特的群体，中国农村社会转型时期，村干部身处"官系统"和"民系统"之间的"边际地位"，成为官民沟通的渠道，因而有着"桥梁地位"。据杨善华观察："当上级政策与乡村社区和个人发生利益冲突时，政治精英们经常采取'阳奉阴违、抓而不紧、欺上瞒下'等应付手段。"[1] 孙立平、郭于华描述了村干部在完成下派任务时的两难境地："村干部在执行政策时的变通和能动性，以及其体制性界限。"[2] 张静指出：农村基层干部是国家意识形态和官僚系统行政性选拔的结果，讨论了行政吸纳政治的村干部体制特征。所谓"行政吸纳政治"，是指通过行政渠道将社会各种利益要求和利益表达汇聚起来共同参与政治决策的过程。[3] 在乡村社会，通过将基层

---

[1] 杨善华：《家族政治与农村基层政治精英的选拔、角色定位和精英更替——一个分析框架》，《社会学研究》2000年第3期。
[2] 孙立平、郭于华：《"软硬兼施"：正式权力非正式运作的过程分析——华北B镇定购粮收购的个案研究》，《清华社会学评论》（特辑一），鹭江出版社，2000。
[3] 张静：《基层政权乡村制度诸问题》，浙江人民出版社，2000，第175~181页。

干部纳入行政管理体系之中建设独有的村民自治管理实践。吴毅从乡村社会的价值取向和利益选择的视角，指出："村干部角色冲突的真正原因在于现有'压力型'体系下乡镇政府与农民之间的需求性职能矛盾和制度性职能矛盾，在这一体制性矛盾下，村干部的角色具有双重边缘化的特性。"[①] 何静、时瑞刚认为："由于乡政村治的现实逻辑，行政实力在转型期中国村民社会依然具有强势，村干部的角色、功能仍处于政府主导下的权威自治向真正意义上的民主自治的过渡之中。欠发达地区的农村村干部具有弱监护人的功能，其对村庄控制和保护能力趋于减弱。作者通过对鲁南地区的两个农村的实地调查，指出国家提出的所谓村庄自治，在实际操作中成了村干部自治，而非真正的村民自治；随着村干部自主性的增强，与之相应的并非理想中的社区保护力量和国家与民众间中介力量的增强，而是村干部自身利益的凸现。他们在日益市场化的过程中，逐步由传统意义上的村干部转变为现代的经济人。"[②] 以上是一些学者对村干部这一群体或者说角色的分析，但不管是正能量还是消极力量，村干部在国家对村庄的治理过程中都扮演着重要的角色。下面以笔者在安村的观察，通过村干部与国家（上级）、乡村精英和民众的关系来检视村庄治理中国家力量的逻辑。

首先，就与国家（上级）的关系来讲，村干部的处境是比较尴尬的。一方面，村干部"上面的事情是要跑的，就是搞关系的"，因为上级掌握着村庄发展需要的资金与资源。通过民主选举的乡村干部急需通过乡村经济发展来维护自己的合法性和声誉。而乡村要发展，资源基本上都掌握在行政村的上一层，所以"搞好关系"是新上任的村

[①] 吴毅：《村治变迁中的权威与秩序：20世纪川东双村的表达》，中国社会科学出版社，2002，第5页。
[②] 申静、陈静：《村庄的"弱监护人"：对村干部角色的大众视角分析——以鲁南地区农村实地调查为例》，《中国农村观察》2001年第5期。

干部的首要事务。

> 提高村干部的威信要干实事。去年争取上面的资金，修了停车场，绿化，原来没有搞卫生的专人，现在有了。今年要创全国文明城市，搭上这个车子。农村跟城市比是没法比，但尽我们所能办实事。（访谈对象16）

显然，如果不和上面搞好关系，这些"实事"是干不成的。但另一方面村干部同他的上级之间并不简单的是涉及这种资源的分配问题，他们还需要承担其他的义务。他们要负责传达上级的精神，替上级解决一些棘手的问题，同时也向上级反馈一些棘手的问题。有时候，上级的一些决定往往与村庄的实际情况相去甚远，或者并不是村民们所关心的问题，这个时候村干部在其中的处境就较为尴尬。例如，在谈到之前的党的群众路线教育活动时，有的村民的感受是这样的：

> 党的群众路线教育活动，是开电视电话会议的。还有督导组到绍兴来，我感觉效果不大，不爱听，离我们感觉太遥远了。最终干事的其实还是我们基层。上面安全生产就发个通知，上面就没责任了，我们要到每个企业去走访。（访谈对象16）

在他们看来，其实上级对村庄的影响无非就是发发文件，然后下来检查、验收结果而已，上级关心的只有目标和结果。所以，他们需要想办法完成目标、达到结果，只有这样才有可能搞好关系，争取到资金与资源的支持。这是村干部迎合上级的举动，也是他们作为村干部的政治任务，但对于广大村民来说，这样做往往显得过于形式化，并不符合他们的期望。所以如何处理上级政府与村民之间的冲突和不一致也是考验村干部管理的艺术。作为国家在农村的代理人，村干部既要确保上级政策和精神的上传下达，同时也要维护村民的意愿。

其次，村干部与乡村精英的关系。村干部其实也是乡村政治精英。我们这里所指的乡村精英是"在经济资源、政治地位、文化水平、社会关系、社区威信、办事能力等方面具有相对优势，具有较强的自我意识与参与意识，并对当地的发展具有较大影响或推动作用的村民。自古以来，乡村精英就是我国乡村经济社会发展的重要力量。改革开放以来，随着乡村社会的转型及村民自治的发展，乡村精英得以重生和壮大，他们对于农村发展的积极作用也愈益凸显。随着经济社会的变迁、社会阶层分化和村民自治制度的逐渐成熟，主体的多元化日益成为乡村治理的突出特征"[1]。在治理转型的过程中，乡村精英作为一种独特的政治力量已成为基层治理不容忽视的主体之一。

贺雪峰等人根据自己的理解方式，曾把当代乡村精英分为传统型和现代型两大类：传统型精英是指那些以名望、地位、特定文化中的位置乃至明确的自我意识为前提而形成的村庄精英。构成此类精英人物的条件往往来自于某种既定的身份和品质，以及他们个人对村庄事务的关心程度，比如党员身份、在外当过兵见过世面、曾参与村务决策以及由于曾处于边缘地位而产生明确的自我意识从而关注公众事务的村民等。所谓现代型精英是指在市场经济中脱颖而出的经济能人，如种养大户、私营企业主、建筑包工头、运输专业户等。他们因为经济上的成功，从而在农村社会具有广泛的影响力和号召力。[2] 项辉等

---

[1] 张英魁、李兆祥、孙迪亮：《重视乡村精英在新农村建设中的作用》，《光明日报》2008年1月26日。

[2] 贺雪峰：《村庄精英与社区记忆：理解村庄性质的二维框架》，《社会科学辑刊》2000年第4期。

人把当代乡村精英按其影响分为政治精英、经济精英和社会精英三类。他们认为："农村的改革使得乡镇企业异军突起，崛起了一大批经济能人，从而成为地方社区的经济精英；在人民公社体制中，乡村精英只产生于行政体制之中，故只有政治精英，改革后这类政治精英仍然存在，但其主要身份已不是国家权力在农村的代理人，而是村庄利益的代理人和维护者；在政治权力与经济方面收缩的同时，乡村社会生活中产生了一定的权力空白，于是一些拥有特殊资源（能影响和组织社会生活）的人物开始在这一领域施展自己的身手，以提高自己的社会地位，成为农村的社会精英。"[①]

不管是以上的哪一种划分，随着人民公社的解体和改革开放政策的确立，集体企业的转制，被国家垄断的稀缺社会资源，包括物资、资金、权力、威望等都被分散了。在这种情况下，一方面造就了一大批新的乡村经济精英，先富带动后富的国家政策不仅让城市产生先富一族，也让农村里一部分"有头脑"的农民富裕起来，他们逐渐成长为农村发展的领头羊。另一方面也削弱了乡村基层干部的权威，去政治化的社会化过程中乡村干部的政治色彩减淡，传统的政治精英在新的时代变得不那么重要了。但是要实现乡村治理的目标，维持村庄的秩序就必须依靠这些掌握了一定的权力、有威望的社会精英和经济精英。

传统的乡绅阶层已经没落了，新的社会精英在崛起。但社会精英往往基于非正式权威和影响力，所以实际上大部分社会精英相对来说往往是年纪比较大的村民。费孝通在他的名著《乡土中国》中专门有一节来描述中国农村中的"长老统治"。费先生指明在中国传统乡土社会的权力结构中，与"横暴权力"和"同意权力"并存的还有教化

[①] 项辉、周威锋：《农村经济精英村民自治》，《社会》2001年第12期。

式的权力。在变化很少的社会里，文化是稳定的，很少出现新的问题，生活是一套传统的办法。如果我们能想象一个完全由传统所规定的社会生活，这社会可以说是没有政治的，有的只是教化。虽然事实上并没有这种社会，但是乡土社会却是靠近这种标准的社会。"为政不在多言""无为而治"都是描写政治活动的单纯。在这种社会中，人的行为由传统的礼管束着。[①] 传统的长老式人物比如有威望的宗族长辈，婚丧嫁娶中的仪式主持人等。当然，随着社会变迁的剧烈推进，乡土社会的固定性随之松动，受各种观念的影响，也使得农村中原具有较大影响力的"长老式"人物威信大大下降。当然也有一些"长老式"人物的出现，比如调查中了解到，在对村庄的治理过程中，老党员起到了非常重要的作用。

> 要发挥党员的带头作用。全村有党员94人，其中30多人从部队出来的，素质比较高，有些村书记的亲戚都是党员，但我们村没有这个情况，我们村有很多老党员，他们提出，如果安村乱了，就是党员无能，他们对安村的感情很深，只靠村长、书记个人肯定是维护不好村子的，是搞不过来的，所以要经常听听老党员的声音。（访谈对象16）

老党员通常就是指党龄较长的党员，他们往往是经历过一些特殊年代，比如革命年代，或者新中国成立后一些特殊年份，比如农村公社化运动、大跃进运动、"文革"时期等。往往是因为在这些特殊年代里，党员都是处在领头羊的地位，一起生产一起劳作，与村民形成了特殊的情谊，也让他们在村民中具有了一定的威望。进入新时期，

---

① 参见费孝通《乡土中国》（修订本），上海人民出版社，2013。

由于他们的身份没变，在时代语境中尚未落伍，所以依然还有精英地位。不过，时代的变化也会让这些"长老式"的人物逐渐淡出历史，新的精英阶层将更多的是经济精英。李婵对社区精英作了研究综述，认为"农村社区的经济精英主要是指占有大量经济资源，首先致富的经济能人，主要集中在私营企业家这一特殊群体"[①]；郭正林认为"经济精英是指在其权力资源结构中，物质财富占主导地位的个人"[②]；符钢战等定义了农村经济精英，他们"是在农村中先富起来，并对当地乡村有着一定影响力的人，如乡镇企业家、商人、个体户等，这些影响力主要来自其自身的经济实力和经济上的成功典范，同时也表现在村中享有较高的声望和较高的话语权力等"[③]。综上所述，根据帕累托的精英要素说，我们可以界定，农村经济精英是指村落中拥有较多经济资源、较强个人能力素质的，在村落经济发展方面有着较高威望、较大话语权的能人。在安村，我们也观察到新的经济精英的崛起。

> 这些人一般比较年长一点，比较受到村民的信任，有号召力，可以代表那一片的村民。有年纪大的，也有年轻的。在外面搞经济的就比较年轻。有离休的老干部，退休的村委成员，企业的老板厂长。厂长，有的年纪大有的年纪小。（访谈对象15）

不管是社会精英，还是经济精英，也不管他们的年纪大小，作为精英他们都是在村里比较有威望、比较有号召力的。比如，他们的意见可以为两委会上党支部的提议提供相当的合法性。

[①] 李婵：《农村社区精英研究综述》，《济南市委党校学报》2004年第3期。
[②] 郭正林：《卷入民主化的农村精英：案例研究》，《中国农村观察》2003年第1期。
[③] 符钢战、韦振煜、黄荣贵：《农村能人与农村发展》，《中国农村经济》2007年第3期。

> 我想做一个项目,在放到两委里讨论之前,会先去咨询一些比较有威望比较有威信的人。在两委会里你提一个什么什么项目,也许就有人问,说书记啊,你这个有什么依据啊?它对不对啊?所以我要是自己想出来,直接放到两委会里面,我就是傻瓜,是吧?所以我要像你们一样下去做调研。(访谈对象 15)

最后,谈到乡村治理,最根本的还是要回归到村干部与普通村民之间的关系。在村民自治的理念深入人心的今天,村干部与村民的关系也愈发值得玩味。首先是最直接的村民自治中的选举问题,因为按照村民自治的法规,村两委都应该是民选产生的。金书记说安村的民风很好,大概是因为第一任书记开了一个好头。

> 选举最能反映一个村好坏,许多村拉票、买票、送东西,这个民风肯定不好,老百姓没有觉得庄严,但我们村从来没有发生过。老百姓真正选出自己的当家人。第一任书记金五九,前年离开了,但记挂他的人还很多。一届届都做得好的。(访谈对象 16)
>
> 选举,夫妻之间代投也要写委托书,也要这个形式的,操作起来都是比较正规的。要进行竞争,还要写承诺书。(访谈对象 23)

作为村干部,他们也十分看中村民对自己的评价。比如村干部就把村民对自己的态度看作是衡量自己工作好坏的重要指标。

> 我上班都是走路来的,如果老百姓是有话跟你说的,那就是干部当得还好的。我从家里是从不同的路走过来的。上次派出所来,(我陪他)一路走过去,老百姓一路打招呼。(访谈对象 16)

第四章
国家能量：顺应契合中的村落秩序

当然，民众的监督作用不仅仅体现在对村干部的这种软约束，还体现在对村务公开的要求上。

> 老百姓比较关心村务公开，我们的钱到底用到哪里去，去年我们的三务公开上了有线电视，老百姓只要开电视就能看到。而且知道我们都做了什么。将来这个庙的明细也要公开，怎么用。（访谈对象16）

一个很有意思的问题是，安村两委特别看重村里的老人：

> 我们看重老年人，福利是上半年下半年各一百元钱，重阳节发油，老年人有630多人。过年的时候会发点东西，让他们高兴。我们的老年活动中心也建得很好。（访谈对象16）

对老人的重视是因为"老年人能带动家庭对村子的信任"，而且老年人所热衷、推崇的一些传统文化如孝道与劝人向善都对于村庄秩序的维护有着重要的作用。

> 我们村讲究孝，我们的目连戏①就是突出这个孝，只要孝一般不会出大问题。一个村也像一个家一样，村委就像家长，来处理问题。以后搞五好家庭，树立典范。
>
> 老年人有宗教信仰的需求，不能堵要疏。我们把庙重新修了，有300~400个老太婆去念经。宗教劝人向善。去年修庙赞助59

---

① 目连戏是以宗教故事"目连救母"为题材，保存于安徽、浙江等地民俗活动中的古老剧种。

万元，主要是老板和老百姓，把老年人吃斋饭的后堂也搞好了。（访谈对象16）

乡村干部与村民之间的关系已经超越传统的简单的治理关系，不再是官与民的关系。如果村官是上级任命的，那么，对于乡村的治理实际上就包含了村民的治理。但进入到村民自治的实践中，村官是村民民主选举出来的，普通村民对村两委有民主监督的权利，所以现在的基层村官就必须放下身段，抛弃为官心态。

在治理的过程中，地方威权主义的终结使得基层干部不得不利用来自民间的力量，这种民间力量不仅包括我们一般对村庄自下而上的政治进行论述时所描述的乡村精英，还包括普通的村民。普通村民对于乡村治理的有用性不仅体现在村民代表大会对某些重大决策的同意/否决权，更表现在乡村日常生活之中。正如福柯所说："对人的治理本质上首先应当考虑事情的本质而不再是人的恶习，对事物的治理首先要考虑人的自由，考虑他们想做什么，考虑他们的利益是什么，考虑他们之所想，所有这些都是相互关联的……权力把自己理解为一种调节，它只能通过每个人的自由才能运转。"[①] 民主的理念进入基层社会之中，治理的理念和方式也相应变化，但是不管如何变化，村干部依然是作为国家权力在基层最直接的代理人，他们还担负着代理国家治理乡村的重任，即使他们名义上是被村民民主选举出来的。

四　现代性、国家治理及治理技术

现代性是当代社会学研究的核心议题。甚至在某种程度上说，社

[①] 〔法〕米歇尔·福柯：《安全领土与人口》，上海人民出版社，2010，第38页。

会学就是在对现代性问题的直接应对中产生的学科。[①]"从学科发展史看，作为一门独立形式的社会学的出现与现代性的产生是一致的，它的研究对象既是对现代性及其后果的理解和阐释，又是现代性发展的后果和原因。具体来说，社会学的诞生就是为了探索由前现代社会向现代社会转变及其所带来的后果，也是由民族国家的兴起、现代性的出现、工业革命的爆发、社会结构发生巨大变化的需要和现代性成长以及人类科学知识不断分化—综合的直接结果。"[②] 法国社会学家雷蒙·阿隆（R. Aron）说，"社会学可以解释为社会现代化的一种意识"。[③] 对现代性的讨论，或曰争论，贯穿着整个社会学学科的发展脉络。在笔者看来，围绕着现代性展开的争论至少有如下两个重要的方面值得我们注意。

争论之一：传统观点认为个人主义与现代性从本质上不可避免地关联在一起[④]，但也有越来越多的学者认识到在不同的文明、不同类型的现代性所呈现出的"共性"并不能被看作是"同一性"[⑤]，认识到非个人主义的多元现代性存在的可能性并开始致力于在中国的语境中对其作出回应。这场关于个人主义与现代性关系的争论实际上是西方

---

① Harriss, J. 2000. The Second Great Transformation? Capitalism at the End of the Twentieth Century. in T. Allen & A. Thomas eds. Poverty and Development into the 21st Century. revised edition. 325 – 342. Oxford and NY：Open University in association with Oxford University Press. p. 325.

② 文军：《逻辑起点与核心主题：现代性议题与社会学理论的研究》，《华东师范大学学报》（哲学社会科学版）2002 年第 5 期

③ 〔英〕安东尼·吉登斯：《社会理论与现代社会学》，文军等译，社会科学文献出版社，2003，第 1~2 页。

④ Sensabaugh, G. F. 1944. The Tragic Muse of John Ford. Stanford：Stanford University Press. p. 10；Berger, P. 1988. An East Asian Development Model. In P. Berger and H. M. Hsiao eds. In Search of An East Asian Development Model. 3 – 11. New Jersey：Transaction Publishers. p. 5 – 6.

⑤ 金耀基：《论中国的"现代化"与"现代性"》，《北京大学学报》（哲学社会科学版）1996 年第 1 期。

中心主义争论的一个侧面，其核心问题在于探讨有别于西方脱胎于启蒙运动与工业革命土壤的资本主义现代性不同的现代性的种类和方式存在的可能性。20世纪中后期以来非西方地区社会经济的迅速发展触动了这一派现代化理论家的神经。尤其是在对以"亚洲四小龙"崛起为代表的东亚社会经济发展中所谓的"东亚模式"的回应中，他们更是在马克斯·韦伯出色工作的土壤里成长起来的社会学与现代化理论的基础上，创造了"儒家资本主义""集体主义的现代性"等概念来回应西方中心主义的"一元现代性"①。这都使得个人主义与现代性关系的争论，或者更进一步说关于西方中心主义视域中的现代性的批判成为现代性研究不可忽视的部分。

争论之二：现代性的发展创造了实现个人全面发展的可能性，但同时也限制了这一可能。这一悖论可以从以下经典大师的作品中找到根据：无论是从经典时代马克思的"异化理论"②、"韦伯的理性化的铁笼"③、涂尔干在《社会分工论》开篇的问题，"我们是应该选择变成一个全面发展的完整的生命，还是恰恰相反，成为整体的一部分、有机体的一个器官？"④，还是在现当代哈贝马斯所谓的"生活世界的殖民化"⑤

---

① 杜维明：《新加坡的挑战》，三联书店，1989；任德军：《对韦伯中国儒家伦理研究的认识——兼论对东亚经济发展的解释》，《青年研究》1999 年第 11 期；Chung, C. H. & Shepard, J. M. & Dollinger, M. J.. 1989. Max Weber Revisited: Some Lessons from East Asian Capitalistic Development. Asia Pacific Journal of Management (2). 307 – 321. Berger, P. L. & Hsiao, H. M.. 1988. Ed. In Search of an East Asian Development Model. New Jersey: Transaction Publishers.

② Marx, K. 1964. Early Writings. trans. and eds. by T. B. Bottomore. NY: McGraw-Hill. pp. 122 – 126.

③ Coser, L. Masters of Sociological Thought, Ideas in Historical and Social Context, 2nd edition. NY: Harcourt Brace Jovanovich. pp. 231 – 232.

④ Durkheim, E. 1984. The Division of Labor in Society. trans. by Lewis A. Coser. NY: The Free Press. p. 3.

⑤ Ritzer, G. 1977. Postmodern Social Theory. NY: McGraw-Hill. p. 152.

和马尔库塞所谓的"单向度社会和单向度的人"①。与其他研究者不同的是,社会学家们的批判性视角看到的不仅仅是现代性或是现代化进程给人类社会带来的巨大的积极作用。更有甚者,我们可以说这些对现代化与现代性的反思与 20 世纪 60 年代以来世界各地出现的各式各样的"反现代化""去现代化"(de-modernization)运动不无关联。②

汪晖先生对中国现代性的论述提供了一个极有借鉴价值的视角,可以将上述这两种争论统一起来。汪晖先生认为:"中国语境中的现代化概念与现代化理论中的现代化概念有所区别,这是因为中国的现代化概念包含了以社会主义意识形态为内容的价值取向。晚清以来中国思想的主要特征之一就是'反现代性的现代化理论',这是一种对西方现代性方向的模仿和借鉴与质疑和批判并存的双重进路。中国社会主义的现代化实践既包含着对西方现代化实质的期望和移植,也包含着反现代性的历史内容。这种质疑与批判在毛泽东时代尤为明显,但到了改革开放时期,则放弃了毛泽东时代的理想主义的现代化方式,继承的则是现代化的目标本身。与改革前的现代化不同,中国现在正在进行的社会主义改革的主要特征就是经济领域的市场化,它通过中国经济以及社会文化与当代资本主义经济体系的接轨,把中国纳入全球性的市场社会。与改革前的社会主义相比,当代社会主义虽然是一种作为现代化的意识形态的马克思主义,但是,它已经基本不具有前者的那种反现代性倾向。"③

无论是万马齐喑的晚清帝国还是山河上下一片红的毛泽东时代的

---

① Marcuse, H. 1964. One-Dimensional Man: Studies in The Ideology of Advanced Industrial Society. Boston: Beacon Press.
② 金耀基:《论中国的"现代化"与"现代性"》,《北京大学学报》(哲学社会科学版)1996 年第 1 期。
③ 汪晖:《当代中国的思想状况与现代性问题》,《文艺争鸣》1998 年第 6 期。

漫长岁月，抑或是在短短的30余年实现了前所未有的社会经济发展的改革开放时代，中国的现代性问题始终都是在对西方现代性问题的呼应中发展起来的。而另一方面，如何处理整体中的个体的位置问题是中国本身的现代性所处理的社会主义意识形态所规定的基本内容。极端地看，社会主义的意识形态与中国国情的结合一方面要求用公有制将整个社会组织到国家的现代化目标之中而忽略个体的诉求——我们一度提倡的螺丝钉精神就是很好的范例；另一方面，无论是从为人民谋福祉的政治口号上，抑或是从个体的全面发展对于生产和消费所产生的积极意义上讲，有碍于个体全面发展的态度与行为都应该被扬弃。所以，从这个角度看，关于现代性的两点争论都被融入了中国追逐现代性的过程当中了。

借鉴汪晖先生所谓的"反现代性的现代性"等概念，笔者以为可以将费孝通先生的"名与实的分离"引入对国家力量的现代性逻辑的分析中。在谈到乡土社会的长老统治时，费先生说："在长老权力下，传统的形式是不准反对的。但是只要表面上承认这形式，内容却可以经注释而改变。结果不免是口是心非。虚伪在这种情境中不但是无可避免的而且是必需的。不能反对而又不切实用的教条或命令只有加以歪曲，只留一个面子。面子就是表面的无违。"[①]"反现代性的现代性"与改革开放以来的实用主义的现代性，这两个阶段的两种看似不同的现代性在笔者看来并无本质区别，都只是在西方现代性的目标与过程之名下探索符合中国实际情况的现代性方案，是对西方现代性所做的"注释"与重新解读。两者的区别就在于其对西方现代性所做的重新解读与基于这种解读所进行的现代化实践与西方现代性之名的差距大小不同而已。显然，改革开放以来所谓实用主义的现代性与之前所谓

---

① 费孝通：《乡土中国》（修订本），上海人民出版社，2013，第74页。

的反现代性的现代性相比,是更接近西方现代性之名的。

另一种形式的"名与实的分离",存在于国家力量在乡村社会中发生作用的过程。在中国乡村社会,自上而下的国家权力与自下而上的乡村自生权力是并存的,而在这种情况下国家力量显然并不能完全贯彻自己的意志。首先,国家农村政策针对的是我国农村社会的整体情况而非具体的村庄,而结合具体情况对这种宏观性政策进行"再解读"是贯彻落实这种宏观性政策的内在要求。村庄没有对国家力量说"不"的权力,但却有权根据本村的实际情况,在承认"表面形式"的情况下,通过"注释"来"改变内容"。其次,国家力量在具体村庄中发挥作用的过程,尤其是村两委与基层干部处理村务的过程,也可能出现类似于长老统治中"名与实的分离"的情况。在乡土社会里,长老统治的合法性来源于缺乏变迁的社会中经验的有效性。在这种语境中,面临社会变迁的乡土社会只能通过对不容反对的长老权力加以注释,改变其内容,造成名与实的分离。而在当代中国农村社会,以现代性为维度的国家力量很难与乡村社会的实际情况完全契合。所谓"上有政策、下有对策"。这种对策并非是盲目的反对政策,而是通过对政策的注释和解读来完成的。国家力量与乡村社会实际情况契合程度的大小在某种意义上也决定了其在发挥作用的过程中"名与实的分离"程度的大小。

我们可以认为:在作为基层社会的乡村社会中发挥作用的国家权力,其基本维度是现代性。而这种现代性无论就其性质本身来说,还是在其发挥作用的过程来说,都体现了一种"名与实的分离"。詹姆斯·C.斯科特(James C. Scott)在《国家的视角》一书中阐述了国家的标准化治理的失败经验,可以说这是一种本质上基于国家威权主义的标准化和现代性的治理。不可否认,国家在运用现代性的科学方式改造着传统，以达到更为有效地满足物质的需要，的确做出了不可或缺的贡献。比如说，安村的统计报表就是一种基于国家视角的治理术。但是斯科特在书中指出：这种以极端现代性观念与强势势力混合的治理模式，自斯科特所言的普鲁士"科学林业"的改造至今，致使不计其数的大项目走向了成功后的失败。"国家的视角"背后的支撑力量是"国家的知识"。"国家的知识""在某种意义上是简单地对世界的观察，它最起码缺少对"地方性知识"的尊重。相对于"国家的知识"，"地方性知识"显得更为复杂与多变。地方的人们在适应复杂多变的地方环境的过程中，采取了与现代社会的科学化及现代化不同的实践方式。

一个很有趣的例子就是安村档案室里存放的安村统计年报。20世纪80年代以来，我国的农村统计开始逐步由生产统计过渡到农村社会经济统计，后来又慢慢地转向农村经营管理统计。统计的范围越来越广，要求的数据越来越细。这包括但不限于这种年报式的统计，无疑是国家企图掌握村庄的力量与资源的重要途径。[①] 安村的村两委大楼中让人印象最深刻的要数它的档案室，这个档案室曾在2006年获得"浙江省行政村档案示范室"的荣誉称号。一个小小的房间满满当当地挤着大大小小的档案柜，靠窗的办公桌上也堆满了还没有归类的档案资料。档案柜里分门别类地放着80年代以来关于村子的各种文献档案，甚至有一些四五十年代的珍贵资料。这些档案都用牛皮纸装订成册，有的则是用牛皮纸档案盒小心装着，盒上注明了年份、编号和档

---

① 在1985年9月举行的全国农业统计工作会议上，与会代表认为"开展统计分析是实行优质服务的重要内容，同时农业统计分析应该紧紧围绕着经济体制改革和农村工作中心来开展，这样做，针对性强，适合领导需要"。（尧声：《全国农业统计工作会议的主要内容》，《统计》1985年第11期。）可见，农业统计分析的重要性一方面在于可以为从事农业产业的人提供更优质的服务，另一方面，或者说它的主要方面，在于满足、适合领导的需要，即有利于国家掌握村庄的力量与资源的实际情况。

案的主要内容。课题组的成员都被这些档案深深地吸引了：毕竟对于一个村庄来说，将这么多档案资料系统、完整地保存下来着实不易。档案室除了一些文件资料，大部分是一张张抄满各式各样数字的统计表——大概正是这些写满数字的统计表构成了安村这几十年来被记录的真实历史。

但是如果我们仔细审视安村档案室保存的1985年以来的统计年报，却会发现一些非常有意思的事实，而这些事实恰恰就是"名与实的分离"的现代性，或者说是国家性知识与地方性知识冲突的绝佳案例。从国家的角度，希望能够将其所需要掌握的关于村庄的资源与力量的情况化约为简单的统计数据，利用这种标准化的框架来实现治理。但至少从结果来看，似乎并不成功。安村的统计报表非常精细，会具体到村子有多少只鸡多少只鸭，但这些数据的获得也只能是估算出来的，因为要一家一家地问，一家一家地查，这就是一项很大的工程。这些调查报告所呈现的关于农村的统计知识之于国家对农村问题的处理有着非常重要的意义。而在安村这里，这一本本厚厚的统计年报，一张张填着密密麻麻数字的表格就构成了上级领导眼中村庄的真实情况。然而这种国家所关注的无所不包的数据资料与村庄自身建构出来的日常真实却并不完全是一致的，这无疑成为"名与实的分离"的现代性的最好脚注，也从一个侧面印证了乡村管理的难度。当然也正是乡村治理的难度，才需要更好的治理逻辑和技术。

笔者在安村观察到很多有趣但醒目的事实，这些事实是国家逻辑如何在乡村演绎的最佳旁证。

第一是关于饮水的问题。安村南北有一条河，村内又有一个名为后池的内池，水资源算是非常丰富的。在1987年前，村民的饮用水和生活用水都是直接从池塘和河中取用，村两委考虑到了直接饮用河水不卫生、不健康，开始通过对河水进行粗加工并通过水塔供水给村民。所谓的粗加工，只是凭感觉往河水里加一些漂白粉，所加入的漂白粉无论是质上还是量上都没有明确的规定，非常不正规。大概到2003、2004年，全村才通上了自来水。

第二是关于环境治理问题。无论是新农村建设还是新型城镇化，我们都特别强调环境问题。1996年，安村实行粪改工程，消灭了历史上有名的粪坑粪池，全村新建公共厕所23处、垃圾箱23个。近年来，上级政府每年都有环境治理的专项经费下发给安村，由村两委出面雇人清扫、处理垃圾，几乎不用村里出钱。村庄的村容村貌焕然一新，清洁卫生状况有了明显提升。

第三是人口流动和身份变化。其一，从1987年到1996年的十年，安村成为绍兴农工一体化的试点村，在企业中设立农业车间，吸收承包3亩以上责任田的务农劳动力为农业工人。这样，务农的劳动力成为"农业工人"[①]，将他们的报酬在年初以合同形式加以规定，还规定当农业工人达到一定工龄以后可与企业职工享受同等退休待遇，使大家感到"老有所依"。其二是随着经济技术开发区将整个村庄纳入拆迁范围，在征地拆迁开始之后也开始逐步将安村村民的户口由农村户口转换为城市户口，并提供相应的社会保障政策。据了解，现在整个村庄的村民已经全部农转非，而社会保障政策则是非强制性的，相当一部分村民自愿选择放弃。其三，近年来，每到7、8月高校录取工作结束后村里就会收到一些来自失地农民家庭的学子附着高校录取通知书复印件的资助申请，大学的学费与日常花销对于失去土地的他们来说是一笔不小的数目。在家庭无法负担的时候，他们只能选择向村两

[①] 据资料记载，安村历年来农业工人的名额数量是：1987年47人，1988年51人，1989年57人，1990年68人，1991~1994年均为51人，1995年资料缺失，1996年24人。

委，向经济开发区求助。另外，村两委还会承担一些突发事件给村民带来的损失。如2008年5月村民金某家发生一起火灾，两间房屋全部烧光。村民杨某在救火中身体受伤，花去医药费5329元，这些费用全部由村里负担。

这些看似毫无关联的经验事实却向我们传达出了一种更为精致的治理艺术。饮水是维持人体各项生理机能正常运转的不可或缺的必需品，良好的生活环境有利于提供更为健康、更舒适的生活，而社会保障要满足的则是村民在年老、疾病或是突发意外的情况下想要维持正常生活的需要。如果找一些词来形容这些经验事实背后的内容，这就是福柯笔下国家力量的循环所经过的个人生活的东西："比生活更好的东西、比生活更多的东西，也就是当时人们所称的便利、乐趣或者幸福。在治理化的过程中，这种个人的幸福与国家力量紧紧连接在一起，成为国家的效用、国家本身的力量。"① 在这个对立的一端，饮水改造所传达出来的是对健康的身体的呼唤，而环境治理背后的企图不仅仅是健康的，更是舒适的和赏心悦目的生活，对社会保障的解决实际上是因为一些可预见和不可预见的因素带来的风险可能会给正常的生活轨迹所施加的负面影响；在对立的另一端，饮水改造中的全村自来水供给与排水系统、环境治理中的垃圾处理系统与良好的村容村貌，以及村庄制度化社会保障的覆盖率与对因为风险而带来的可能的不安定因素的消除，这些都与新农村建设、小康社会建设、和谐社会建设等国家的宏观发展目标是相一致的。

这是一种更精致的治理技术。如果如丁恩（Dean, M.）所强调的，我们更多地把治理术看作是一种"对指引的指引"（conduct of conduct），

---

① 〔法〕米歇尔·福柯：《安全领土与人口》，钱翰等译，上海人民出版社，2010，第291页。

我们就不得不重新检视自我治理,这种通过个体的选择、欲望、志向、需要与生活方式来实现治理目标的治理。① 在治理化的过程中,国家力量不再把个人对于更好的生活方式的需要,或者说是贪欲,看作是应该消除的恶,不再把人民公社解体以来在乡村社会稀缺资源的重新分配中获益的乡村精英贴上意识形态的标签,放到我们的对立面去打倒,而是将这些都视为一种"社会的自然"。这种管理的目标不是人为去阻止事物发展,而是顺其自然,让自然调节成为可能,让必然的和自然的调节自己运作。这种新的治理术的根本性原则是尊重自然程序,或者不管怎样考虑到这些自然程序,让它们自行运作或者和它们一起运作。

安村只是当前新型城镇化背景下的一个缩影,更多的中国农村也在经历着、体会着、感受着安村所经历着的国家治理。相比于过去的几十年前,我们的确看到了国家力量的退出。当然,这里的退出显然不是衰败的意思,退出实质上是国家有目的有步骤地从农村过于精细的管理中退出,而且国家的力量依然存在,它们只是用更加精巧的方式来实现对乡村的治理。

当然,国家的力量有时候更多地体现在其强制性和权威性,所以当乡村稳定的时候,我们就很难观察到国家治理的痕迹。但是一旦出现问题,或者处在不稳定的状态,我们就能够更加明显地觉察到国家始终是一种强大的冲力。对于安村这样的村子,在新型城镇化的背景下,实际上也面临着社会冲突的加剧的问题。最明显的例子就表现在拆迁领域。自从 2000 年开始安村纳入经济技术开发区管理,整个村子都被划入拆迁范围。至今已经十几年过去,被征地拆迁的除了农耕地,

---

① Dean, M. Governmentality: Power and Rule in Modern Society (2nd edition). LA, London & New Delhi: Sage. 2010. pp. 19 – 20。

全村 12 个生产队就只有第十二生产队（约 60 户人）被整体拆迁安置住进新建的小区，其他人还在等待着拆迁。很显然，中国目前还没有找到一个很平稳的关于拆迁过渡的办法，所以往往是哪里有拆迁，哪里就有矛盾。有上级领导到村子里视察的时候曾私下强调，现在安村不要求发展，要求稳定，要求团结。虽然这种要求不可能上升为正式的通知或是政策，可却已然成为上下级的共识。矛盾的激化需要国家力量来维持平衡，所以有时候政府宁愿选择一种"不发展的发展"，这实际上也是一种治理策略。

  仔细检阅国家在乡村治理过程的角色，既是一种高高在上的旁观者，但又毫无疑问地卷入到每一个细节。说是旁观者，是因为我们国家的法律规定的是"村民自治"，村民当家做主，实现自我管理自我发展。但历史经验和现实考量，又让国家彻彻底底地卷入到乡村建设中去，不管是过去的一系列的农村改革计划，还是新时代的新农村建设、新型城镇化，本质上都是国家对农村的有目的的改造。只不过相对于过去的那种直接、威权、刚性的卷入方式不同，现在国家的农村治理显得更加柔和、充满技巧，也更具有技术性。

第五章
市场力量：剥离裂变中的村落秩序

从最广泛的意义上来看，市场作为一种交换关系，并不是什么新玩意，而是一种可以追溯到很早以前的一种社会设置。《周易·系辞》是这样描写市场的起源的："神农日中为市，致天下之民，聚天下之货，交易而退，各得其所。"司马光在《资治通鉴》中也说："神农日中为市，致天下之民，聚天下之货，交易而退，此立市始。"这两种说法都认为原始市场是从神农氏的时代开始出现的。但神农是传说中的上古帝王，不一定实有其人。不过有一点可以肯定，我国古代社会进入农业时期，社会生产力有了一定发展后，先民们就开始有了少量剩余产品可以交换，因而产生了原始市场。所以从本质上说，市场是社会生产力发展的结果，一旦有了生产过剩和社会分工，就有交换的需求，相应的商品交换也就产生了。

当然，远古社会的市场还只是存在于一种简单的物物交换形式，而当人类社会进入货币社会之后，直接以货币为交换中介的等价交换就产生了。比如在周朝设置的正式市场中，每日的交易活动分三次举行："朝市"在早晨，"大市"在午后，"夕市"在傍晚。参加夕市贸易的，都是小商小贩。市场设有门，进入市门交易，叫"市入"，市入之时，有小吏执鞭守于门口，以维护市入秩序。市场的各个贸易地点，叫作"肆"。同一市场中，按照不同的经营品种，设若干个肆。市内设有存储货物的屋舍，叫"廛"，也就是后世的栈房。廛都是官府建造的，所以商人存入商品必须纳税，叫"廛布"（布，货币）。基本上到这个时候，正式的市场交换的形式和规则就已经建立起来了，商人们必须遵守相应的交换规则，还要上缴税收，违反规则也将受到处罚，处罚的方式之一是罚款，叫"罚市"。而进入封建社会后，随着生产力的大发展和商品经济的发达，市场形态和网络就更加成熟和健全。西汉的时候，以首都长安为中心，依靠水陆商路的便利与全国其他著名商市，如洛阳、邯郸、临淄、宛城、成都等，形成一个全国性的商业网。司马迁说："关中之地，于天下三分之一，而人众不过什三；然量其富，什居其六。"

此后经历汉唐，中国古代的市场经济就得到更大的发展，不但国内经济繁荣，甚至已经形成了跨区域性的世界贸易市场。早在汉朝张骞出使西域时，就已开辟以长安为起点，途经甘肃、新疆，到中亚、西亚，再到地中海各国的陆上通道，这条被德国地理学家李希霍芬（Ferdinand von Richthofen）称为"丝绸之路"的交通要道就是当时欧亚贸易交通的重要通道。而到了中国古代最强大繁荣的唐代时，对外贸易更是四通八达。在其南方的大都会广州，有阿拉伯、波斯、印度、南洋等地的商人、僧侣到来居住，唐政府在那里设有市舶使，管理对外贸易。朝鲜和日本来华人员频繁，他们学习中国的政治、经济和文化知识，贸易往来繁盛。唐政府与天竺互派使者，互相学习，促进双方政治、经济、文化的共同繁荣。波斯和大食（阿拉伯）多次遣使来唐，并且有大量的中亚人、波斯人到中国定居，商人足迹遍及中国各地。中国的丝绸、瓷器、纸张等也纷纷传到亚洲各国。宋朝的城市商业更加发达，开封和临安作为宋朝的两个都城，人口都在百万以上，城市面积也逐渐扩大，而且出现了定期市场和专门市场。随着交通运输的日渐便利和航海技术的不断上升，宋朝的对外贸易也有了突破性的发展。虽然在明朝初年经历了短暂的海禁期，但毕竟历史的发展不能阻挡，经济发展和市场贸易更上一层楼，特别是到了明朝晚期，开始出现了资本主义的萌芽。清朝的经济也很发达，人口大规模增加，到了乾隆时期已达3亿人，由于国内与国外贸易提升，农业经济也相对发达。清朝商业发达，分成十大商帮。其中晋商、徽商支配中国的金融业，闽商、潮商掌握海外贸易。康乾盛世时的大清国经济总值占世界3/10以上，国家空前繁荣。回顾中国的历史就能发现，国家繁荣之时市场就会比较发达，而遇到政治不稳定且社会动乱的时候，市场也会被扼杀掉。

不过，纵然我们在古代中国社会中发现了市场的强大力量，但是市场往往只是在城市里生根发芽，实际上在农村地区，依然是自给自足的小农经济在起主导作用。中国古代的小农经济形成于春秋战国时期，是一种规模很小、生产方式和生产工具简单落后、生产收益低的经济形态，它是中国传统农业社会生产的基本模式。农民个人与家属一起完成全部生产过程，属于个体劳动的性质。由于生产范围只限于家庭劳动力，以全家力所能及的耕种面积为限度，一般经营规模较小。乡村的农民除盐铁之外，一般不必外求，生活比较稳定，一辈子不和外界来往也可以生活。安土重迁，知足长乐，所以小农经济下的农民与外界交流较少，缺乏竞争意识，思维模式单一。缺乏市场、自给自足的小农经济塑造了相对封闭、稳定的市场秩序，而当这种经济形式被改变的时候，乡村社会秩序何去何从就成为一个新的命题。

第五章
市场力量：剥离裂变中的村落秩序

一　市场印记：村落社会中的市场影响

经济的发展无疑是现代化进程的重要内容。伴随资本主义世界生产体系与全球化市场的确立，带来的是一系列涉及政治、经济、文化、社会与日常生活等诸多方面的根本性变化。我们姑且将马克思的经济决定论放在一旁，即使美国社会学家丹尼尔·贝尔（Daniel Bell）在反驳马克思的时候也不得不承认在现代西方社会里，"社会结构的中轴原理是经济化"[1]，这是一个根据低成本、谋求最佳效果和寻求高价值原则来分配资源的途径；英国社会学家齐格蒙特·鲍曼（Zygmunt Bauman）说，经济迅猛发展，其气势足以永远领先一步于任何（地方性）可能企图遏制和转移其运行的整体，空间对于经济的约束被彻底根除[2]；在卡尔·波兰尼（Karl Polanyi）看来，前工业社会，经济被嵌入于社会关系之中，然而19世纪以来出现的新的经济模式却是使社会关系嵌入于经济系统之中而不是相反；不再是社会决定着经济系统，而是经济决定着社会关系的运作逻辑。[3] 经济的力量，或曰市场的力量的重要性在这里就不言自明了。那么，这种市场的力量又是以怎样的面孔在当代社会中大行其道的呢？我们当然不能以追求最大限度利益的"经济人"假设的逻辑来推而广之，也许去考察这种获利的逻辑产生的土壤，及其可能会给社会发展带来的影响，才是更有意义的工作。

在齐美尔看来，作为一般等价物的货币成为"一切价值的公分母"，将所有不同质的、不可计算的（不仅包括事物的，更包括人的）

---

[1] 刘少杰：《后现代西方社会学理论》，社会科学文献出版社，2002，第90页。
[2] 〔英〕鲍曼：《全球化：人类的后果》，郭国良、徐建华译，商务印书馆，2013，第53页。
[3] 〔瑞典〕斯威德伯格：《经济社会学原理》，周长城等译，中国人民大学出版社，2005，第20页。

价值和特性化为可计算的量。① 这种可量化、抽象化、同质化逻辑的扩散,把一切质的差别都转换为可比较、可计算的量的差别,货币本身也从工具和手段被上升到了(终极的)目的。这种精于计算的理性非常接近韦伯意义上的工具理性,开始扩散到社会的每一个毛孔。于是,隐藏在货币哲学背后的抽象化与同质化逻辑,将人格化从在货币交换关系基础上产生的社会互动中剥离出来,呈现出了三种维度的疏远倾向,即物化、异化与对象化。② 在这个过程中,传统社会的任何意义和价值都遭到了前所未有的威胁,任何具有人格化倾向的,试图阻碍货币哲学背后的同质化要求的都被当作是货币经济发展,乃至上升到更高的道德制高点的人类社会前进的眼中钉肉中刺。这一切甚至成为经典社会学家所探讨的理性化、世俗化进程的基本条件。③

齐美尔以非历史的方式将资本主义的货币从资本主义背景中抽离出来,将其特有的结构仅仅归咎于货币。他也谈论世界理性化,但却忽略了货币计算老早就有了,只不过在现代资本主义中——而且唯有在现代资本主义中,商品范畴才成为一种构造整个世界观的普遍范畴。④ 但不可否认,他对作为文化现象的货币与货币经济及其可能对人类社会产生影响的深刻洞见,对我们分析市场力量的逻辑是极为有益的。

沿着齐美尔的思路,我们可以总结出市场力量可能带来的影响。从一定程度上说,波兰尼的嵌入论即使在当下也是非常有解释力的。

---

① 陈戎女:《译者导言》,载于齐美尔著《货币哲学》,陈戎女译,华夏出版社,2002,第1~18页。
② Turner, B. S. Classical Sociology. London, Thousand Oaks & New Delhi: Sage. 1999, p. 152.
③ 陈戎女:《译者导言》,载于齐美尔著《货币哲学》,陈戎女译,华夏出版社,2002,第1~18页。
④ 〔美〕弗雷司庇:《论齐美尔的〈货币哲学〉》,载于苏国勋、刘小枫主编《二十世纪西方社会理论文选Ⅰ:社会理论的开端和终结》,三联书店,2005,第279~332页。

因为经济学层面的、市场力量背后的逻辑不可否认也正在日益支配着社会生活的其他方面。当人格化因素被从社会互动中剥离出来，当人们的判断从传统社会中基于自己逃不开脱不去的身份的考虑，转变为在充满流动性、异质性与不确定性的现代社会中基于契约关系、合作关系的考虑，工具理性的泛滥才能成为真实，目的取向的功利主义哲学才得以大行其道。在这种情况下，我们一般会联想到"经济人""理性人"假设。"对于行动者而言，不同的行动有不同的效益，而行动者的原则可以表述为最大限度地获取效益。"[1] 的确，科尔曼的理性行动理论所表述的追求利益最大化的"理性人"在市场力量的逻辑向社会生活的其他方面扩展之后才能获得它的解释力。然而，我们需要注意的是，市场力量的影响力不仅仅表现在这种对个体价值观的直接改变，更表现在一种将个体置于一个与传统社会中的情况完全不同的位置上，我们姑且称之为剥离。市场力量试图将一切人和物从其原本被赋予的价值与意义中剥离出来，将人格化的要素从人类关系与互动中剥离出来。因为这些在传统社会中所赋予的价值和意义，这些人类关系中的人格化要素都是不符合同质化逻辑的，都必须被剔除以保证一切的人和事都能被置于市场力量的可量化和可计算的框架之中。在对安村土地与人口问题的分析中笔者将表明，市场力量的这种影响效果要明显得多、重要得多。

不过从严格意义上说，市场或者说商业在费孝通先生意义上的乡土社会中是不存在的。这并不是说他们不发生交易，互通有无在任何地方都是必要的，我们在前文也交代了中国从奴隶社会开始就已经有了宽泛意义上的"市"。"中国的乡土社会实质上是一种封闭的社会，他们的交易一方面是通过村落中血缘与地缘关系基础上产生的人情往

---

[1] 杨善华：《当代西方社会学理论》，北京大学出版社，1999，第95页。

来、礼物流动来实现的。"① 他们之间的人情往来是维持社会互动与亲密社群团结性的充分的和必要的条件，在这种情况下是最怕"算账"的，因为这就意味着绝交。另一方面是通过在血缘网络以外建立商业基础，如街集。街集往往不在村子里②，各地的人到这里各以"无情"的身份出现，把原来的关系暂时搁置——仿佛是短暂的由梅因所谓身份社会过渡到了契约社会的场景——一切交易都当场清算。即使是在街集贸易逐渐发展为店面贸易的过程中，也往往是由村落的外来者去经营的。③"其实这种状况也并不夸张，毕竟重农抑商、农本商末的思想长期存在于中国社会，甚至已经可以说是某种文化的顽疾了。"④ 一个很有意思的例子是新中国成立前苦聪人的"默商"交易，在需要交换物品的时候，苦聪人往往会将交换之物放在路旁，自己则躲在附近监视。外族人一看便知是苦聪人前来交易，便拿了交换之物放在旁边，而将苦聪人的东西拿走。如果苦聪人对所换之物比较满意，则交易完成。反之，苦聪人将会掷石射箭表示抗议。苦聪人选择"默商"的方式一方面是因为衣不遮体羞于见人，另一方面则是因为耻于经商。这种情况在新中国成立前并不是个案，至少在福建很多农村地区都曾经出现过。⑤

---

① 费孝通：《乡土中国》，北京出版社，2004，第69页。
② 关于这一点可以参考施坚雅的观察："如果说农民是生活在一个自给自足的社会中，那么这个社会实际上不是村庄而是基层市场社区。农民实际社会区域的边界不是由他所居住村庄的狭窄范围决定，而是由他的基层市场区域的边界决定。"施坚雅的观点一方面表明了市场的力量对于农民生活的重要作用，另一方面也表明，在单个的村庄范围内，是没有办法出现所谓的市场的。参见施坚雅著《中国农村的市场和社会结构》，史建云、徐秀丽译，中国社会科学出版社，1998，第40页。
③ 参见费孝通《乡土中国生育制度》，北京大学出版社，1998，第69~70页。
④ 参见：Redfield, R. 1956. Peasant Society and Culture. Chicago: The University of Chicago Press. p. 112。
⑤ "默商"的相关资料与观点并未公开发表，来源于福州大学社会学系副教授钟伯清《农村社会学》课程讲稿。

另外,"从社会关系性质来看,乡土社会是熟悉的社会或熟人社会,这与现代城市的陌生人社会呈现本质的差异,城市里的人与人之间即便相互认识,也不一定相互熟悉对方的底细,而在乡土社会里,人和人之间都是相互知根知底的,这种熟悉是从时间里、多方面、经常的接触中所发生的亲密的感觉。乡土社会熟悉性的、信任的社会关系,反映出乡村社会的一个典型的特征:规矩的内生性,即乡土秩序所赖以形成的规则基础是在村落内自然形成的,村里人在熟悉的环境中自然而然地明白该做什么、不该做什么,这也就是礼俗规则。[①]"乡村秩序主要靠礼俗规则维持,村民与外在法律规则相距遥远并不熟悉,更谈不上依法理规则行事。"[②] 这种礼俗规则讲究人情和关系,与市场规则恰恰对冲。缺乏理性规则,也是市场难以在乡土社会生产的原因之一。一言以蔽之,市场的力量在乡土社会中是没有土壤的。

当然,提到中国农村的集市,我们就不能不提施坚雅(G. William Skinner)关于中国农村社会的市场结构的研究。施坚雅是美国的人类学家、社会学家,但却以研究中国的农村和城市市场而出名,其中以他名字命名的"施坚雅模式"更是使他声名赫赫。学术界所谓的施坚雅模式,是指由施坚雅发明的,用以解剖中国区域社会结构与变迁的分析模式。一般认为,该模式包括了农村市场结构与宏观区域理论两部分,前者用以分析中国乡村社会,后者用以分析中国城市化问题。关于中国农村的市场结构的分析,则是来自于他的名著《中国农村的市场和社会结构》。

这本书出版于 1964 年,共分为三部分,均由施坚雅 1964 年发表

[①] 参见费孝通《乡土中国生育制度》,北京大学出版社,1998,第 10 页。
[②] 陆益龙:《后乡土中国的基本问题及其出路》,《社会科学研究》2015 年第 1 期。

在《亚洲研究杂志》上的文章汇集而成。第一部分是对中国传统农村市场的静态分析,揭示了中国传统市场的三种形式和集期安排的规则,并对市场作为空间和经济的体系以及市场作为社会和文化的体系进行了描述和理论上的概括。第二部分和第三部分则分别对新中国成立前后中国农村市场的传统变迁和现代变革(1949~1964年)动态的描述和初步分析。在该书中,作者"否定了村落作为农村基本单位的意义,认为市场结构具有农民社会或传统农耕社会的全部特征,因而将集市看作一种社会体系。他认为农民的实际社会区域的边界不是由他所在村庄的狭窄的范围决定,而是由他(指农民)所在的基层市场区域的边界决定的。基层市场满足了农民家庭所有正常的贸易需求,既是农产品和手工业品向上流动进入市场体系中较高范围的起点,也是供农民消费的输入品向下流动的终点。作为社会体系,基层集市是农民熟人社会的边界,农户所需要的劳务和资金需求一般在这里得到满足;基层市场构成了通婚圈的范围并与农民的娱乐活动有关。复合宗族、秘密会社分会、庙会董事会等组织都以基层集市为单位,因而较低的和中间的社会结构形成了与市场结构平行的等级网络;集市同时又是沟通农民与地方上层交往的核心"[1]。表面上看,施坚雅的研究证明,中国农村是有集市,而且集市是中国农村的基本社会结构,但施坚雅研究中的集市是区域集市,是一片农村区域的集市,是农村交往的边界,这也恰恰说明乡村内部是缺少市场的。在每一个村子的内部,人们遵守的是乡土规则,而不是市场规则。

如果说20世纪上半叶的中国还是个散发着浓郁乡土气息的社会,在席卷世界的现代化进程的影响下,这个传统的乡土社会很快发生变化。在一个较为封闭的社会环境下,宗法关系支撑着一个稳

---

[1] 转引自李善峰《20世纪的中国村落研究》,《民俗研究》2004年第3期。

定的社会结构，决定着社会的轴心和运作模式以及人们的心态和互动模式。但随着社会的变迁，这种封闭性逐渐被打破，宗法的力量开始淡化。虽然这种变化经历了几十年，但在更长的历史空间里，也不过是短短的瞬间。市场就是在这样的环境下，伴随着现代化因子的推进，在农村生根发芽。但是市场也不是一下子就发展起来的，虽然20世纪以来农村的社会经济水平有了明显的提高，但是由于政治因素的制约，市场的力量直到20世纪的晚期才得以在中国农村发光发热。我国著名农村社会学家李守经先生说，始于20世纪80年代初的中国社会经济改革，是以农村实行家庭联产承包责任制为突破口，由农村产业结构的调整与乡镇企业的崛起而引向深入的；随着农村经济的发展，建立农村社会主义市场经济体制目标的确立，再次把农村改革推向高潮。[1]

1978年，安徽省凤阳县小岗村签下生死状私下包产到户的那20位农民做梦都没有想到，他们的这个冒险让这头在计划经济体制下束缚了太久的雄狮有了苏醒的机会。当时，安徽省部分农民冒着"割资本主义尾巴"的危险，偷偷摸摸地把一些麦田、油菜田承包到自己家里去种，搞起了"包产到户"，从而点燃了轰轰烈烈的农村土地改革的星星之火。凤阳县小岗村便是这项改革的发源地，当年村干部和十几户农民按手印立下了大包干秘密协议：如果村干部坐牢杀头，其他农户保证把他们的小孩养到18岁。坐牢杀头的情况最终没有发生，而包产到户的结果却是加快了生产进度、抓住了季节，这便是"家庭联产承包责任制"的雏形。虽然这一制度也经历了诸多波折，但到了1980年9月，中共中央发出当时著名的75号文件，对包产到户的形式予以了肯定，从而从制度上为改革扫清了障碍。大包干，大包干，

---

[1] 李守经：《农村社会学》，高等教育出版社，2000，第199页。

直来直去不拐弯,交够国家的、留足集体的、剩下全是自己的。由于"包产到户"从根本上打破了农业生产经营和分配上的"大锅饭",使农民有了真正的自主权,因此受到各地农民的广泛欢迎。到1981年,家庭联产承包责任制已经在中国农村绝大部分地区得到推广。1982年中共中央1号文件《全国农村工作会议纪要》,对包产到户、包干到户明确为"社会主义集体经济"的界定,彻底地解决了人们对包产到户、包干到户的后顾之忧,促进了"双包制"在全国的广泛推行。到1982年11月,全国实行联产承包责任制的生产队已占92.3%,其中"双包制"占78.8%,到了1983年年末,这两个数据已经分别增长到99.5%和97.8%,在随后的几年里,中共中央的1号文件都会强调稳定家庭联产承包责任制。从此,家庭联产承包责任制成为我国农业经营的主要方式。[①]

家庭联产承包责任制将农业生产的发展从旧有的一大二公、一平二调的全能主义的人民公社体制中解放出来,同时也解放了农业产品和农村的劳动力。农业产品统购统销政策的打破促进了农产品的商品化,而农村劳动力的解放一方面为城市工业化提供了大量的劳动力资源,20世纪80年代中期以后,中国农村剩余劳动力汇集成浩浩荡荡的民工大军,涌入城市;另一方面也为乡村工业化,即乡镇企业的建立与发展打下了基础。同样在80年代,乡镇企业的异军突起,掀起了"进厂不进城,离土不离乡"的农村剩余劳动力转移高潮。1984年,乡镇企业的数目从上年的134.6万家增加到606.5万家,增长了3.5倍;乡镇企业就业人数也从上年的3224.6万人增加到5208.1万人,增长了61%。此后一直到1988年,乡镇企业的就业人数连年增加,

---

[①] 关于家庭联产承包责任制的确立,罗平汉做了全面而细致的梳理。参见罗平汉《农村人民公社史》,福建人民出版社,2002,第387~400页。

平均每年增长超过 24%。① 1978 年十一届三中全会通过的《关于加快农业发展若干问题的决定》（草案）为人民公社化体制下社队企业的一系列具体问题规定了明确的政策，扫清了社队企业发展的政策障碍。1984 年中共中央、国务院发布 4 号文件，明确将社队企业正名为乡镇企业，明确肯定了乡镇企业在农村以及整个国民经济中的地位、作用。诚然，20 世纪 70 年代末，特别是 1983 年以来，中国乡镇企业的产量、就业人数、资产、利润都取得了巨大增长。② 乡镇企业的异军突起为国民经济的发展做出了巨大贡献，同时也为农村社会市场经济体制的确立创造了条件。市场的本质是交易，而交易的前提就是流动，没有流动是没有可能产生交易的，农业人口的流动既为客观上的交易提供了条件，也为主观上的市场心态创造了条件。

  1980 年 9 月国务院体改办在《关于经济体制改革的初步意见》中明确指出要建立与公有制占优势、多种经济成分并存的商品经济相适应的经济体制，1982 年 9 月党的十二大报告指出，要在计划经济为主体的基础上允许部分产品的生产和流通不作计划，由市场调节。我国开始逐渐打破全能主义的计划经济时代，确立了"计划经济为主，市场调节为辅"的模式。1984 年 10 月党的十二届三中全会通过了《关于经济体制改革的决定》，要突破传统的把计划经济同商品经济对立起来的观念，明确社会主义经济是在公有制基础上的有计划的商品经济，必须自觉依据和运用价值规律。1987 年 10 月的十三大更是明确提出要建立"计划与市场内在统一"的新体制。十三大以来虽然经历了一些波动，尤其是"六四"以后对市场经济的批判，让人们对市场

---

① 赵俊超、孙慧峰、朱喜：《农民问题新探》，中国发展出版社，2005，第 70 页。
② 李守经：《农村社会学》，高等教育出版社，2000，第 205~206 页。

经济的前景产生黯淡心理。

1992年邓小平的南方谈话扭转了这个局面,邓小平指出:"计划经济不等于社会主义,资本主义也有计划;市场经济不等于资本主义,社会主义也有市场。"① 随后,1992年10月党的十四大确定了建立社会主义市场经济体制的改革目标。邓小平的讲话终结了关于姓社姓资的争论,也为市场经济的发展拨开了迷雾,此后的历代中央领导集体都把市场作为社会主义公有制经济的有益补充来看待。到了2013年11月党的十八届三中全会通过了《中共中央关于全面深化改革若干重大问题的决定》,明确"经济体制改革是全面深化改革的重点,核心问题是处理好政府和市场的关系,使市场在资源配置中起决定性作用和更好发挥政府作用。这一表述不仅明确了未来全面深化改革的重点所在,更对市场的地位和作用进行了重新定位,是市场与政府关系认识上的一次重大理论突破"②。

也许有人会质疑市场力量在类似于中国的社会主义国家中所扮演的角色的重要性问题,这些研究者一直突出强调国家在社会主义经济和社会中的主宰地位,我们可以称之为国家中心分析论者。这些国家中心分析论者对经济改革和体制变迁的反应是强调改革的国家社会主义结构的连续性③,由此,市场力量的发生与发展被化约为在国家社会主义结构不发生变化的情况下所实行的一系列经济改革的政策。然而,正如许多学者的研究所证明的,市场力量在中国的农村社会找到了一个新的舞台,并对农村劳动力、农民社会心理、农民经济利益诉求及其实

---

① 《邓小平文选》第3卷,人民出版社,1993,第373页。
② 王天义:《发挥市场在资源配置中的决定性作用》,《学习时报》2013年11月18日。
③ 倪志伟:《一个市场社会的崛起:中国社会分层机制的变化》,载于边燕杰《市场转型与社会分层:美国学者分析中国》,三联书店,2002,第217~259页。

现、村庄社会治理等各个方面都产生了不可估量的影响。① 那么，市场力量在安村又产生了怎样的影响呢？在本章，笔者将主要以土地经济的模式转变来展开论述。

二 经济变迁：跳出乡土之网的束缚

中国的乡村向来是以单一的农耕经济为主，春种秋收，打来的粮食供给自己家庭的口粮，交足国家公粮，基本上也就没有多少剩下的。农耕经济是一种安定自守的经济，这种经济的特征就是封闭性、保守性、自给自足性，对外界依赖较小。但农耕经济是中国原始社会、奴隶社会以及封建社会的基本经济形式，每个朝代都依靠农业作为国家的主要命脉。农耕经济高度发展在明清时期达到了鼎盛阶段，也达到了世界第一的高度。但农业是一种生产效率低的行业，投入高而产出低。黄宗智曾用"过密化"来形容中国农业这种"没有发展的增长"的状态。过密化理论最早出现在黄宗智教授1985年出版的《华北的小农经济与社会变迁》一书②，而后在黄宗智教授1990年出版的《1368—1988年间长江三角洲小农家庭与乡村发展》一书中，过密化理论又得到了进一步阐述。简单来说，过密化是指以单位工作日边际

---

① 白维廉、折晓叶、李放：《非农劳动与中国农村的市场化》，载于边燕杰《市场转型与社会分层：美国学者分析中国》，三联书店，2002，第260~310页；周晓虹：《传统与变迁：浙江农民的社会心理及其近代以来的嬗变》，三联书店，1998；刘权政：《社会主义市场经济大背景下农民经济利益实现的途径探索》，《中南大学学报》（社会科学版）2009年第5期；何得桂、朱莉华：《农村集体林权制度改革的社会影响：基于基层治理视野的考察》，《农村经济》2013年第1期。
② 黄宗智曾在著作中指出，他并非提出"过密化"概念之第一人。在吉尔茨（Clifford Geertz）1936年的著作《农业过密化：印度尼西亚的生态变化过程》中，已明确使用了"过密化"概念，吉尔茨考察了印尼的水稻经济，指出农民在人口压力下不断增加水稻种植过程中的劳动投入，以获得较高的产量。然而，劳动的超密集投入并未带来产出的成比例增长，出现了单位劳动边际报酬的递减，即过密化现象。但黄宗智说明了他的理论与吉尔茨的不同之处。吉尔茨的过密化概念只是单纯地提到了边际报酬的递减，而没有像黄宗智更强调的"过密型增长"及"过密型商品化"的内容。

报酬递减为代价的经济扩展。对于中国的农业来说，就是一个典型的过密化的形态。由于人口增加，人均土地减少，生产投入增加，虽然总产量有增加，但人均收益并不会明显增加。但是，土地农业的另外一个特征就是种田户基本上是被束缚在土地上，一年四季，农民都在自己的土地上忙活。我国南方水田的农业耕作半径小，农民一般都在农田附近散居着，无论耕耘、施肥、灌溉、收获都很方便，这样也带来农民生产生活或社会活动的半径较小。因此，我们用乡土之网来形容这样一种生活状态，人被束缚在这张网上，是一种黏性的状态，很难脱离。人被黏在网上，个人的生活网、交际网、通婚网等都是在有限的网络节点中，很难跳出来。社会也没有提供多少可以脱离这个乡土之网的渠道和路径，所以几千年来中国的乡土社会就是遵照这样的生存和生活逻辑，因此中国的农村才会长久地与城市分隔着。这不是某一个中国农村的写照，而是中国大部分农村的共同写照。

笔者在第三章已经介绍了安村的历史沿革，需要指出的是安村的经济形式和中国的其他乡村有些区别，并不是像传统意义上的农耕村那么单一。早在清末民初"煎盐"业就曾经在安村经济中占有重要地位，再加上农耕、渔业为辅形成了多元经济格局，成就了当时的辉煌。然而问题在于，传统上中国盐的生产与销售都是由政府垄断的。政府对于安村盐业政策的影响也是非常大的，政府"废煎改晒"导致安村被迫转型。然而面对政府的严令禁止，安村的村民并没有选择安安生生地回归农耕经济的怀抱，他们采取了自己的应对措施，形成了以制卤饼、煎盐、农耕、渔业等为代表的多元经济格局。

虽然说安村有自己的应对之策，但盐业产业的逐渐式微是不可逆转的。新中国成立以后，中国共产党以土地为核心的农村政策，以及对工商业、副业等非农产业的"资本主义尾巴"的定性，使得农耕经济的地位重新凸显出来。新中国成立后，在政策放宽以前，安村的村民已经开始想办法改变这种单一的经济模式了。

> 1973年以后出去到海宁、金山、嘉兴、湖州跑船运输，那时12个生产队，有手摇船，我只是兼职会计也要一起种田跑船运，不去跑船运的人留在村里种田。那时跑船运最担心钱塘江大浪。（访谈对象13）

安村另一位村干部在回忆起搞运输的事情时说：

> 村里最早搞运输，由生产队去搞，去抓，大家轮流跑运输。生产队的经营管理根据各队来调整，村里不是一刀切，赚的钱归生产队，不用交村里。后来分产到户后，把船卖给农户，如果要的人多，就抽签，自负盈亏。多数是从绍兴到海宁，到桐乡等地也有。钱赚回来后，百分之几交给生产队，百分之几给个人基本工资（补贴）加奖励，并且算工分。由于生产积极性的高低不同，业务能力不同，赚的钱也不同。后来做企业，收废塑料加工成半成品，后来做纺织袋。（访谈对象12）

在改革开放前夕，包产到户还没有实施的时候，安村村民就已经开始试图通过"跑船运输"的方式来"赚外快"，再后来还"做企业"。1975年，安村办起了第一家社办企业——校办塑料厂。该厂发展较快、效益好，在其支持下安村小学免收本村学生的学杂费。次年，在校办塑料厂的支持下，安村又办起了安村塑料厂。这些社队企业的出现打破了农耕经济的一元经济格局，促进了村庄经济的发展，并且让村民享受到了实惠。随后顺应社办企业的风潮，安村又先后兴办了塑料厂、丝织厂、工艺蜡烛厂。此后，塑料厂由原来的14台织机逐年增加到100多台；从土织机升级到了圆筒织机；从原来的简单加工，逐步转变为加工－经销一体，成为全县首屈一指的企业。到1987年，村干部根据兄弟单位"创办丝织厂，大有作为"的经验，依靠本村人力财力到外地进行调查，兴办了安成丝织厂，从开始的6台织机，发展到后来的128台织机，形势喜人。1996年，村里办起工艺蜡烛厂，效益也非常好。同时，安村也顺应当时的体制改革潮流，对村干部进行"四化"改造。"四化"即年轻化、知识化、革命化、专业化。一批年龄比较大的村干部纷纷让贤，而新任的村干部主要任务除了搞好农业生产以外，还集中精力搞集体企业。其间，不仅新办了一批企业，还将原来的社办企业由小做到大，由弱变强，当然也有的企业因经营不善，出现亏损。但无论是属于集体经济还是转制后的非集体经济，安村已经从单纯的农耕时期开始迈入了第二产业发展的时期。1998～2001年，根据上级政策精神，安村对集体企业的经营机制进行转制。

从上面的回顾我们不难看出，安村有着悠久的"多元经济"的历史。村民们也不像是传统意义上面朝黄土背朝天的农民，他们不安于男耕女织的生活，而总是试图靠自己的努力和拼搏创造更美好的生活条件。安村从清末民初开始就以盐业产业取代了农耕经济的中心位置，成为附近有名的经济发达的村庄。虽然民国时期到改革开放前期由于国家力量的介入，尤其以土地为核心的农村政策，重新将农耕经济置于安村社会经济格局的核心。随着改革开放以后政策有所松动，安村就立刻抓住了这个机会。1995年，随着农耕经济投入产出比的失衡，越来越多的村民不愿意种地了。村子开始了大田适度规模承包，

第五章
市场力量：剥离裂变中的村落秩序

除了村民口粮田和责任田外，将剩余的280亩土地承包给外村种田大户，被解放出来的劳动力开始另谋生路。同时安村开始大办工厂，创造了数百万元的集体财富。土地在整个村庄社会经济格局中的重要性又开始慢慢地降低，到了经济开发区征用安村的全部耕地之后正式退出了历史舞台。在安村，无论是从物质层面还是精神层面，在乡土社会中土地被赋予的价值与意义都无处寻觅。这样一来，失地村庄、失地农民的困难现象并没有在安村出现也就不难理解了。

农耕经济是被束缚在土地上的，是一种安定自守的经济模式。农耕经济以铁犁牛耕为主要方式，精耕细作，春夏秋冬，农民的大部分时间都在自耕地里，"日出而作，日落而息"，少有流动，少有交往。世世代代，年复一年地从事简单的再生产。钱穆先生曾描述说："农耕民族与其耕地相连系，胶着而不能移，生于斯、长于斯、老于斯，祖宗子孙世代坟墓安于斯。故彼之心中不求空间之扩张，惟望时间之绵延。绝不想人生有无限向前之一境，而认为当体具足，循环不已。其所想象而祈求者，则曰'天长地久，福禄永终'。"[①] 笔者用乡土之网来描述这样一种状态，人们被黏附在乡土之网上。这种乡土之网有自己的逻辑，人们用情与义这样的非市场规则来处理一切事宜，包括生活的和经济的。乡土社会中乡民们对土地的依恋使得人们生活在一个以血缘为主要联系纽带的熟人社会之中，同时也衍生了以此为基础的中国传统礼法观念以及与这种观念相适应的多元社会规范。在乡土社会中，国家法律、伦理道德、乡规民约、家族法规等诸多规范共同调整着人们的生活，但核心要义还是"情理"二字，而非正式规则。"情理"之于中国人，不仅是一种行为模式，而且是一种正义观。这种正义观糅合了义理成分的人情，并将其作为判断是非、对错的标准，

---

① 钱穆：《中国文化史导论》，商务印书馆，1994，第3页。

是普遍主义和特殊主义相结合的产物。但是传统乡土社会中的人情、面子乃至价值尊严问题与市场理性化的行为处事逻辑恰恰是格格不入的关系，市场讲究理性、公平，而乡土之网里的逻辑则是礼序、互惠。

不过，安村作为现代化转型中的一个节点，也同样面对着变革。"中国改革开放以来的快速社会转型过程包括：社会结构转型和经济体制转轨两个密切相关的过程。社会结构转型是指中国社会从农业社会向工业社会和信息社会的转型过程，是工商服务业在社会生产中逐渐占据主导地位的过程；经济体制转轨是指中国20世纪50年代建立起来的计划经济体制向市场经济体制的转轨过程，是国家主导下的市场化过程。"[1] 安村的经济发展史，就是跳出乡土之网的过程，是从农耕经济向更多元化的经济形式转变的过程。虽然说从清朝开始，安村就从事"煎盐业"，但这里的产业跟中国内陆地区的农业基本是一回事，并不是真正的市场交易，或者说并不是一种遵守市场规则的交易形式。只有到了改革开放之后的经济变迁，安村才真正面对跳出乡土之网束缚的过程。从制卤饼、煎盐、农耕、渔业的多元格局开始，又逐渐进入了更加具有市场性的运输行业，从而面向更大的市场，也开始逐步接受市场规则的洗礼。

三 新土地经济：村落的土地城市化

如果说安村摆脱乡土之网的束缚只是市场逐步影响的过程，是整体现代化过程中的一个影响样本，那么，后土地革命时代的土地经济则是安村受到市场规则影响的重要案例。土地这个几千年来最重要的生产资料，在大变革中逐渐从其原有的农业功能中被分化出来，成为

---

[1] 饶旭鹏：《中国农村社会结构演变的历程——从"乡土社会"到"新乡土社会"》，《开发研究》2012年第5期。

第二产业的重要资本,所以面对城市化的急剧过程,由土地并购和房屋拆迁而带来的新土地经济就更加突出,而安村作为城市边缘村落很早就进入了这个进程中,他们会直接面对这一挑战。

如果说在20世纪早期,费孝通先生所创造的乡土中国的理想类型为我们提供了研究乡土社会的工具,到了21世纪的今天,乡土中国这个作为研究工具与策略的理想类型需要修正。一方面,对于村庄的传统本身的认识与思考不能局限于在农耕的小农经济的土壤里成长出来的理想类型,而应该看到一种多样性的传统性。另一方面,"伴随着现代化进程,乡村社会的一切正在被重塑,城市-乡村在心理上不断地趋同使得经典的二元分析框架捉襟见肘,我们需要做的是以传统社会形态和秩序机制作为参照,在社会变迁过程中重新认识传统乡村的社会形态和秩序机制。"[1]

以土地问题为例,在《乡土中国》的开篇,费孝通先生就极言土地对于中国传统乡村的重要性。"我们说乡下人土气,虽则似乎带着几分藐视的意味,但这个土字用得却很好。土字的基本意义是指泥土。乡下人离不了泥土,因为在乡下住,种地是最普通的谋生办法。'土'是他们的命根。"[2] 显然,这种对土地所赋予的特殊意义并不是中国的特例。布迪厄对阿尔及利亚的人类学考察表明,阿尔及利亚的农民与土地保持着一种强烈的情感和近乎神秘的关系[3],而雷德菲尔德也发现,19世纪的英格兰农民、20世纪中叶的尤卡坦农民和古代维奥蒂亚农民三者共有的价值与态度体现在土地的重要性:这不仅仅在于其作为农民生活来源的经济学意义,更在于土地被农民赋予的特殊亲密与

---

[1] 陈柏峰:《熟人社会:村庄秩序机制的理想类型探究》,《社会》2011年第1期。
[2] 费孝通:《乡土中国》,人民出版社,2008,第1页。
[3] 〔瑞典〕斯威德伯格:《经济社会学原理》,周长城等译,中国人民大学出版社,2005,第35页。

虔诚。① 可以说对土地所赋予的实际的或是幻想的、直接的或是间接的、现实的或是宗教的种种价值与意义是西方社会学界关于城乡的二分法传统与费老《乡土中国》所织成的这张乡土之网的最重要的组成部分。

土地被认为是村民的经济来源与精神寄托，失去了土地的农民与村庄都面临着物质与精神的双重危险，从而衍生出一系列的社会问题和社会矛盾，也塑造出了如"被征地农民"或"失地农民"等一些社会学研究的经典意象。关于拆迁和土地征用问题的大部分学术研究和媒体报道，都集中在拆迁过程中的不公正以及由此造成的群体境遇，而由此形成了关于拆迁的刻板印象。这些研究或描述通常将这一群体刻画成弱势群体，而在学术上这被概括成现代化的负面效果，是一种对乡村社会秩序的挑战。那么，卷入新土地经济中的安村有没有经历过这样的失序？同样拥有拆迁问题的安村有没有产生"失地农民"呢？

2000 年 7 月，经济技术开发区成立，随后，经济开发区将安村整体纳入拆迁范围之内，后来将村庄所有耕地征用殆尽，并将第十二生产队的 60 户和另外的 29 户村民民居全部拆迁。虽然不可避免出现了一些钉子户，但是整体来说征地拆迁工作还算顺利，尤其是对耕地的征用。相较于民居这块难啃的"硬骨头"②，农耕用地面积大、补偿标

---

① Redfield, R. 1956. Peasant Society and Culture. Chicago: The University of Chicago Press. p. 112.
② 这里的硬骨头的比喻并不是因为村民排斥对村庄进行拆迁，而是村庄拆迁的补偿问题难度大。事实上，调查过程中笔者发现，无论是一般村民还是村委干部都是非常希望赶紧拆迁的，可是拆迁资金却一直不到位，"硬骨头"就一直放在这里没有人来啃。很有意思的是，李培林在对羊城村的调查过程中发现，羊城村村民对政府的拆迁是万不得已退到了要求"征地不征村"，即征走耕地，留下村庄。因为他们"祖祖辈辈在这块土地上生活，熟悉这里的一草一木，离不开具有浓厚感情的故土"。而安村的村民似乎对这种与村落土地的感情看得淡多了。无论是因为时间还是空间的不同使安村和羊城村村民的思想有如此大的差异，市场力量影响的重要性在这里都被很好地呈现出来了。参见李培林《村落的终结：羊城村的故事》，商务印书馆，2010，第 146 页。

准低、征用难度低，是块又大又肥又好啃的"大肥肉"。然而，村民们对于这些在乡土社会中被赋予多重重要意义的土地被征用殆尽的态度，并不像我们想象的那么激烈，被征地的安村也没有出现失地农民闹事，或是社会秩序的混乱。事实上，村庄给课题组成员的第一印象是秩序井然，非常和谐。究其根源，还要回到上节分析的安村经济变迁史上来。

安村的经济变迁史，无疑可以为安村在征地拆迁之后依然保持相对良好的社会秩序，而没有出现种种"失地后遗症"提供一个解释框架。虽然农耕经济在大部分时间并没有占据安村社会经济的核心位置，但不代表它就不存在，也不代表它就没有影响力。实际上，经济技术开发区征地工作完成后，恰恰就是从传统的农耕经济的土壤上，生长出一种迥异于传统农耕经济的崭新的土地经济模式，而对新土地经济的分析无疑是将市场力量的逻辑展现出来的一个很好的角度。较之于传统的农耕经济，新土地经济在生产类型上是大不相同的。甚至可能有人会质疑，征地之后的土地利用方式并没有和任何经济学意义上的投入产出相联，并不是什么土地经济；这里的土地至多只能说是生活资料，而非生产资料。从表面上看，这种质疑是很有道理的。但是如果我们剥开这层表皮去剖析内核的城市空间政治经济学逻辑，结果可能就大不相同了。

土地征用后，它的产品不是任何的农业或工业产品，也不是任何传统意义上的生活资料和生产资料，而是城市空间。

村子被征用的土地主要用在两块：一块通路，另一块主要以小区为主，越中新天地啊这三个安置房小区，还有另外两个拆迁房小区。安置房小区是统一安排周边居民的，部分安置着我们村十二生产队的人，大部分都是其他村子的。还有世纪街沿线，以居住商贸为主，不是工业区，政策上是不允许的，329以北才是工业区。世纪街沿线主要是商业区生活区。（访谈对象16）

从根本上说，经济技术开发区的设立是为了吸引外来投资。从经济过程上来说，等于是把城市的部分土地作为新一轮工业化的原材料投入生产与再生产的循环。[①] 在这里，土地成为一种生产资料[②]——因为以它为载体的空间是一种生产资料，构成空间的那些交换网络与原料和能源之流本身亦被空间所决定。[③] 原有的耕地被作为非经济的经济要素、非生产性的生产要素投入到经济技术开发区的经济建设大局中。因为仅仅依靠如工厂厂房等能够直接作为生产要素投入的生产性的生产要素投入，是没有办法将整个经开区撑起来的。货物的输送与人员的流通需要发达的道路与交通条件，生产过程与居民生活的风险与不确定性需要消防队等公共服务部门，解决征地拆迁的历史遗留问题需要安置房小区——它和那些商品房一起增大了经开区对外来务工人员的吸引力和容纳能力。

这些都是在以市场力量为中心展开运作的，"其存在的目的就是

---

① 叶涯剑：《现代化约束下中国城市空间重构的内在逻辑》，《暨南学报》（哲学社会科学版）2012年第2期。

② 另一方面，土地也成为消费的对象——因为以之为载体空间成为消费对象，如同工厂或工厂里机器、原料和劳动力一样，作为一个整体的空间在生产中被消费。由于社会空间的有限性，即使是传统意义上与经济无关的生活空间、发展空间，甚至是一个小小的停车位，无不具有典型的商品属性。但由于作为消费对象，或者说作为（带有消费主义色彩）的生活资料并非是笔者对土地经济分析的关注点，所以在此不作赘述。参见列斐伏尔《空间：社会产物与使用价值》，载于包亚明主编《现代性与空间的生产》，上海教育出版社，2003，第47~58页；张鸿雁：《城市空间的社会与"城市文化资本论"》，《城市问题》2005年第5期。

③ 〔法〕列斐伏尔：《空间：社会产物与使用价值》，载于包亚明主编《现代性与空间的生产》，上海教育出版社，2003，第47~58页。

服务于资本主义的生产方式和消费方式。城市中的一切景观，如道路、商店、工厂和居民区都是和资本积累和扩张紧密联系在一起的。"① 这些曾经生长着水稻、玉米的土地铺上了沥青路，盖起了高楼大厦，曾经作为农耕经济的主要生产要素和生产场所的土地，现在变成了不折不扣的城市空间的载体，与远处的经济技术开发区招揽来的大企业、大工厂相得益彰。土地虽然没有成为生产的地点，但是无论是道路、居民小区、公共服务建筑还是街道两旁的商业文化设施都是附着于土地之上的城市空间："这是一种由空间中的生产（production in space）向空间的生产（production of space）的转变。"② 原本的耕地在国家力量与市场力量的作用下实现了迅速的城市化，被赋予了新型的都市结构。"而都市结构挟其沟通与交换的多重网络成为生产工具的一部分"③，一种崭新的土地经济诞生了。

经初步分析，我们可以总结出传统的农耕经济与新的土地经济之间的差别。传统的农耕经济中，土地是直接作为生产要素投入到农业生产活动中，而在新土地经济中，土地作为空间的载体被投入到新体系中，更多的是一种间接参与的角色，发挥生产工具的效力；在传统的农耕经济中，直接产品，也可以说是唯一的产品就是土地上能收获的农作物、农产品；而在新土地经济中，直接产品是附着于其上的城市空间，而从间接的运作层面上看，它还成为市场力量运作必不可少的辅助设施和附庸；在传统的农耕经济中，土地是作为一种自然要素出现的，并且只有在与气候、土壤、四季轮回等其他的自然因素相结

---

① 魏伟：《政治经济学视角下的中国城市研究：资本扩张、空间分化和都市运动》，《社会》2007 年第 2 期。
② 〔法〕列斐伏尔：《空间：社会产物与使用价值》，载于包亚明主编《现代性与空间的生产》，上海教育出版社，2003，第 47~58 页。
③ 〔法〕列斐伏尔：《空间：社会产物与使用价值》，载于包亚明主编《现代性与空间的生产》，上海教育出版社，2003，第 58 页。

合生产才能得以进行，人们以一种与西方完全不同的方式走进大自然，在自然的怀抱中生生不息；而在新的土地经济中，自然被人造环境（built environment）取代，生产任务、生活方式、工厂与办公室的物理环境都将一切自然排除在外，生产是在"脱离自然、甚至是征服自然"[①] 的过程中才得以完成的。[②]

四 剥离裂变：市场力量的运作逻辑

一般意义上说，我们可以将传统的农耕经济理解为人们利用农作物的生长技能，在适宜耕作的土地上采取人工培养的方法，强化或控制农作物的生命活动，以取得适合人们生活和生产需要的产品的物质生产过程，是最古老的农业生产类型之一。而在安村的耕地被征用之后，土地以另一种完全不同的角色与身份参与到了新一轮完全不同的生产过程中，其中所呈现出的个体角色的变化、伦理价值的变化等，都将市场力量的"剥离"作用体现得淋漓尽致。

[①] 事实上，现代化、工业化的过程就是伴随着对自然的语言的"军事概念和隐喻"的扩张而来的。弗朗西斯·培根说自然就应当被征服；笛卡尔把理性的进步比作一连串对抗自然的胜利战争；狄德罗呼吁实践家和理论家以征服和控制自然之名联合起来，马克思则把历史的进步界定为人类不可抵挡地朝主宰自然的方向迈进。于是，实际工作所产生的唯一意义便是缩短人类与彻底征服自然之间的距离。在此基础上被强化的工作伦理对于资本主义经济的发展与人类"征服自然"的伟业都做出了相当的贡献。正是这种工作伦理的出现使得传统社会中不安于现代工业生产方式的不安分者成为驯顺的劳动力，让早期的资本主义生产获得了其发展必需的大量的劳动力。这些大量的劳动力所带来的资本主义经济的迅速发展本身就是人类不断向自然挑战、改造自然、征服自然的过程。换言之，笔者以为，在某种程度上说，工业化的进程本身就是人类试图以蛮横的方式与自然进行博弈的过程，这也是安村农耕经济旧巢中成长出来的新的土地经济前进的方向。参见鲍曼《工作、消费、新穷人》，仇子明、李兰译，吉林出版集团有限责任公司，2010，第41~42页。

[②] 这里对农耕经济、新土地经济与自然关系的论述参考了吉登斯对前资本主义社会和资本主义社会中人与自然关系的比较。参见吉登斯《批判的社会学导论》，郭忠华译，上海译文出版社，2007，第97页。

(一) 劳动者角色的变化：人与生产的剥离

在传统的农耕经济生产过程中，人（劳动者）无疑占据着整个舞台的核心位置。一方面，他向国家、向集体承包土地，是自负盈亏的责任主体；另一方面，他要选择合适的农作物种类，播种、施肥、除草、杀虫、收获，是整个生产过程的实施者、控制者、评判者和获益者。他忙忙碌碌，不停不歇地在田间地头穿梭；他面朝黄土背朝天，脖子上搭着的擦汗的毛巾和被骄阳炙烤得色彩愈发浓重的影子成为他最显著的标识；即使收获了以后他也不能喘息片刻，还要承担粗加工的工作，然后精打细算地考虑怎样分配收成，怎样把收成换成生活的实惠。劳动者在整个生产过程中都处于核心的位置。同时，也正是劳动者所从事的生产工作构成了个人社会方位（placement）和自我评价的主要因素。如鲍曼所说："工作是主要的定位点，所有其他的生活追求都可以依据这个点作出计划和安排。"[①] 正是因为从事农业生产赋予他们"农民"身份，他们生活的方方面面才得以围绕这个主轴合理地铺陈开来。无论是从哪个维度讲，传统的农耕经济中人和生产都是紧密地联结在一起的。

而新的土地经济则表现出一幅截然不同的景象。对于它所产出的直接产品——城市空间来讲是没有所谓的劳动者的生产位置的。城市空间的硬件，从铺路到盖楼，都是由专门的工程公司来做；而城市空间的各种功能得以发挥，其作为空间的整体得以运转所依赖的并不是特定的劳动者，而是流动的消费者。他们在街边闲逛、溜达，在商店里休闲、挑选商品，在娱乐场所打发空闲时光。他们可能是附近工厂、企业的员工，或是机关、机构的办事人员，但是当他们在这里通过消

---

① 〔英〕鲍曼：《工作、消费、新穷人》，仇子明、李兰译，吉林出版集团有限责任公司，2010，第54~55页。

费获得自我认同的时候,这些工作质的区别也都被化约为收入的量的区别了。对于新土地经济而言,过去的劳动者在这里更多地是成为一种累赘,一种想要摆脱而不得的包袱:他们的安置工作需要耗费额外的资源——这些资源不会产生任何经济效益,只能是一种消费。

对于新土地经济中土地作为"生产工具",作为发生在经济开发区另一侧的工厂与企业里真正的生产过程的辅助与附庸,它的运行逻辑依然表现出人与生产的剥离。生产的完成有赖于"弹性劳动力",而不是简简单单的"劳动者"或者是"人"。"所谓弹性,指的是更加具有适用性、可塑性,逆来顺受不知反抗,即使看上去有些悖论,但是他们的灵活性与活动性必须被剥夺。"[①] 这是一种身体政治的观点。如韦伯所说,"每个人都成了机器上的一个齿轮;而且,他一旦意识到这点,就会努力成为一个更大一点的齿轮"[②],因为"只有在肉体既具有生产能力又被驯服时,它才能成为一种有用的力量"[③]。这个生产过程不再需要个体劳动者去精心策划和安排,它需要的只是配合机械化生产的某些机械化的环节;新土地经济土地要素所辅助的这种生产想要的不再是活生生的人,而是被去个性化的人、具有实用性的身体、被商品化的劳动力。在这点上,新土地经济是迥异于传统的土地经济的,从人与土地的紧密联系到被分离出来成为一种新的角色,而且这种角色如果要重新投入到原有的土地中去的时候,他则必须是更加规制化的,服从一种更大系统的安排。

(二)人地关系的变化:人与空间的剥离

劳动者与生产过程的剥离也意味着劳动者与空间的剥离。这种表

---

① 〔英〕鲍曼:《全球化:人类的后果》,郭国良、徐建华译,商务印书馆,2013,第102页。
② 转引自周晓虹《西方社会学历史与体系》(第一卷),上海人民出版社,2002,第383~384页。
③ 〔法〕米歇尔·福柯:《规训与惩罚》,刘北成、杨远婴译,三联书店,2007,第27页。

达会显得有些玄妙，大概是因为这首先是一个悖论式的表达。从一般意义上看，生产的扩大意味着劳动力需求的增加，也意味着一个地方，或者说某个空间范围内对人口的容纳能力的提高。又怎么能说这是人与空间的剥离呢？其次，大概是因为这里涉及一个看似简单但含义复杂的概念：空间。福柯说，我们的纪元将会是一个空间的纪元。[1] 亨利·列菲伏尔（Henri Lefebvre）认为："资本主义通过占有空间以及将空间整合进资本主义的逻辑而得以维持存续。空间长久以来仅仅作为一种消极被动的地理环境或一种空洞的几何学背景。现在它已经成为工具。"[2]

传统农耕经济的生产作为一种"空间中的生产"，其生产过程与劳动者个人是不可分离的。那么同时作为生产过程的载体，即土地和空间与人也是紧密相联的：一方面，改革开放以来土地承包到户从政策层面上在人和土地之间建立了联系。另一方面，这种联系还通过一种日常生活实践得以展开，田间地头不是简单的同质化的空间和土地，而是"我家的"，有时甚至可能因为田地的边界问题会引起村民的纠纷；晒谷子的院子和储存粮食的仓库也都是"我家的"，即使是可能被用来晾晒粮食的门前空地，或是往返于家中和田埂的小路也都因为地缘和熟悉的程度被涂上了厚重的个人色彩。这种空间中的生产，其空间是写满了个人的价值与意义的空间，而个人也只有在其熟悉的空间里才能安于生产和生活。

在新土地经济的模式中，土地与空间参与到市场力量中的运作逻辑是一种去个人化的逻辑。身体政治框架中被需求的是同质化的、被商品化的劳动力而非活生生的人。任何的个体化色彩的个性因素都可

---

[1] Foucault, M. Of Other Spaces, Diacritics, 1986 (16): 22 – 27.
[2] 蔡禾：《城市社会学：理论与视野》，中山大学出版社，2003，第170页。

能成为抵抗和不驯顺的来源，给市场力量的运行带来不必要的麻烦。"由于自由贸易规则无限制和不可阻挡的传播，尤其是资本和金融的自由流动，经济已逐渐地摆脱了政治的控制。劳动力资源需求方的灵活性意味着可以自由地向更绿的芳草地进军，把撒满了最后一个营地的垃圾废物统统留给被抛在身后的地方人来清理。它意味着可以随心所欲地漠视'对经济有意义'之外的一切考虑。"[1] 经济技术开发区为了招商引资所提供的政策性优惠无疑形成了一股巨大的拉力，然而当这个拉力被使用殆尽，当这里的市场空间已经变得无利可图了呢？

> 这边我们村民是没法受惠的。他要招商引资，给你比如说三年的政策优惠，那很多企业，这三年的政策优惠过完了，没有什么利润了，它会搬走的。（访谈对象16）
>
> 以前的（做拆迁的）思想工作就是舍小家为大家，说村里的工业园有税收，以后可以为大家做福利，实际上却是没有。这个企业，土地呢，便宜给他。但我们得不到实际好处，你这里弄好了它会跑到其他地方，最终苦的还是老百姓。（访谈对象15）

鲍曼将流动性看作是当代社会分层的新规，他说："流动性及其缺失表明了社会状况的晚现代或后现代的新的两极分化。新等级体系的上层是超疆界的；它的下层受到不同程度的空间的约束制约，而最底层事实上是附属于土地的。"[2] 资本是流动的，金融是流动的，公司的所有人和股东也是流动的，他们不会受到空间的限制。他们对劳动

---

[1] 〔英〕鲍曼：《全球化：人类的后果》，郭国良、徐建华译，商务印书馆，2013，第63、102页。

[2] 〔英〕鲍曼：《全球化：人类的后果》，郭国良、徐建华译，第103页。

力资源的渴求也获得了超越空间疆界的自由流动性,而并不是非这些缺乏流动性的当地人不可。空间将其自身置于资本主义生产链条和市场力量运行逻辑之中,创造了属于自己的方式——一种去人格化的运行方式。于是,人和地之间、劳动者和空间之间,出现了无法弥合的巨大的裂痕,人与空间的剥离完成了。

(三) 价值意义的变化:人与价值的剥离

笔者在劳动者角色的变化部分讲到,传统的农耕经济中劳动者所从事的生产工作也构成了个人社会地位和自我评价的主要因素,他们生活的方方面面围绕着这个主轴才得以合理地铺陈开来。他们是整个农业生产过程的控制者,他们决定种植农作物的种类,安排浇水、施肥、杀虫的工作,他们决定对收成的分配和处理方式,整个生产过程好像是一件艺术品,而艺术家则是他们本人。他们在生产空间里以这种略显温和的姿态创造出一种斯科特(Scott, J. C.)所谓的"隐性剧本"(hidden transcript)来表达弱势群体对于权利不平等的批判[1],以及在这种批判中以一种洋洋自得的自主权和控制权完成的自我价值的认同和自我肯定。而这种情感、价值与自我肯定的生成逻辑在新土地经济模式中被彻底地颠覆了。

在新土地经济中,失地农民以及其他被工作岗位所吸引的人被迫(即使是自愿选择的,这种选择的自由也是没有其他选项的"伪自由")放弃过去已经习以为常的设定自己的工作目标、控制工作进程,从而获得意义的工作方式,"运用技术和劳动能力去执行那些由其他人设定和控制,因此对操作者而言缺乏意义的任务,把自己变成生产

---

[1] Scott, J. C. Domination and the Arts of Resistance: Hidden Transcripts. Yale University Press, 1990.

系统中的人类部件、复杂及其中没有灵魂的小齿轮。"[①] 这种现代化对个体产生的限制作用在第四章第四节关于现代性的悖论中已经有了相关的分析，在此不作赘述。马克斯·韦伯在1919年给慕尼黑的一批青年学子所做的演讲中指出，德语中的"业"（Beruf）意思是职业，还有另外一层几乎已经被现代人遗忘的含义，即天职、毕生的任务、劳动的责任。在《新教伦理与资本主义精神》中，韦伯认为正是宗教伦理所赋予世俗职业的合理性与崇高意义才促使人们努力工作、荣耀上帝，创造了资本主义的经济神话。而附着于工作之上的这种伦理、价值和意义随着理性化与除魔的广泛开展已经无从寻觅了。[②] 鲍曼对这种趋势的分析更加直白："把人们所做的事和他们认为值得，因而有意义的事情完全割裂；把工作本身和工作过去可能提供的可以感知和理解的目的割裂开。"[③] 工作的唯一价值和意义可能就在于工作本身。

还住在安村村庄里的居民可以通过传统的村落空间如民间信仰、社戏活动，甚至是相互串门，茶余饭后的闲聊中寻回一部分已经丧失的价值、意义和归属感，而居住在安置房中的居民却似乎并没有很好地适应这个"城市空间"的环境：

> 搬进拆迁安置房有七年时间了。当时是毛坯房，自己请人装修的。房子不用交物业费的。楼上楼下也有其他村子的人，不都是安村的。现在住楼房了，不太去别人家里串门，只会在楼下聊天了。平时有事情会去村委，有事情的话生产队长会通知我们的。

[①] 〔英〕鲍曼：《工作、消费、新穷人》，仇子明、李兰译，吉林出版集团有限责任公司，2010，第38页。
[②] 罗牧原、王冰洁：《以学习为志业》，《社会学家茶座》2011年第2期。
[③] 〔英〕鲍曼：《工作、消费、新穷人》，仇子明、李兰译，吉林出版集团有限责任公司，2010，第39页。

（访谈对象22）

但我们原来自然村，环境很好、风景很好，有水、果园、竹园。现在大家都搬到小区里了。和以前是不同的。以前是平房，现在这个单元，那个单元，看不到人了。走到楼下才看得到。说话肯定少了。原来老自然村的时候，好的方面，相互熟悉，相互协调，现在小区里，纠纷也少的，因为以前是平房晒谷子啊，小孩子吵架啊，家畜乱跑啊，但现在交流少了，跟城市一样。隔壁的人叫什么名字都不晓得。（访谈对象14）

其实现在，即使是已经搬进安置小区的村民，与安村的传统村落空间也没有完全脱离关系，"平时有事情会去村委，有事情的话生产队长会通知我们"，他们和村子还因为行政管理的关系存在着一种精神纽带连接着彼此，而不至于真的被隔离在城市空间中毫无价值与意义可寻。然而，如果有一天真的如村民所愿，拆迁真的得以顺利进行，村民将被分散到这几个小区，甚至其他更远的安置小区。过去的村落社会关系网络已经伴随着空间的迁移与重组被彻底打乱了，过去被赋予浓厚的感情色彩与价值意义的人际关系模式一去不复返，城市空间中人际关系也获得了市场力量的逻辑。卢卡奇说，"商品关系变为一种具有幽灵般的对象性的物"，"它在人的整个仪式上留下它的印记"，"根据自然规律，人们相互关系的任何形式，人使他的肉体和心灵的特性发挥作用的任何能力，越来越屈从于这种物化形式"。[1] 往极端了说，这种新的关系会不会被卢卡奇意义上的"物化"阴影所吞噬？

从宏观层次讲，村落的终结似乎具有历史的必然性。然而安村的

---

[1] 〔匈牙利〕卢卡奇：《历史与阶级意识》，杜章智等译，商务印书馆，1992，第164页。

故事暗合李培林先生①在羊城村故事中所做的总结性分析,过去多数对村落城市化的研究都把问题的焦点放在工业化、非农化和户籍制度改革上,因为生产和职业的非农化和户籍制度的彻底改革会使城市化一路凯歌。然而无论是生产和职业,还是户籍都早已非农化,甚至乡土观念和价值都已经开始动摇的安村村民,他们讲述的故事在和谐的光环下却显示出种种的不安、摩擦与矛盾。在本章的分析中,我们看到了市场的力量——"剥离",对于安村"土地经济"变迁的重要影响。从这个带有浓烈的马克思主义对资本主义的批判框架的分析中,我们看到这个欲拆未拆、将终不终的村庄和村里的居民在市场力量运行的缝隙中,试图寻找自己的位置。而他们生长的罅隙正是国家力量、市场力量与社会力量博弈的结果。"村落的终结问题不是非农化和工业化就能解决的。村落终结过程中的裂变和新生,也并不是轻松欢快的旅行,它不仅充满利益的摩擦和文化的碰撞,而且伴随着巨变的失落和超越的艰难。"②

以上分析的是市场的"剥离"机制对于农村市场参与者——农民的影响,农民与生产过程分离,与空间分离,与传统价值分离,这些分离进一步导致更深远意义上的农村人员之间互动规则的变化。附着于"乡土之网"上的村民仿佛被系于树桩之上,线绳很短,没有很大的活动空间。在这个有限的空间内,生活着所有的村民,一系列的互动规则就在这有限的空间内,基于熟悉的最大前提而形成。很少会有算计,因为你没有办法避免被报复的可能性,陌生人社会你可以一走了之,但在这样的乡土之网的社会,你依然生活在这样的地理空间里,不仅仅是你的,你的亲属、人际关系网都是在这个空间里。计算式理

---

① 李培林:《村落的终结:羊城村的故事》,商务印书馆,2010,第153~154页。
② 李培林:《巨变:村落的终结——都市里的村庄研究》,《中国社会科学》2002年第1期。

性在乡土之网里并不是有效的策略，相反能够让全体村民受益的是互惠式理性，也就是互惠利他主义。互惠式理性是利他主义中的一种，最早是由罗伯特·特里弗斯在1971年提出，被应用在进化生物学和进化心理学中。在这样的一种模式里，一个有机体提供了好处给另一个有机体，但不期待任何报答或补偿。表面上看这并不是一种最佳策略，只有付出没有收益的策略肯定存在弊端，只不过互惠式理性还有两个前提条件，一个是这样的行为必须要有正收益产生，也就是说通过这样的行为必须产生合作的盈余。另外，当情况发生逆转的时候，原来的受益人也必须遵守回报的潜规则，给原来的助益人提供相当的或更高的助益，这才体现出互惠的概念。互惠式理性一直存在于中国的农村，比如在农忙的时候，最初都是相互提供合作，而且是不计报酬。但市场的"剥离"规则让农民从土地生产中解放出来了，可以从事更多的产业，而不是只能在过密化的农业中谋生存，现在他们可以去从事第二产业、第三产业，可以去乡镇企业，也可以去大城市里谋业；把农民从空间中"剥离"出来，这样农民获得了更大的生活空间，生活半径加大，以前只是生活在自己的村落里，现在和城市里的市民一样，他们也能在城市里谋业谋生。跳出乡土之网，是市场"剥离"规则的作用，而"剥离"又进一步促进了逃脱。从互惠式理性到计算式理性的过程，就是这两种过程或者机制的结果，毫无疑问，这种生活规则的根本变革也将推动农村社会秩序的调整和衍变。

第六章
社会潜能：自发维持中的村落秩序

如果说国家代表的是一种强制性的力量，市场代表的是一种自发性的力量，那么，社会则是一种介于其间的力量，既是一种自发性力量的结果，但一旦形成又拥有强制性的能量。这在一定程度上类似于社会学主义的代表人物迪尔凯姆当年提出的关于"社会事实"的概念。迪尔凯姆认为："社会事实是由外在于个人，但又具有控制个人的强制力的行为方式、思维方式和感觉方式构成的。社会事实包括两类：物质性的社会事实和非物质性的社会事实。前者主要包括社会的结构性组成、社会的形态成分；后者主要包括道德、集体意识、集体表象和社会潮流等。"[1] 在他看来，社会事实有三个特点：一是外在性，即对于个人来说是外在的；二是强制性，个人不论何时何地都要受社会事实约束；三是普遍性，它普遍广泛地存在于社会之中。

本书所探讨的社会性因素，在特征和内容上有点相似于涂尔干意义上的非物质性社会事实，但又超越了这个概念。相似是因为本书所

---

[1] 〔法〕迪尔凯姆：《社会学方法的准则》，商务印书馆，1995。

第六章　社会潜能：自发维持中的村落秩序

要谈论的社会性因素就是一种自发生成但又有强制性的"突生特质"，是一种集体层面的约束性力量。它不是一种物质性的存在，而是一种道德、制度、秩序、信仰的内容。它是群体在长时间的生活实践过程中逐渐形成的，是一种自发选择的结果，但这种自发选择的结果一旦形成就有了类似于"社会事实"的强制性特征。但本书所要探讨的社会性力量又超越了"社会事实"这个概念。"社会事实"是一个中性概念，它既可以是一种正向的表达，也可以是一种负面的表达，是一种情感中立的价值无涉概念。但如果谈起"社会的"这个概念，一般也是价值无涉的，不过在某种情境下它却包含了一种褒义的、正面的、期望的内容在里面。比如库利就认为社会包含三种意义，其中有一种意义就是指增进集体福利，这在当我们将犯罪、沉溺于感官享受看作是反社会行为时，这里的社会就显示出了它的正向的一面。[1] 综上所述，本研究中所使用的社会的力量，是指一种包含理想期望的促进整体社会福利的突生性和约束性的社会事实。

社会是由人组成的，最广泛和最模糊意义上的社会就是指人类集体的一面，所以社会性因素就是人类思维、互动、行为、习惯的一种升华和表征。在古代社会，因为人们的流动性低，地理边界限制了人类的沟通和交往，所以社会可能是基于边界而呈现分裂的性质，分裂出很多小社会和封闭社会。中国古代的老死不相往来的村落社区以及桃花源般的世外社会就是这两种社会的典型代表。但全球化和现代化对边界的扩张，信息技术对沟通和交往的促进等，都促进了社会的流动，边界被打破了，世外桃源没有了，按鲍曼的说法，我们从固态社会进化到了液态社会。这种进化和扩张的表现有很多，最显而易见的就是社会的异质性增加了。不论是城市还是农村都在经历这样的过

---

[1] 〔美〕查尔斯·霍顿·库利：《人类本性与社会秩序》，华夏出版社，1989，第24～25页。

程，传统的单纯的社会组织因为异质性的增加而开始分化，价值观开始分裂。城市里的贫富分化，不平等的增加，文化低俗化，生态破坏，等等，都是这种过程的结果。而农村也开始慢慢地卷入这样的过程中，安村能够例外吗？它也是这样的现代化车轮大潮中的一员，那安村发展的结果到底是什么样的？它有没有彰显出独特性？它在这种现代性的大浪潮中是完全随波逐流，还是因为自己特殊的属性而能逆势而动？

一 村规民约与社会秩序

社会学家最经常探讨的一个问题就是社会是如何可能的？这尤其是古典社会学家所探讨的经典命题，齐美尔有一本书就叫《社会是如何可能的》，虽然里面所建构的是一种从微观到宏观的社会学理论，但由此也可以知道古典社会学家的学术关怀。古典社会学家从社会静力学的角度探讨为什么秩序是可能的，又从社会动力学的角度来研究秩序是如何流变的。到了现代社会学阶段，社会学家更侧重于从结构和机制的角度去探讨社会的运行，后现代社会则是探讨一种颠覆的秩序。那么，对于安村这样一个样本来说，它为什么会呈现这样一个面貌？推动村子变和不变的力量究竟有哪些？当别的村子都已经彻底地卷入现代化过程中之时，哪些力量在支撑安村的传统社会秩序的稳定？这些力量又是如何运作的，将村子改造成这个样子。安村"变但稳定着"的矛盾的社会秩序的图景是如何可能的？这些都需要从更广泛的角度去探讨。

我们有必要探讨一下制度性的力量。国有国法，家有家规，村子有村子的一套规范，这就是村规民约。在中国的历史发展中，村规民约一直是乡村社会秩序构建和维持不可或缺的要素之一。在《周礼》中就有乡里敬老、睦邻的约定性习俗。北宋年间的《蓝田吕氏乡约》

成为我国历史上第一个成文的乡规民约,《蓝田吕氏乡约》包含四条大纲:"德业相劝;过失相规;礼俗相交;患难相恤。每条下附有细则,如德业相劝下有见善必行、闻过必改、能治其身、能治其家、能事父兄、能事长上、能睦亲故等细则。过失相规下面定了11种行为过失,如酗搏斗讼、行为逾违、行不恭逊、言不忠信等。礼俗相交下面则有造请拜揖、请召迎送、庆吊赠遗的礼节。患难相恤下面规定了在水火、盗贼、疾病、贫乏等情况下,乡民应互相帮助。这种乡约的实施,由乡民选举出的'约正'负责,其活动是每月的月中选主事者一人,主事者掌管三籍:愿入乡约者书于一籍,德业可劝者书于一籍,过失可规者书于一籍。"①"《蓝田吕氏乡约》颁行后,经过朱熹的修正和大力宣传推广,成为此后历代乡规民约尤其是明清各个时期、各个地方乡约关系和乡约制度的范本。"② 明、清两朝在地方上正式推行"乡规""社约"。

"现代意义上所谓的村规民约,一般是村民群众在村民自治的起始阶段,依据党的方针政策和国家法律法规,结合本村实际,为维护本村的社会秩序、社会公共道德、村风民俗、精神文明建设等方面制定的约束规范村民行为的一种规章制度。"③ 但笔者这里所指,并不是指狭义上的由村委会制定的规范,而是包含更广义范围上的一切对村落社区居民有约束的规范、制度等。村民按照村规民约行事,受村规民约约束。村规民约越强大,越丰富,村民所受到的约束就越严格,所受到的变的空间就越小。

从乡规民约与"法"的关系看,乡规民约不属于人民代表大会及

---

① 脱脱等:《宋史·吕大防传》,中华书局,1977,第1844页。
② 汪毅夫:《明清乡约制度与闽台乡土社会》,《台湾研究集刊》2001年第3期。
③ 余维良:《自治章程和村规民约的内容与效力》,《乡镇论坛》2000年第10期。

其常委会所制定的法律。《村民委员会组织法》第 27 条规定:"村民自治章程、村规民约以及村民会议或者村民代表会议的决定不得与宪法、法律、法规和国家的政策相抵触,不得有侵犯村民的人身权利、民主权利和合法财产权利的内容。"① 虽然乡规民约不是正式的法律,但是,乡规民约在社会治理中发挥着规范、引导、评价等作用。正是因为乡规民约对传统的、符合乡村社会道德伦理的价值与理念的确认,所以在解决乡村社会矛盾纠纷时具有容易让人接受等优势。2014年 10 月十八届四中全会做出全面推进依法治国的决定,社会主义法治国家建设的进程加快。但是法治只停留在狭隘的"国家立法"层面是不够的,而要重在落实,开展多层次、多领域的依法治理,同时要充分发挥乡规民约等社会规范的治理作用。那么,我们就要了解安村的乡规民约有哪些?它们对于形成安村的社会秩序有什么样的意义?

首先,正式的制度规范。国家法制具有宏观、抽象的特性,与基层生活相对疏离。而乡规民约微观、具体,贴近群众、贴近生活、贴近基层实际。作为传统村落治理中约定俗成的"民间法",乡规民约需要与国家法律体系相配合,共同成为村民遵守的法则。当代乡规民约是在国家宏观指导下自觉生成于基层社会,很多都是传统的风俗习惯的现代延伸。以安村的村规民约来看,一共 11 条,规定得比较详细。仔细分析安村的村规民约,又分成三类。一类是国家道德类的,比如要坚持党的领导、爱集体、乐于助人、见义勇为、礼貌待人等,这些都属于国家所倡导的社会主义道德性质的;第二类是国家规范类的,比如要遵守土地管理法规、森林管理法规,要严格执行婚姻法和计划生育的基本国策等,这些都是国家明文的法律法规,只是在村规民约中得到重申;第三类就是真正属于地方性的公德和规范。

---

① 《村民委员会组织法》,http://baike.baidu.com/。

从坚持党的领导到爱国家、爱集体；从遵守国家土地管理法规和森林管理法规到严格执行婚姻法和计划生育国策；从要求遵守社会公德、维护社会秩序到严格执行婚姻法和计划生育国策；从树新风、破旧俗到提倡节俭办喜事、简办丧事；从尊老爱幼到爱护公物等，内容十分丰富，要求也很具体，最后强调积极支持、参与、配合新农村建设及文化特色村创建等。上到国家公德、法律法规，下到村民守则，一个短短的村规民约试图包括全方位的内容。但规范更重要的是能得到执行。村规民约，不太具有约束力，村规民约如果需要得到有效的执行，需要更多的规则和制度去配套。

笔者检索了安村制定的各种规章制度，一共30种：《村民自治章程》《村务监督委员会工作职责》《村民委员会文书工作职责》《村委会主要职责》《村民委员会工作制度》《村民代表会议制度》《两委联席会议制度》《决策责任追究制度》《重大事项决策制度》《民主评议党员制度》《民主评议村干部制度》《村干部任期及离任审计制度》《村干部岗位责任制度》《妇代会工作制度》《村民委员会妇女主任工作职责》《人民调解委员会工作制度》《农民信箱村级联络点服务制度》《经济合作社管理制度》《村务公开制度》《财务管理制度》《民主理财和财务公开制度》《卫生保洁制度》《卫生管理制度》《印章使用管理制度》《矛盾纠纷排查调处工作制度》《归正人员安置帮教制度》《法制学校章程》《法制教育实施规划》等。这30种制度除其中一类是村民委员会的基本工作职能和各岗位的职责说明外，其他的则包括了从经济发展到卫生管理，从矛盾纠纷解决到法制教育等各个方面的内容。全面、详细的规则制度约束保障了村规民约的执行，这在很大程度上保障了秩序的稳定。

其次，乡村的自发规范。除了这些书面的规章制度以外，保障社会秩序能够得到延续的另外的重要制度性内容就是乡村的自发性规范，这些规范不一定体现在书面的制度性文件中，但是因为它一直延续在村民的行为之中，因此得以长久保持。比如安村对"孝"的遵守就是非常稳定的。笔者2012年曾经对安村进行过问卷调查。通过对"不赡养老人现象"的评价来看村民对于孝道的理解。认为"这是不道德的，应该受到社会的批评"者占多数（73.2%），认为"这种行为是不对的，但那是人家的私事，我们无权过问"的占15.1%，这两种看法都是反对不赡养老人现象的，合计占88.3%。另有11.7%的人选择"子女也有难处，父母应予以理解""这种现象很普遍，这有什么大惊小怪的"。总的来说，村民是反对不赡养老人现象的，而这种现象在村子里也基本没有发生过。

> 我们村讲究孝，我们的目连戏就是突出这个孝，只要孝一般不会出大问题。一个村也像一个家一样，村委就像家长，来处理问题。以后搞五好家庭，树立典范。（访谈对象16）

最后，制度规范执行的关键。制度的执行需要依靠关键人物，在这里就是村两委的领导。他们是村民通过民主选举的方式选出的，是实现村民自治、村民自我管理的重要角色，村两委的干部们对村规民约的实施也是至关重要的。笔者看到安村有详细的岗位工作职责说明，村委会现任金书记在同笔者沟通时就提到"现在的村干部自身比较硬"。制度和规范是根本，而人是关键。好的制度和规范是秩序的核心要义，而人则能确保秩序延续，不至于出偏差。

二 文化仪式与社会秩序

文化是一个很复杂的、模棱两可的概念，关于文化的定义有百余种之多。《周易》说:"观乎天文以观时变;观乎人文,以化成天下。"这应当是我国古人对文化的认知,通过了解人类社会的各种现象,用教育感化的方法治理天下,但当时"文化"一词尚未连在一起使用。汉唐以后,文化指文学、礼仪、风俗等,有了现代的含义。近代学者们从社会学、人类学角度探讨了文化及其历史发展。其中比较有影响的观点有:"第一种是方式论,即认为文化是一定民族的生活方式,是一种并非由遗传而得来的生活方式。这里包括了人们的兴趣、爱好、风俗、习惯,强调了文化的继承性。譬如,美国著名文化人类学者鲁斯·本尼迪克特的文化定义是'文化是通过某个民族的活动而表现出来的一种思维和行动方式,一种使这个民族不同于其他任何民族的方式'。第二种是过程论,即认为是人类学习和制造工具,特别是制造定型工具的过程,这里包含了人类智力和创造能力的不断进化,强调了文化的演进性。第三种是复合论,即认为文化是作为社会的一个成员所获得的包括知识、信仰、艺术、音乐、风俗、法律以及其他种种能力的复合体,这强调了文化的熔铸性,譬如伟大的人类学家爱德华·泰勒在其《原始文化》一书中说:文化是人类在自身的历史经验中创造的'包罗万象的复合体'。"[1] 著名英国人类学家马凌诺斯基认为"文化是指那一群传统的器物、货品、技术、思想、习惯及价值而言的,这概念实包容着及调节着一切社会科学"[2]。

笔者在这里关于文化仪式的阐述包含这几层意思的综合。一方面它是指安村人的生活方式和习俗,它是在长久的乡村实践过程中形成的稳固的模式;另一方面,它又是一种教化的手段,作为一种软性约束性的力量,文化的功能在于延续性,它保证了乡村里的某些仪式、

---

[1] 王诚:《通信文化浪潮》,电子工业出版社,2005。
[2] 〔英〕马凌诺斯基著《文化论》,费孝通译,华夏出版社,2002,第2页。

模式得到继承。前者是一种静态的内容，而后者则是一种动态的内容。所以文化是一种深层性的内容，并通过"文化"的方式得以在村落社区中维护和保存。稳定的文化内容是社会秩序得以维护的重要保障。

"崇文敬教"就是这样一个有着深厚底蕴的文化因子。"崇文敬教"是指崇尚文化、尊重教师与重视教育。"崇文敬教"是绍兴地域文化的优良基因、优秀传统，在这种文化生态的滋养下，成就了绍兴文化的繁荣与辉煌。在清代，很多地方衙门的幕友和书吏多为绍兴人，"无绍不成衙"就反映了清代绍兴师爷遍布各地衙门的情景。这与绍兴人文化素养高、苛细精干、善治案牍等特点紧密相关。我国著名思想家、文学大师鲁迅成就大业的原因之一就是受到绍兴的敦儒重教、崇文尊师地域文化的熏陶。鲁迅生长在厚重文化积淀的绍兴，为日后从事文学创作打下了坚实厚重的基础。现在，绍兴这一"崇文敬教"的传统依然在传承。在安村，从新中国成立初至今，该村就出了50多位校长，甚至有一家三代都是校长的家庭，这足以看出安村依然"崇文敬教"。在新的历史时期，倡导崇文敬教，体现的是崇尚文化、尊师重教的可贵品质。在"科技是第一生产力"的知识经济时代，只有崇尚优秀传统，重视教育和学习，个人才能发展，社会也才能有发展。"崇文敬教"就是一种文化仪式，以这种仪式为出发点，一种温文尔雅的乡村气质就逐渐生成。

关于文化仪式的讨论很容易联想到宗教观的探讨。在调查村民的宗教信仰状况时，其中2/3左右的村民表示逢年过节会烧香拜佛，但严格意义上的宗教徒数量不多。他们认为烧香拜佛能带来精神安慰，同时还满足了部分村民交往的需要。比如有些村民平时在村里的土地庙念经，有时相约外出念经，相互之间已经形成了一个活动圈子，相互问候，相互关照。

去庙里烧香拜佛，最主要的是祈求和保佑家人平平安安，全村人平平安安。

一般每次出去烧香拜佛、念经，都是村里一帮老太婆组织一起去，远的地方包车去，老太婆们自己照顾自己，互相照应。（访谈户5）

念经也是一种重要的仪式。从宗教社会学的角度，念经是一种信念的表征，念经表达了对未知力量的景仰。安村参与念经的人数非常多，有三四百人，而且都是老年人，一方面老年人在社区具有代表性，老年人能够影响他人，另一方面人数多，能构成社群，他们的网络关系也值得研究。但作为一种文化仪式，念经的过程也是一种延续传统的方式。

三 民间权威与社会秩序

马克斯·韦伯（Max Weber）是对权威进行深入的理论分析的第一人。他认为正当的（合法的）权威有三种历史形态：传统权威（tradition）、魅力权威（charisma）、法理权威（bureaucracy）。"韦伯指出，在传统社会中，其统治是建立在一般的相信历史适用的传统的神圣性和由传统授命实施权威的统治者的合法性之上的。也就是说其政治统治的合法性是传统的习俗和习惯形成的政治价值和游戏规则。它是从祖上流传下来的，被一般人所认可，并被历史长河所不断神化，形成一整套的传统的政治习俗和习惯。"[①] 这就是韦伯说的"传统权威"。"魅力权威"则指的是个人利用创造对众人的福利来获得声望，从而具有一定的支配力量和尊严。由于此种权威受政府的界定和干

[①] 《马克斯·韦伯的政治权威统治理论分解》，http://blog.ifeng.com/article/31506638.html。

预，因此，韦伯又称其为"自然权威"。现实中有时也叫威权政治，这种统治者拥有对他人的强大吸引力。很多情况下，这种吸引力是通过人为因素制造出来的。① 如加强对宣传机器的掌控，利用国家机器极力鼓吹领导人的英明伟大，利用假大空的谎言掩盖领导者的人性弱点，神化领导人的个人魅力，鼓动对当权者的个人或集体崇拜。韦伯的"法理权威"，又称为"理性权威"、"理性管制"、"法理管制"或"科层权威"等，其权威来自官府或上级的任命，其存在基础是行政等级，涉及官僚式制度的建制。法理型权威建立在法制的基础之上，社会以民主的契约方式，通过制定合理的公平、公正的规则和程序，对权力和民主，各方的权利与义务有清晰的条文和法律界定，并可以在不断变化的社会环境下修改完善法律法规，确保法律的可操作性和时效性，保障各方的利益不受随意侵犯，并宽容、允许各方具有自我纠错能力和改善的机会。

这里我们所讲的民间权威就属于传统权威，这是一种非正式的权威形式。它的力量不是来自于行政的任命，而是在于人们普遍承认的象征力，是一种宗法制统治形式。在这里，传统的世袭制度决定了统治者或主人，靠从古到今沿袭下来的风俗习惯和伦理道德维持着统治。特别是相对于城市社区而言，同质性的农村社区更有可能产生民间权威，这是因为农村一般是熟人社会，人口构成的稳定性非常高，对传统的风俗习惯和伦理道德传承得也会更好。

那到底什么是民间权威？它属于权威的一种，但肯定又有自己独特的内容。一般来说，权力包括职权和个人权力两种。职权是合理的法定权力，由个人职业决定，而个人权力则是由资历、经验、智力、领导能力、道德品质、经济地位等构成，同个人的职业角色没有关系。

---

① 《马克斯·韦伯的政治权威统治理论分解》，http://blog.ifeng.com/article/31506638.html。

一般来说,对于我们所说的民间权威往往是基于后一种权力来定义的,是基于个人的影响力和软性权力,不是基于"权",而是基于其在日常生活中所形成的"势"。这种势不是一般的压力和强势,而是一种巧妙的说服、跟进、威慑、模仿等,是一种软性影响力或称文化软实力。由此而形成的民间权威,可能是道德精英,也可能是经济精英,他们往往能够成为村落社区的主心骨,成为社区的真正领袖。

潘劲认为:"一个人成为农村社区领袖至少应具备三个条件:有一定的组织能力和较高知名度;得到乡镇组织器重,委以重任;能够组织民众进行经济建设并取得令人瞩目的成就。农村社区领袖这是伴随着乡村企业的发展而新生的民间力量。他们'级别最低,权力最大',有强烈的自主发展的意识和要求。'对上'与'对下'是他们要处理好的最大一对矛盾,也使他们经常性地处在尴尬的夹缝中。"[①] 刘会荪等通过对苏南农村的观察与研究提出:"农村社区领袖是集权制单一主体社会的第二者,又是城乡二元社会里的第三者,也是农村正在形成中的中产阶级的代表;他们与社区政府既有领导与被领导的关系,也有利用与被利用的关系,他们的出现和壮大将对农村社会结构带来微妙的变化,使农村社会结构更加丰满和多元化。尽管他们中的多数人兼有体制内的身份,但其社区领袖地位的认可主要是当地村民的感觉,而不是上级任命。"[②]

对于当前的中国农村来说,村民自治是主要的治理制度,而通过民主选举产生的村干部就是乡村的实际当家人。但是,通过正式制度产生的村干部并不一定就能成为民间权威。王晓毅在《村庄结构与村

[①] 潘劲:《经济强村研究:成因、问题与前景》,《中国农村观察》1999年第2期。
[②] 刘会荪、李汉铃、新望:《对苏南农村社区领袖的观察与研究》,《中国农村观察》2003年第2期。

庄内部的紧张》一文中说:"如果说在现实社会中,农村干部具有多重身份,农民对干部的不满主要集中在作为社区领袖的村干部的行为中。"① 虽然说现在的村干部是通过民主选举方式产生的,但是任何的制度都有纰漏,即使是名义上通过规则选举产生的社区领袖也有可能并不是社区成员真正认可的民间权威。而那些真正的民间权威也不一定会在体制内获得认可。不过,也有那些聪明的人,他们既可能获得民间的拥护,也在体制内游刃有余。虽然说村民自治的制度本质上希望能够通过民主的程序将民间权威选举到基层管理的当家人中去,而且这也在很大程度上取得了成果,实际上很多地方选举的村干部也都是村里的有威望的人。

以安村为例,普通村民所感受到的有权威的人是什么样的?

> 这些人都是受尊重的,不管有没有钱,办事都要公道,要办实事,做人要厚道,做人不能太自高自大,不能太斤斤计较,做人要公道。(访谈户2)

以上只是村民朴素的想法。对于民间的领袖,他们可能需要具备两个方面的条件:一方面为私上要求个人品质高尚,做人厚道;另一方面为公上则要办事公正,且能为民做实事。那么,在中国的农村里,什么样的人构成中国的乡村权威呢?

关于传统乡村权威的基础,杜赞奇认为,阶级背景、威信、才能是选举领袖的重要标准,富有和个人威望亦是影响权力分配的一个重

---

① 王晓毅:《村庄结构与村庄内部的紧张》,《中国农村观察》2000年第2期。

要因素[1];张静认为,地方权威的权力地位与三个因素直接有关:财富、学位及其在地方体中的公共身份。[2] 总之,传统乡村社会地方权威的权力地位是由学识、公共身份和财富所决定的。对照这样的标准去检视中国传统社会,乡绅阶层和宗族权威就构成了乡村权威,他们维护着乡村的安定和秩序。即使晚清时期,帝国行政机构分崩瓦解,但地方绅士和宗族的权威并未动摇,这也说明乡村权威存在的基础异常稳固。

而乡绅阶层和宗族权威之所以能够成为乡村权威,这与他们在学识、公共身份及财富这三个方面的优势有关系。

学识代表着权威的才能,是村民权威认同的第一因素。乡村绅士通过帝国的"科考"获得了功名,以其在经学(家法、帖经墨义、经疑、经义)和文学(诗赋)上的造诣在乡村树立了自己的权威;而族长或者乡贤凭借掌控乡村民间传统文化,熟知农耕知识,化身为乡村权威。科举考试是中国古代社会最主要的上升机制,通过科举考试获得功名,对儒家经典理论了然于胸,不仅让他们习得了宏观上的治国理论,同时也让他们拥有了对村民行使权威的知识和品质。而族长和乡贤能够成为乡村权威也是因为他们积累了大量的农作物耕种知识,编纂了大量的农谚知识,拥有大量处理乡村社会的经验,这些都是农民依赖他们的基础。

公共身份是村民权威认同的第二因素。公共身份与地方公共利益紧密联系,权威具有将私益事(扩充财产)与公益事(地方社会的发展、安全及秩序)一致化的能力。[3] 乡绅和宗族领袖都在处理村落事

---

[1] [美]杜赞奇:《文化、权力与国家:1900—1942年的华北农村》,王福明译,江苏人民出版社,2004,第75页。
[2] 张静:《基层政权》,浙江人民出版社,2000,第105页。
[3] 张健:《现代化进程中乡村权威基础的嬗变》,《中国农村观察》2007年第6期。

宜中充当调解者和仲裁员角色。比如，中国作为一个宗法社会，宗族利益的代表是族长，主管宗族事务，调解族内矛盾，行使宗族各项权力。而乡贤长老，他们一直充当着社会冲突事宜的调解作用。从中国法制史的演进来看，元末明初应当是调解仲裁真正兴起的时代。当时的中国乡村，乡绅长老们已经开始利用自己独特的人格魅力、权威，调解族人的家庭、邻里纠纷，这种方法一直延续、流传到了近代。正是因为他们在公共事务中充当着说一不二的角色，体现了价值，所以他们才能够成为权威。

财富是民间权威获得村民信任的第三因素。经济上的富有并不一定是权威地位的直接获得因素，因为经济上的强大有时反倒会成为威胁村民平静生活的武器，村民不会毫无信任地服从。张静认为，财富虽为地方权威获得社会地位提供了令人仰慕的经济条件，但并未对其权威地位构成最主要的决定作用。[①] 真正让这些人拥有经济地位的，首先是他们对土地的控制。在自然经济时代，土地就是财富的源泉，不管是乡绅还是宗族，他们掌握着土地资源，就掌握着财富的发动机；其次，笔者在前文也谈到乡绅和宗族势力往往是国家在村庄的代理人，他们替国家履行部分政府职能，比如对族民进行教育管理，帮助政府组织徭役、收缴税负等，特别是在一些经济事务的管理中，他们拥有了权力，而权力就是他们谋取财富的重要手段。

学识、公共身份和财富这三个条件共同构成了权威的要件，正是基于此，我们判断在传统中国乡村，是乡贤长老以及宗族领袖们构成了乡村民间权威。不过随着现代化和城市化的推进，构成传统乡村权威的这两个群体都已经消失或变得不那么重要。首先就乡绅群体的构成而言，主要由科举及第未仕或落第秀才、当地较有文化的中小地主、

---

① 张静：《基层政权》，浙江人民出版社，2000，第168页。

长期赋闲居乡养病或退休回乡的官吏、宗族长老等一批在乡村社会有影响的人物构成。毫无疑问,当代社会已经没有这个群体了。随着传统的官僚阶层和科举举仕制度的没落,乡绅这个群体也已经失去了立根之基。而另外的宗族领袖也随着宗族势力的瓦解而消失,只能体现在历史教科书中了。大的家族已经失去了生存的土壤,核心家庭得到生长,传统的宗族领袖们已经没有了原来的权力。在过去,宗族族长总管着全族内外事务,是族人行为规范的主持人和监督人,在新时代已经没有族长这个概念了。从族长到家长的演变表明,随着传统社会中这两个重要群体的没落,乡村社会的知识、公共权力和财富的分配都已经得到重新配置和流动,新的乡村权威开始生成。

那么,承担新时期乡村权威角色的人是谁?他们有哪些新的特征?知识、公共身份和财富的三个特征作为判断乡村权威的标准是否有变化?首先,以知识来说。新时期获取知识比以前容易,也更加方便。传统的中国社会,唯有通过科举这样一条道路,农村识字率很低,受教育的难度高。新时期的农村虽然教育资源还没有达到城市水平,但九年义务制教育的推行让农村社会的知识水平普遍提高,同时由于网络等新技术的普及,以及城市和农村的连接增多,实际上农村整体的知识水平提高很多。大学生就是农村里走出来的知识精英,只不过大学生大部分都留在城市里,实际返乡的并不多。其次,对公共事务的参与者的身份越来越单一。传统社会存在乡贤族长之类的民间人士,但新时期的乡村社会里,对乡村公共事务参与的人明显减少。大部分的农民都不愿意参与到公共事务中去,他们宁愿投入更多精力到家庭致富中。最后,从财富来讲。在评判乡村权威方面财富依然是一个很重要的标准,中国的农村依然是较贫穷的,所以拥有致富的能力在农村就是一个特别重要的因素,那些通过经商发财致富的农民很显然是他人羡慕的对象。

当代的中国农村呈现一个有意思的现象就是,知识、财富和"乡村政治"是分离的。传统农村,拥有财富、知识和公共身份的人往往是统一的,而现在的农村却有可能是分离的。拥有财富的人可能没有知识,也可能对公共事务和乡村政治不感兴趣,而对公共事务参与多的人可能也不是拥有财富和知识的人,也就是说我们不能再像以往一样找到一类人,他们可能是三个身份兼具的,现在的角色可能是分离的。知识权威、经济权威和政治权威不再统一到一类人身上,而是分别在某些群体身上呈现出来。所以,毫无疑问,新时期的乡村权威也没有传统社会那样身份独特,地位重要,彰显更大的价值。

大部分基层乡村干部构成了新时期的乡村权威,村民自治制度作为一种选举制度也是一种遴选制度,如果排除非法的选举操作,那么,这种制度可以保证一些有权威的村级能人被推上基层干部的岗位。他们可能是知识精英,也可能是致富高手,或者是因为愿意参与公共事务的热心人,但不管怎样,他们能够当选,说明他们具有一定的管理社会事务的能力。基层乡村干部事实上就是乡村的当家人,他们负有乡村管理和发展的职责,所以很显然他们是新时期乡村权威的首要代表。同乡村干部相比,那些以乡村致富能手为代表的经济精英则是另外一种权威,他们代表的是经济上的吸引力和话语权,他们除了可以积极贡献财力、物力,兴办公益事业之外,更重要的是他们的致富能力和领头羊作用,可以为广大农村居民积极谋利益、促发展。

在农村经济多元化发展之后,农业的发展依然依赖优势劳动力资源,尤其是对包括掌握传统农业技术和现代农业高科技的乡村精英人才的依赖,所以这些经济精英们充当着新时期乡村权威的第二类人群,他们对于乡村发展和社会秩序的稳定也发挥着重要的作用。第三类人群是从城市流向农村的大学生村官和返乡农民。当前农村人力资源结构出现了严重的质和量的失衡，因为大量青壮年劳动力外出务工，以及农村培养的高等教育人才在城市择业，使得乡村新农村建设主体虚空。因此，国家通过一些政策引导，让大学生村官从城市走向农村，让一部分进城农民返乡发展。

大学生村官工作是党的十七大以来的一项战略决策，目的是通过基层实践锻炼，培养社会主义新农村建设的骨干人才、党政后备干部、各行各业优秀人才。大学生村官工作从无到有，快速发展，大体经历了三个阶段。一是各地自发探索阶段。从1995年江苏省实施"雏鹰工程"开始，到2004年，有10个省区市启动了选派大学生到村任职工作。二是局部探索试验阶段。各地认真落实中央办公厅、国务院办公厅印发的《关于引导鼓励高校毕业生面向基层就业的意见》精神，探索开展选聘大学生村官工作，到2008年初已有17个省区市启动了这项工作。三是全面发展推进阶段。2008年3月，中组部和多部委联合下发《关于选聘高校毕业生到村任职工作的意见（试行）》，在31个省区市和新疆生产建设兵团部署开展了大学生村官工作。大学生村官是新时代的乡村治理人员，也是知识的代表，他们一批批走向农村，为农村的发展投入知识，注入智慧，他们也是新时期的乡村权威。返乡农民中可能包括返乡的大学生，他们不是通过组织程序返乡任职的大学生村官，而是心甘情愿返回家乡，投入到乡村建设的知识分子。当然这里面更多的人群是以前在农村，他们在城市学习到知识，后来进入城市工作或打工，他们在城市储存了知识或者财富或者潜力，然后又重新回到农村，把这些资源或知识投入到农村的发展中。不管是大学生村官也好，还是返乡的大学生或者返乡的农民，他们都是因为掌握了更多的知识或者更多的资源，以至于他们可以成为在乡村中充当带头人的角色。

从社会学的角度来看,当一个社区拥有权威角色越多,社区的稳定程度就越高。权威充当引领者的角色,权威者的道德水平和行为实践会维护整个社区的秩序。当权威的演变或流动越小,这个社区的秩序也会越稳定。而如果社会动荡,转型越急,则社会权威者的角色演变也会加大,那么,整体的社会秩序也会出现不稳定和变动。以安村为例,实际上并没有出现乡村权威的重大演变,即使到现在,村干部都在安村扮演着重要的权威角色。在安村,村民对乡村干部的评价都非常高,他们的确在安村的转型过程以及乡村旧的社会秩序的维持方面保持了相当高的价值。金书记是村里的第二任书记,他做了 20 多年的书记,现在已经退休。

> 我 1940 年出生,15 岁初中一年级在绍兴三中读书,当时爸爸已经年老体弱,并且多病,我有一个弟弟,一个妹妹,我妈妈是双目失明的,如果我再读书,家里压力太大,哥哥已成家,分家了,姐姐也嫁人了,我 15 岁下半年就不读书了,我弟妹就继续读了。当时要招勤工俭学,我们村里有两个人被录取了,我是其中之一,但我没去,家里没人干活啊。我就到小队里做了"记工员",记工分。到了 18 岁、19 岁,1958 年大跃进的时候,我当上了生产队的队长。生产队的人数是在变化调整的,后来是 30 多户人家,一百多人口。我 21 到 40 岁到村里做生产队长,先到村里做村里委员,负责经济这块,44 岁时升书记。68 岁时退出村委工作,被小区聘请做了三年的日常工作。现在已经不做了。(访谈对象 12)

村规民约、文化仪式、民间权威作为社会性的力量，在安村的社会秩序维持中发挥重要的作用。这三者代表的实际上是制度、仪式和人，制度是非正式的，但是相对于正式制度，非正式制度有自己的优势和生命力。仪式是一种文化记忆，传承的也是一种规范的基因，通过仪式人们可以习得社群的规范。而人的力量则是关键，任何的秩序都是基于人的秩序，权威则是社群的核心，权威执行仪式和制度的过程，就是社会秩序复制的过程。我们之所以能够看见安村的社会秩序得到传承和稳定，很大程度上就与这个有关系。

四　自生自发：社会力量的运作逻辑

传统的乡土社会有自己一系列运作的规范和治理的逻辑来达成稳固秩序。与城市社会不同，传统乡土社会的秩序是靠"礼"而不是"法"来维系的，礼法、宗族、血缘的规则，几千年来深入村社的基因脉络中，而来自国家名义上"专制""独裁"的行政权力，从人民的实际生活上看，是松弛和微弱的，是挂名的，是无为的。[1] 或是用哈耶克（Friedrich Hayek）的话来说："中国农村的社会秩序是一种'自生自发的秩序'（spontaneous order）。在各种人际关系中，一系列具有明确目的的制度的生成，是极其复杂但却条理井然的，然而这既不是设计的结果，也不是发明的结果，而是产生于诸多并未明确意识到其所作所为会有如此结果的人的各自行动。"[2]

那究竟是什么构造了中国农村的有哈耶克意义的"自生自发秩序"？费孝通先生说："中国农村社会的这种自发秩序的合法性来自乡

---

[1] 费孝通：《乡土中国》（修订本），上海人民出版社，2013，第47~61页。
[2] 转引自邓正来《哈耶克的社会理论——〈自由秩序原理〉代译序》，载于哈耶克《自由秩序原理》，三联书店，1997，第16页。

土社会的稳定性,是以'传统可以有效的应付生活问题'。"[1] 它是一种立基于地缘封闭基础上的自我作为式的发展。雷德菲尔德(Robert Redfield)曾经提出"小传统(little tradition)的概念来描述基于乡村社会的'文盲'式(unlettered)的自生自存的(works itself out and keeps itself going)文化形式"[2]。它虽然会受到基于城市的庙堂之上的"大传统"(great tradition)的影响,但它又独立于大传统,有自己的运行逻辑。这对中国传统的农村社会也是极具解释力的——事实上,雷氏在分析过程中也多次援引了中国的例子。可以说,中国农村就是在自己创造的小传统里用一种近乎"文盲"的方式形成了独特的乡村秩序。

新型城镇化背景下的村落,虽然与传统的村落有很大的不同,受到来自国家、市场等各方面力量的影响,但从根本上说,传统的影响力还是根深蒂固的,而且对于传统传承较好的安村来说,其自生自发的力量还是比较强大的。

首先,我们从乡村的基层治理谈起。在中国古代统治里,"政不下县"的郡县管理体制,让县以下乡村管理留下很大的自主自由的空间。国家的触角实际上并没有深入到基层乡村。在乡村这一层面,"国家是通过其代理人来实施治理,大量的乡绅里长是国家的代言人,而他们的治理工具则是'乡风礼俗',内生于乡村的'乡规民约'成为乡民之间的一种共识和默契,自我教育、自我规约着乡民的日常生活,成为乡村得以生生不息的社会资本,减少了乡村治理成本,使得乡村永续发展"。[3] 这是最古老的"自治"理念。新中国成立后,压力

---

[1] 费孝通:《乡土中国》(修订本),上海人民出版社,2013,第50页。
[2] R. Redfield, 1956. Peasant Society and Culture. Chicago:The University of Chicago Press. p. 70.
[3] 李永杰:《乡风礼俗:不该失去的乡村文明》,《中国社会科学报》2014年5月14日。

型政治体制形成，国家权力下沉至底层社会，彻底打破了传统乡村的秩序和格局，特别是政社合一的"人民公社"体制，终结了"乡村自治"的历史。一直到了改革开放之后，"乡村自治"的理念才又重新回到历史的舞台，20世纪80年代自上而下推动村民自治工作。"全面推进村民自治，也就是全面推进村级民主选举、村级民主决策、村级民主管理和村级民主监督。"[①] 1982年，我国修订颁布的《宪法》第111条，规定"村民委员会是基层群众自治性组织"。村民自治是中国农村基层治理在新时期的伟大创造，它既适应了联产承包责任制，又能与市场经济相耦合，激发了基层民主政治建设的生机和活力。

村民自治和传统社会的乡村自治从形式上看都是一样的，都是依靠乡村精英或者乡村领头人来实现对乡村的管理。但从根本上说，"传统乡村自治适应的是传统乡土社会，绝非现代意义上的自治，与现代意义上的自由与民主并无多大关联。而且，作为外来力量的国家权力，却总是陌生的和充满侵略性的，对各种社会权威力量具有很大的控制力。仔细研究起来，古代的乡村自治并非是完全的绝对的自治，也绝无可能。封建专制的统治者是不可能放松对乡村社会的控制，也绝对不会放弃乡村"。[②] 聪明的代理人会依着专制政府所设定的轨道运行。

"事实上，为维护现实的统治利益，间接的控制手段和方法从来没有停止。从这个意义上说，传统乡村自治也是没有完全保障的，专制皇权这种横暴权力在任何时候都可以侵入乡村社会内部，传统自治权很容易被专制国家力量所侵害。从这个意义上说，古代乡村自治绝

[①]《中华人民共和国村民组织法》，http://www.china.com.cn/policy/txt/2010-10/29/content_21226000.htm。

[②] 李永杰：《乡风礼俗：不该失去的乡村文明》，《中国社会科学报》2014年5月14日。

对不是真正意义上的民主,更多是治理的需要和手段,其根本意义在于如何更好地满足皇权统治的需要,在于皇权为降低统治成本、稳定农村社会,而将化解农村社会矛盾交给乡土社会力量,同时也把农村公共产品的供给责任交给农村社会自身承担。"[1] 而新时期的村民自治制度则是一种民主的制度,传统自治制度中的"皇权""族权"和"绅权"消失后,农村的治理精英通过村民民主选举的方式公推出来。而与古代社会利用"乡风礼俗"这样的隐性规则的治理方式不同,新时期的村民自治是通过各种正式规则进行治理,即使是乡规民约,也是客观规则,虽然以前的乡风民俗也还部分存在,但相对来说影响已经较小。所以说,现在的村民自治制度比古代的自治制度是更接近"自治"理念的。

对于村民自治制度来说,其中的核心就是"村两委"。"村两委"就是村党支部委员会和村民自治委员会的简称,习惯上前者简称为村支部,后者简称为村委会。"村支部的职能是宣传共产党政策、帮助党的路线方针政策在基层的落实、带领广大基层人民在党的领导下发家致富奔小康。村委会是村民民主选举的自治组织,带领广大村民致富,协助乡镇政府工作。"[2] 广大村民是通过民主选举出来的"村两委"来实现对乡村进行管理的。而"村两委"的核心就是村干部。从理论研究上看,徐勇教授认为,村干部具有"代理人"和"当家人"的双重角色。[3] 也有学者认为村干部是村民利益的"监护人",是村庄的"庇护人"。不管是哪一种理论,都强调村委会干部对村庄的积极意义。村干部由村民民主选出,当然应该为广大村民的

---

[1] 阳信生:《从传统到现代的乡村自治》,《文史博览(理论)》2010年第6期。
[2] 《村两委》:http://baike.baidu.com/。
[3] 徐勇:《论乡村管理与村民自治的有机衔接》,《华中师范大学学报》(哲学社会科学版)1997年第1期。

利益着想。在安村,我们从访谈中听到了很多关于干群关系的积极描述。

> 村干部要正,如果上面不正的话,下面就会有问题的。选举最能反映一个村好坏,许多村拉票、买票、送东西,这个民风肯定不好,老百姓没有觉得庄严,但我们村从来没有发生过。老百姓真正选出自己的当家人。金五九第一任书记,前年离开了,但记挂他的人还很多。一届届都做得好的。(访谈对象16)

> 我们实行的以法治村,即使极个别人违背村规条例,我们也是依据法律制定的,进行处罚,所以不会出现集体性对抗事情。(访谈对象15)

> 村里从来没有上访、信访。我们安村这么多年以来一直都是先进村,村民都很善良,百姓和谐。(访谈对象18)

在安村,从村干部到普通村民,大家都非常认同安村拥有良好的干群关系。关键是村委会能够严格地依照村民自治进行管理,几任村书记都得到了村民的拥护,村里从来都没有上访户,也没有出现集体性的对抗事件。

其次,社会秩序更重要的还体现在村民交往和互动模式上,一般我们通俗地用"民风"来形容这种交往秩序。民风指代的就是一个社区所表现出来的精神文化特征和人们交往模式,是特定社会文化区域内历代人们共同遵守的行为模式或规范。如果没有这些被村民广泛认同的、约定俗成的道德约束或民间法则,在市场经济大潮中,人际交往也会按照"经济人""理性人"的原则展开,乡村治理秩序难免会发生改变。以前我们经常听到的世风日下的唏嘘,现在在很多农村也成为一种现实。

反映这种民风之变的内容有很多,其中很关键的一点就是人与人之间的关系。在农村,邻居是家庭生活与社会生活之间的重要纽带,"远亲不如近邻"这句古话足以说明邻里关系的重要性。《孟子·滕文公(上)》说:"乡里同井,出入相友,守望相助,疾病相扶持,则百姓亲睦。"就描绘了一幅邻里相亲的美好图景。尤其在农村这样一个"熟人"社会,"守望相助,葱酱相借",大家基本上属于"抬头不见低头见",邻里关系的运转,对整个村子人群素质、道德水平有深远影响。从某种程度上说,农村良好的邻里互动,可以构筑起一个"共同体",成员在行动上紧密关联、频繁互动,在情感上相互守望、彼此认同。农村邻里关系的温馨友善、相互依靠、彼此信赖,让城市人十分向往。当然,城市化、工业化、信息化等的冲击,正在改变着农村的这种人际关系。

乡村淳朴和睦的邻里关系,犹如一首歌谣,让生活在"钢筋水泥森林"中的城市人羡慕和向往。但突然之间,原来居住在农村的广大农民融入小城镇生活之后,居住环境、生活模式、邻里关系发生改变。管理模式由原来分散的行政村—村小组转为集中的街道—社区;从人情共享转为资源共享;周边邻居由原来的亲属血缘关系转为非亲非故的关系;居民的身份由农民转为农业工人。"城镇化进程的加快,使传统美德在现代都市人的身上似乎再难觅踪影。高楼大厦不但阻挡了邻里间亲密交往,更成为阻隔人们心灵沟通的无形屏障,一个个家庭成了楼海中的孤岛,同处一隅的邻里却互不相识,不和陌生人说话和老死不相往来的小国寡民生活状态已成我们现代都市生活状态的真实写照。"①

---

① 陈海标:《谈农村小城镇化过程中的邻里关系建设》,《中国商界》2013年第7期。

第六章
社会潜能：自发维持中的村落秩序

那么安村的邻里关系如何呢？是像中国其他乡村一样出现这种居民隔膜化，还是会维持"共同体"的关系呢？在访谈中，我们虽然也观察到有疏离关系的存在，但更多村民也向我们展示了这个"共同体"的美好生活。

> 我们虽然为村里的小姓户，但是村里人互相帮助，邻居们都很关心和照顾我们，平时与他们关系也处理得很好。（访谈户1）

> 村里人与人之间关系都好，比以前好，以前在生产队干活和在宅基地纠纷上有矛盾，现在少了。现在土地没了，这些传统纠纷也就没了。（访谈户2）

> 我们这几户邻居都很好的，像一家人一样，哪怕有什么东西没有了，就拿一点了。婆媳关系以前都是因为经济条件不好，婆婆总想向媳妇拿点，媳妇也想向婆婆拿点。现在老年人自己都买了养老保险了，哪怕不买每个月也有380块钱。（访谈户7）

> 村里红白喜事，挺热闹的。邻居互相不收钱的，亲戚之间就收点钱，礼尚往来。红白喜事，在饭店里办的，就不用帮忙了，在家里办的，邻居、自己人就会去帮忙。村里左邻右舍间交往走动还是比较多的，平时家门都是开着的，饭碗都是手里端着走，互相串门。（访谈户5）

> 离婚的情况，村里不太有。农村里对离婚还是重视的，各方面的压力都很大。我们这里还是比较传统的，就算相处不是很愉快，但真要离婚，要考虑的问题还是挺多的。（访谈对象23）

当然，由于安村靠近经济开发区，所以经济发展的同时也带来了大量的外地人，外地人多起来了，本地人与外地人之间难免会有矛盾。

主要是因为房租相对便宜，据村民介绍一般100~150元一个月一间，老房子70~80元一个月一间，再差一点的房子20~30元一个月一间。所以在经济开发区打工的很多外地人会在村里租房子。不同的语言、不同的文化、不同的生活方式，在相处过程中难免会有摩擦，但处理起来还是比较温和的，也没有发生过什么大的冲突。访谈对象讲述了自己和外地人交往的经历：

> 就是有一天我到河边去洗衣服。外地人在洗衣服，她是这样的，全部脏的衣服拿到河边去，不像我们是洗好了到河边去，漂一下。她们要蹲很长时间。但我跟她说，她就让给我了，她很好的。不过她跟我说，我们这边有个本地的，说话不客气的，说这河是她的，我就是不让她的。她们其实也有自我保护意识的。其实，她们就是这个习惯啦，河边占的时间比较长，你跟她好好讲，她会让的。大家只要好好沟通其实没关系的，外地人水平也比较高的。（访谈户8）

> 外地人和外地人打架的多，他们吵架产生的后果一般我们买单，和本地人一般不吵，矛盾也少。本地人一般不和他们吵，会让着他们，稍微吃点亏就算了。现在好，前几年也有外地人在马路上收保护费，后来打击了就好了，外地人大部分是好的，文化程度低。（访谈户9）

因为这种良好的邻里关系以及外来人和本地人的关系，所以整个安村的社会治安非常好。一般没有恶劣的刑事案件，只有一些小偷小摸的事情。

没有恶性事件的。倒是强奸，九三九四年的时候，我们一个职工上班，半夜给按住了，但是就是吓了一跳，后来我们跑过来了，那个人也爬起来了，没抓住不能算。外地人和外地人打架的多。

抓住过小偷，这样的，第一次他来偷了，后来我说第二次他肯定还来的，人家说不会再来了，结果又被偷了，第三天晚上他来了，我们抓住了3个人。（访谈对象15）

现在村里的社会风气好，很少有斗殴和偷窃行为，希望这种状况能够继续保持下去。（访谈户1）

吵架调解可能一年最多一两次，也可能没有，一般是婚姻什么的情况。以前困难嘛，婆媳关系什么的多，但现在很少了，经济条件好了。

村里没有混混的。有一个吸毒改造人员，现在40多岁，已经戒毒了，身体不好，靠低保生活。他在外面吸毒，生了病才回到村里的。单身，父亲已经不在了，母亲有职工养老保险，一个月一千多，他和他母亲分开的，因为一起住的话，他不能有低保的，所以是分开住的。（访谈对象18）

社会秩序是外在的，却是建构在社会大众心理之上的。前文在谈到社会秩序的时候，笔者就指出社会秩序包含一种社会成员的期望。良好的社会秩序与村民大众的积极社会心理有关系。如果是一种消极的社会期望，其对社会秩序的侵蚀将渐趋明显，会逐渐产生一种紊乱的秩序。在个体心理和社会秩序之间，既是对个体心理的反映，又是对社会秩序的映射的东西，就是社会心态。"简单来说，社会心态是人们对自身及现实社会所持有的较普遍的社会态度、情绪情感体验及意向等心理状态。在社会心理学看来，社会群体虽然来源于每一个社会个体，但它却以一种整体的形态存在并影响着每一个个体，使每一个社会成员无法摆脱群体内存在的情绪、情感和思想意识的影响，从而形成了所谓的社会心理（social mind），即某一社会群体所共有的认知、情感、情绪等心理现象。这些心理现象，在不同层次的群体中所体现出来的就是这些群体的群体心理（group mind），而当群体扩大为某一个层面的'社会'之后，群体心理就成为相应的社会心理，直至整个社会的社会心理，就是社会心态。"① 一种社会心态必然伴随一种社会期望，而这种期望则必然形成一种社会秩序。所以聪明的治理者也会利用通过对社会心态和情绪的调控来调整社会期望。通过对安村村书记的访谈，我们了解到村子以党员或老人为核心，重点发挥他们的作用，来构建整个村子的情绪的变化。

> 我们看重老年人，福利是上半年下半年各一百元钱，重阳节发油，有老年人630多人。过年的时候会发点东西，让他们高兴。我们这老年活动中心也建得很好。一般老年人能带动家庭对村子的信任。老年人有宗教信仰的需求，不能堵要疏。我们把庙重新修了，有300~400位老太婆去念经。宗教劝人向善。去年修庙赞助59万元，主要是老板和老百姓。把老年人吃斋饭的后堂也搞好了。（访谈对象16）

安村保持了一种比较淳朴比较传统的社会秩序是确切的，但安村也并非没有变化。经济的发展，外来人口的增多，各种新技术的发展，这些现代化的要素也在改变着安村的治理逻辑和人缘秩序。

---

① 马广海：《社会心态的概念辨析》，《光明日报》2014年4月2日。

> 以前事情做好了，别人喊一声就去帮忙，不要用钞票的，小工都是帮来帮去的。分田到户以后，慢慢地，可能到了1986、1987年大家慢慢开始用钞票雇工了。（访谈对象14）

如上面这段所述，传统的互帮互助的精神正在瓦解，新的市场经济秩序也介入农村社会，所以以前帮来帮去的小工从社会性交易变成了经济性交易，从情感的互换到劳动力的买卖，价格还随着市场的行情在不断变化。

> 村里人与人之间关系都好，比以前好，以前在生产队干活和在宅基地纠纷上有矛盾，现在少了。现在土地没了，这些传统纠纷也就没了。但是现在同地方政府有矛盾，政府将土地征用后，给的安置费太少，土地征用掉以后，把子子孙孙的命根子都割掉了。现在人民的利益没有得到保障，工业区开发政府受益，老百姓没有受益。从农民变成居民，也没有受益。把土地征用掉了，蔬菜无法种，现在生活成本又很高，安置费又低。这种做法非常不公平，不合理。（访谈对象14）

这种因为征地问题产生的纠纷和矛盾就是一种新时期的矛盾了。城市化的发展必然造成大量的对土地的渴望，所以各种各样的征地纠纷就冒出来了。

归结起来，我们对安村的秩序可以形容为"变但稳定着"。一方面安村的秩序受到了大的时空背景的影响，新的社会价值开始影响到过去封闭的乡村社区，处在传统乡村里的农民对于农村的期望改变了，他们开始介入更广阔的社区空间中，相应社会秩序就会出现调整；但另一方面，安村又尽可能地保持了稳定，我们所期望的那种理想的传统的文明和价值在安村得到了保留。安村也许不是绝无仅有的，但在众多变迁中的乡村社区依然显得例外，是值得我们研究的一个样本。

第七章
互哺共生：多重合力下的村落秩序

新型城镇化背景下的乡村正在发生巨变。自古以来国家就是乡村治理的主要力量，代表着权力的维度，村落自治是中国自古以来政府对乡村治理的名义规则，不过这种名义规则实质上却是在不断变迁，不同年代、不同时期国家力量介入乡村的方式和程度也是不一样的。过去，国家希望对乡村进行绝对控制，人们被限制在乡村社区中，很难流动，人的生老病死国家都要管，当这种绝对管控模式遭遇危机后，国家巧妙地通过村民自治的方式实现了自己对地方管控的"抽离"。从名义上，国家不再直接管辖和治理乡村，而是由村民通过民主选举的方式来实现对乡村的管理。这种监督式的管理模式，一方面是适应了中国这种人口多、区域情况差异性大的国情现实，有利于实现有各区域特色的差别化管理；另一方面这种自治模式有利于发挥农民的积极性，推动内生性力量发展。不过，国家并不是完全脱离，形式上的"抽离"并不影响国家对乡村的实际控制，国家与乡村的关系从管理演变为更加精巧的治理术。我们在前文分析了当前国家通过政策手段、经济形式以及代理人的形式对乡村进行控制。国家的基本逻辑是

"稳定的发展"。新型城镇化背景下的乡村是一个矛盾频发的区域，不同的群体有不同的利益诉求，当他们之间这种利益不可调和或存在抵触时，冲突就不可避免地发生了。所以国家实际上要面对一个发展与稳定的实践矛盾，国家既要实现乡村的大发展，又不愿意面对乡村"失控"的局面，因此国家的力量在乡村中的表征内容是一种开放与约束的共同体。

国家在乡村中的权威遭遇市场的挑战是近些年来的事。过去，中国的农村是一种自给自足的自然经济，以种植业为主的中国农业模式基本可以实现自给自足，也基本上没有市场交换。虽然中国在明末清初时就有所谓的资本主义萌芽，但这种手工业的发展基本被限定在城市，农村的经济发展是近代才有的事。但20世纪的战争及政治运动基本将中国农村的所有基础摧毁，一穷二白成为中国农村在新中国成立后很长一段时间的现实。1978年作为中国现代政治与经济的转捩点同时也是市场经济的启蒙，中国农业的发展开始从自给自足的小农意识演变到商品意识，"商品粮"的出现就是这种意识出现的代表。而随着20世纪80年代末90年代初大量农村人口向城市人口的流动，带来的是城市文化向农村区域的侵蚀，这种双向交流的过程模糊了城市与农村的边界。市场经济的原则和精神通过这样的沟通机制在农村里生根发芽。"赢利"的动力和原则也主导着农民的思维和农业发展。当然由于农村最大的资本——"土地"在中国没有办法流通，因此中国农村的市场发展并不会那么快，但商品经济和意识已经扎根，我们通过"土地经济"在农村的发展，剖析了市场是如何在农村里"肆无忌惮"的。新型城镇化是一种更加科学的城镇化过程，虽然是一种有约束有方向调控的城镇化，但毫无疑问更有可能也是一种尊重市场的城镇化。2013年党的十八届三中全会审议通过的《中共中央关于全面深化改革若干重大问题的决定》中指出,"经济体制改革是全面深化改革的重点,核心问题是处理好政府和市场的关系,使市场在资源配置中起决定性作用和更好发挥政府作用"。这一表述不仅明确了未来全面深化改革的重点所在,更对市场的地位和作用进行了重新定位。市场的重要性越来越大,市场的逐利冲动与国家的稳定发展逻辑究竟会是一种什么样的关系呢?国家与市场在乡村的大舞台上表演会不会侵蚀到社会的自有价值?社会的力量如何在这种大变迁的时候抵抗这些力量的作用?

如果说政府是一只看得见的手在操作,市场是一只看不见的手在运作,那么,社会在这点上与市场很相似,我们也没有办法从社会力量的背后勾勒出一个实体。它其实是社区成员共同演绎、互动的结果,是历时性的产物。正如涂尔干在对社会事实概括时所使用的"突生性"的特征,社会的力量也拥有一种"突生性"的特质,你可以在社会成员的个人身上去找到一些蛛丝马迹,但你如果想要准确地去描述这种整体的性质和力量的大小,你就必须从整体上去探掘,它是集体层面上的事情,而不是个人身上所有特质的一个简单累加。我们在前文里分析了社会性力量在村落里的体现,从正式的规章制度,到非正式的文化礼仪,各种社会事实共同促成了非常良好的社会秩序。

国家、政府与社会三种力量在新型城镇化的大背景下在村落中相互作用,共同演绎中国乡村的当下秩序与生态。接下来,我们将着重分析这三种力量之间是如何相互作用的,以及它们是如何对乡村秩序产生影响的。

一 国家与社会:张力与平衡

列宁说:"未必能找到第二个问题像国家问题那样被弄得混乱

不堪。"① 国家是一种凌驾于社会之上的强制性力量，是社会发展到一定阶段的政治组织形式，是基于对社会的统治和管理而产生的。国家的核心特征是强制力，通过强权和暴力推动社会秩序的建立和保持。国家要承担的职能有很多方面，政治的、经济的、文化的和社会管理的。起初国家主要承担的职能是阶级斗争，但随着阶级矛盾的调和，这种统治性的职能对于国家来说已经逐渐在减少，相应地更多的要承担社会管理和经济发展的职能。如向国民提供公平的教育、卫生、文化娱乐、社会保障和安全的环境，为经济发展提供良好的政治环境和公平开放的市场环境等。这是现代国家与古代国家在职能上的一个重要区分。

本书第二章专门分析了"国家－社会"的框架，详细描述了四种国家－社会模式：强国家－强社会模式、弱国家－弱社会模式、强国家－弱社会模式和弱国家－强社会模式。很显然这是一种静态的关于国家与社会的状态描写，如果用动态性的观点来衡量的话，我们可以匹配出四种动态性的过程：国家与社会的相互促进、国家对社会的侵犯、社会对国家的反抗以及国家与社会的不合作。长期以来，西方国家的政界和学界，中国的部分政府官员和主流学者都一致断言说：中国是典型的"强国家、弱社会"模式。② 按照西方传统的理解，中国的国家体制是模仿苏联建立起来的，是一种全权主义国家，是一种在单一政党领导下的政治、经济和社会高度一体化的国家。全权主义的核心就是"权"，通过国家的体制和制度运作把国家权力全方位扩张到整个社会的各个角落，整个社会没有不为权力所控制的空间，即便是私人空间也在所难免。天网恢恢，疏而不漏，权力的这样一种全覆

---

① 《列宁选集》第4卷，人民出版社，1960，第42页。
② 寒竹：《中国是"强国家、弱社会"吗?》，《社会观察》2012年第8期。

盖的特征，传统社会是做不到的。中国有句老话——"皇权不下县"，县以下的民间社会因无权力染指，它是相当自由的。但古代做不到，现代能做到。全权主义之所以全，就在于它掌握了社会的生产和正常运作的所有资源，通过对所有资源的掌控，国家就能够做到对所有领域的监控和监督。一旦这种体制建立起来，就只存在国家对社会的不断侵犯的过程。这种侵犯不仅体现在对城市市民社会的影响，也体现在农村社会秩序中，国家作为一种强权力量把农村中不合规则的地方和由下到上自发性的内容都去除掉。

这种抹杀和侵犯体现在很多方面。国家对乡村的控制体现在行政组织方面的控制和人的控制两个维度上。首先是行政组织上的控制。晚清和民初政府在乡村社会进行基层政权建设时几乎都采取了"乡村自治"形式，虽然以所谓的"自治""民权"为口号，但究其实质仍是"官治"和"绅治"。当时就有人指出："今日称地方自治者，不曰自治，曰官治也，吾则曰非惟官治，亦绅治也，绅治、官治，一而二，二而一者也。"[①] 中国早在国家制度层面上已经实现了村民自治，由村民自己选举当家人，实行民主选举、民主管理、民主决策、民主监督，从而赢得了农民对国家政策的服从。关于村民自治的理想观点认为，村民自治的推行表示国家政权开始从乡村社会撤出并退回到乡镇一级，乡镇成为国家权力的末梢，同时一个以农民为主体的"公民社会"已经或正在形成。[②] 另一种观点则怀疑"村民自治到底能够走多远"？这种观点认为，由于受制于"黑金政治"、宗族势力的操纵，村民自治难有前途。事实上，目前农村基层存在着两套交互作用的权力系统，一是自治系统，一是党组织系统，它们共同分享政治权力（包

---

① 吴永明：《清末民初的地方自治论》，《江西社会科学》2001年第3期。
② 吴理财：《20世纪村政的兴衰及村民自治与国家重建》，《当代中国研究》2002年夏季号。

括行政权力），而且前者必须接受后者的领导。尽管原来公社体制的"三级组织"不复存在，村委会替代了原来的生产大队的职能，但党的乡村组织并未削弱，其功能反而在实行村民自治后进一步加强了，它在相当程度上行使着国家政权的职能，国家的意志主要由党的农村基层组织和乡镇政府贯彻执行。村民自治行政组织至少在名义上还是自治性的组织①，所以说，实际上，国家通过村民自治的行政组织巧妙地实行对乡村基层社会的管控。

如果说村落里的行政组织至少在名义上还是自治性的组织，但由党员构成的党的组织系统以及人的体系则是最直接的国家控制的手段。农村基层党组织是党在农村全部工作和战斗力的基础，农村党员是党在农村的骨干。党的十七届三中全会指出："推进农村改革发展，关键在党。要把党的执政能力建设和先进性建设作为主线，以改革创新精神全面推进农村党的建设，增强各级党组织的创造力、凝聚力、战斗力，不断提高党领导农村工作水平。"② 中国的党组织体系是最健全、最深入的，不管是城市还是农村，也不管是政府部门还是企事业单位，党的体系都能达到最广泛的覆盖。以安村为例，安村有党员 90 多人，有些党员长年在外，但留在村子里面的也还有四五十人。这些人要经常参加一些党的路线宣传的教育，在村子里的大事小事上还是有一定的影响，他们被要求按照党的政策和国家的规范起到示范的作用，在私人利益与国家利益有冲突的时候，服从大局。作为有身份的人，当发生社会冲突的时候，他们需要充当冲突的调解者和冲突的化解者，所以他们在很大程度上是国家权力在乡村的代言人。笔者进入安村访谈时曾参加过一次党的群众路线的宣传教育会议，会议中不但

---

① 吴理财：《20 世纪村政的兴衰及村民自治与国家重建》，《当代中国研究》2002 年夏季号。
② 《中共十七届三中全会在京举行 胡锦涛作重要讲话》，《人民日报》2008 年 10 月 13 日。

有关于路线教育的宣讲，也有要求党员对村支部委员作评比。这种会议很多，党员的示范作用其实就是一种控制和调解的力量，确保村民的公共生活空间会遵循道德和规约的要求。

在传统的乡村社会，由于家族血缘组织的强大，所以很多的乡村社会职能是由宗法组织来完成的。个人从出生到教育、从结婚到生育、从财产分配到司法裁决，基本上都是由宗法组织管理的，不需要由国家力量来介入。以现代社会最常见的由国家力量来介入和管理的"司法"领域为例，费孝通在他的名著《乡土中国》中就提出了一个有名的论断——"无讼"。简单说，就是中国乡土社会很少有打官司的现象。在这篇文章中，费孝通通过一个简单的个案——某人因妻子偷人打伤奸夫、奸夫到法院告前者——就提出了一系列抽象意识形态化的基于个人权利的法治话语和实践很难回答的问题，传统"礼治"的正当性和有效性，法律与其他社会规范的关系，法治实践的合法性和正当性基础，法律移植的可能性和现实性，个人主义与社群主义的冲突等。[①]"无讼"不等于没有冲突，只是解决冲突的机制不一样。国家法律充当的是最后的救济作用，而其他大部分冲突——"户婚田土钱债等薄物细故"主要是依靠民间力量以调解的方式解决。中国民间素来就有调解的传统，民事纠纷甚至部分的刑事案件都是通过民间调解的方式来解决的。

从文化的角度分析，中国的调解传统建立在中国和合文化与无讼观念的基础之上，并与道家"无为而治"的政治理念有内在的关联，调解作为中国的法律传统是与礼治和人治的社会形态紧密联系的。作为中国法律传统的调解，是在礼治和人治的传统中生长出来的。充当调解人角色的往往都是一些乡村绅士或者宗族组织里面的

---

① 转引自朱苏力《费孝通与文化自觉》，《人民政协报》2010年11月1日。

"长老",他们在乡村中拥有一定的权威,他们发表的意见具有权威性。司法领域只是一个案例,如果连刑案司法都可以在乡村内部的机制里去解决,其他诸如教育、婚姻、财产分配就更不需要国家力量介入了。

但到了现代社会,不管是在城市还是在农村,个人的教育、就业、婚姻等都被国家严密管理着,国家的各种制度和政策深入到最基层,生育体制、教育体制、婚姻体制、就业体制、保障体制、司法体制等等。所有的国家及其所建立起来的规范体系也同样约束和管理着农村,传统的宗法组织解体了,乡村也不再拥有高权威的人物和组织可以来代替国家解决乡村纠纷。司法领域的礼治早已让位于法治,任何的民事纠纷和刑事案例也均会纳入国家的司法框架中去解决。公共舆论领域在农村也基本为空白,没有非政府组织,也没有教会和其他团体组织等,村委会基本上就是乡村唯一的组织了。如果非说有的话,那唯一算是体制外的就是寺庙了。笔者曾经在安村观察过寺庙里香火旺盛的状况。以下内容是当时的观察日记:

> 今天是月半,村庙的习俗是初一、十五到庙里烧香、念佛。庙门6点半就开了,7点左右陆续有人来烧香,点红蜡烛,年纪大的人多些。庙里还有念佛的人,村民把念了祝福的两张符咒交到这里,一个年长者把符咒的主人名字写下来,然后把符咒分别放在两个红箱子里(之前我帮老太太糊过的那种红箱子),据观察大多是本地人来送符咒的。其中一个箱子的符咒要烧到土地公公那里,另一个则存在庙里,相当于银行的存折一样。中午的时候,有人来给念经的团队送上一个馒头,两个橘子,他们也送了一份给我。

国家有一个丰满的政治理想，就是塑造和谐社会。社会主义和谐社会，是党中央在 2004 年提出的一种社会发展战略目标，指的是一种和睦、融洽并且各阶层齐心协力的社会状态。2005 年以来，党提出将"和谐社会"作为执政的战略任务，"和谐"的理念要成为建设"中国特色社会主义"过程中的价值取向。"民主法治、公平正义、诚信友爱、充满活力、安定有序、人与自然和谐相处"是和谐社会的主要内容。这里的"社会"虽然描述的是一种总体的社会状态，但也符合本书关于社会的定义。和谐当然也包括政府与社会之间的良善关系，政府的施政可以促进社会的活力，而社会的活力反过来可以增进政府的绩效。但政府与社会之间的关系却变得富有张力，实际的状况是，政府对社会的约束并没有放松，社会力量的发展却在消解政府的影响力，所以和谐的理念中存在一种微妙的张力。但如果从力量的对比上来看，显然是国家力量要完胜社会力量，社会的空间已经很狭窄。

二 国家与市场：对抗与"合谋"

国家与市场的关系虽然不是亘古即有，但至少在近代以来关于国家与市场关系的讨论甚为热烈。从发生学的意义上来说，国家与市场有着共同的起源，是社会分工发展的必然，虽然承担着不同的社会功能，但至少都维系和保障着社会分工。国家维持着社会的基本政治秩序，而市场通过交易促进经济秩序。

相对于国家，市场的核心价值是自由交换。最古老的交换方式是偶尔的物物交换，这早在部落时代就有了。虽然这种交换只是偶然的，极其简单的，时断时续的，但至少这种交换是市场形态的萌芽。每一次互通有无的交换也促进了双方的消费效用，刺激了消费欲望。随着劳动生产力的增长和社会分工的扩大，绝对剩余产品的出现和增加为市场交换做好了准备。个人财产的出现为个人所有制奠定了基础，而个人所有制就是市场交换运作的基础。

一般而言，作为商品经济的范畴。市场具有三个层面的含义：一是指商品交换的场所；二是指商品交易各方为各自利益所形成的各种经济关系的总和；三是指一种调节社会经济运行的机制。[①] 对于中国来说，由于户籍制度的作用，城镇与乡村一直是处于封闭隔绝状态的。城市与农村不管是在人口，还是其他物质资源方面的流动上都是非常困难，几千年的历史固化了这种隔绝关系。由于劳动生产率低，自给自足的小农经济仅能满足家庭生活的需要，剩余的勉强只能交纳公赋私租，没有剩余产品可以用来交换。而且国家对各种生产严格的管控，也阻止了这种交换的产生。所以几千年的农业经济发展也没带来农村交换市场的发展。新中国成立后，很长时间都是计划经济为主，农业的发展也是受计划思维管控，所以也不可能产生市场思维。主要的生产资源和生活资源也都是用票据来交换。直到1978年家庭联产承包责任制得到国家认可之后，中国农村才迎来大的生产力解放，农民有较多剩余产品可以出售，商品经济渐渐在农村生根。20世纪80年代以来，大量农村剩余劳动力进城，促进了农村和城市的交流和互通。特别是进城的农民再返回农村时也将城市部分的精神和文化带到农村，市场精神的核心内容也在农村得到发展。市场本初的精神只是一种交换模式，但是市场交换的发展也为拜金主义等市场外部性的增长创造了条件。

所谓外部性（externality），是指个体经济单位的行为对社会或者其他个人部门造成了影响却没有承担相应的义务或获得回报，亦称外

[①] 张卓元主编《政治经济学大辞典》，经济科学出版社，1998，第116页。

部成本、外部效应或溢出效应。① 这种外部效应有正向功能也有负面影响，如市场意识促进了社会生产力，而市场交换带来拜金主义、利益至上、环境污染等。城市化进程的推进，农村和城市有了密切交流，显然促进了现代意识、市场精神和外部性在农村的增长。

市场的正外部性是显而易见的，其带来的变化可以用经济成效来客观衡量。我们必须承认，多年来市场化改革的确在调动农业生产积极性，促进农业增产、农民收入增长方面做出很大贡献。但负外部性则通过"润物细无声"的方式悄悄地改变着农村的生态。市场经济作为调节经济发展的一种方式，其自由、自愿、平等的核心理念的发展使农村的半自然经济、自给自足经济发生了解体，农民的生活日益融入了市场经济的大潮。这种融入和改变使传统的农村社会关系和社会结构发生了根本性的变化。

过去，农村作为封闭性的社会，农民一般都是日出而作、日落而息，生活半径固化，家庭结构稳定，长期共同生活，从而形成一种扩大化的家庭结构模式，由于受中国传统家庭伦理的影响，家庭关系和谐；邻里之间是一种和睦的乡邻关系，能够相互帮助，农忙季节可以相互调节劳动力，有重大活动，能够全村一起上，此时亲情关系重于物质利益关系；传统农村社会注重的是道德本位，而不是能力本位，在人际交往中，注重的是个人的道德修养，而不是个人的能力水平。

但是市场交换原则的发展，改变了传统农村社会中人与人交际的模式，市场经济强调市场效益，人和人之间的关系首先是物质利益关系，很多的关系变成了市场化，村民之间如果需要帮助，也必须按照市场的准则来进行，通过货币交换的方式来计算人情利益。正如前文

---

① 《世界经济名词解释整理经典》，http://3y.uu456.com/bp-bqqqa4bb71feq10ef02df82f-1.html。

所讲，人与人之间的互动和沟通模式由以往的互惠型理性演变到算计式理性。过去家境贫寒还可以利用自己的力气或是一技之长，通过换工等方式，换取别人的帮助，维持基本的生活。如今就必须到市场上去出卖自己的劳动力，如果年老力衰或所长之技无市场需求，则其生活就会相当艰难。即便是传统社会浓浓的亲情也让位于经济利益的考量，过去和睦的家庭关系因为经济利益的牵扯日益变形以致解体。评价一个人不再主要依据其道德修养，而是依据其能力，尤其是经济活动能力。这样，农村作为保留中国传统文化与观念最多的阵地，不可避免地与现代市场的经济利益文化发生了尖锐的对立。[①]

人与人之间的利益关系的明确化不仅仅是改变了人际之间的交易原则，这种改变同时也深深地变革着整体的社会结构。过去的熟人人际关系网络被破坏，大家庭也慢慢通过"分家"的方式变成了核心家庭。农村的社会整合能力变差，分化也变得可能。进城的农民工和留在农村中的农民之间有了隔阂。过去基于土地的群体内差异被抹杀后，中国农村慢慢形成的平等格局还没有建立多久，新的阶层分化又变得可能。有些人通过进城打工或经营手工业或其他产业迅速致富，而依靠田地生活的农民则变得贫困了，同一个群体内部产生了分化的格局。

相较于国家权力而言，市场力量在农村出现是晚近的事了。市场经济使地方基层政权稳定与管理功能发挥面临着严峻挑战。市场经济是一种自由经济、自为经济、自主经济，其发展使农民摆脱了过去对政府的完全依赖性。这种依赖不仅体现在生活资料的依赖上，也体现在生产资料的依赖上。联产承包责任制 30 年土地政策不变的承诺，客

---

① 包巧英、黄立志：《试论社会主义市场经济对农村社会的影响》，《重庆科技学院学报》（社会科学版）2010 年第 9 期。

观上使留村务农的农民与地方政府的关系更加疏远。而进城农民在城市里生活久了，现代性不断增强，自我认知、个人权利保护意识增强，敢于对家乡的地方政府的一些做法进行抗争，使一些不能与时俱进的基层政府失去了权威性与公信力。目前，不少基层乡镇政府没有丰厚的、合理的财政收入保障，在一定程度上，削弱了基层政府提供社会福利的能力。由此可见，市场的发展首先产生了农民与政府的对抗，这主要是因为其作为两种力量，代表了不同的价值观和影响方式。

从某种意义上来说，国家与市场之间的互动体现在它们之间的相互制约、相互促进上，但进一步则体现在其对社会的"合谋"上，它们共同演绎着对"社会"因素的侵蚀，比如改变人们的观念，分化传统伦理价值，社会结构原子化，等等。从前文的分析我们发现，中国就是强国家弱社会的传统，政府的强大无形中抑制了社会的自主性，从根源上来说，政府是不希望看到"社会力量"强大的，这是基于一种稳定的考量。而市场的出现则进一步分化社会的力量。所以，市场经济时代，政府与市场是一种既"对抗"又"合谋"的关系。

三 市场与社会：合作与共生

市场与社会都是在国家的树荫下生存的力量，国家与社会，国家与市场之间都存在一种张力，但同时国家也在建构市场和社会。如果就社会与市场两者而言，他们同样也是既有张力也有合作。

1776年，亚当·斯密在《国富论》中揭示了"市场"这只"看不见的手"的作用，这是社会实现自发秩序的前提。他的基本观点是，个人在经济生活中只考虑自己利益，受"看不见的手"驱使，即通过分工和市场的作用，可以达到国家富裕的目的。[1] 后来，"看不见

---

[1] 〔英〕亚当·斯密：《国富论》，中国华侨出版社，2010，第10页。

的手"便成为资本主义完全竞争模式的形象比喻。其特征是生产资料私有制,人人为自己,自由获得市场信息,参与自由竞争,无需政府干预。以亚当·斯密为代表的自由主义者认为,"西方19世纪中叶市场调节是一个非人为建构的很完备的市场,是自生自发演化而来的,其背后的哲学是自生自发的。所以政府就要退出去不要干预,否则这个市场肯定毁掉"。[①] 这种观点后来遭遇到另外一位经济史学家的挑战。1944年,波兰思想巨匠卡尔·波兰尼发表《大转型》一书,"通过对经济史材料和人类学的方式发现,19世纪中叶的这么一个市场不是自生自发而来的,而是政府通过法规、政策和其它各种制度建构起来的。由于这样一个市场会导致社会不公,就会导致另外一种运动——社会。社会不是人为建构的,它是去抵制市场和干预市场"。[②] 所以这里的社会与市场是对抗性的关系,社会为了更好地保护自己,所以会兴起一种社会保护运动,它需要依赖自己或政府建构一种公平的机制。这是经济学史或社会学史非常具有代表性的关于社会与市场关系的两种观点。总结起来,一种观点认为市场是万能的,它可以实现自发的社会秩序;另外一种观点却恰恰相反,市场不仅不是万能的,反而是在破坏社会的秩序,它们之间是一种对抗性的关系,需要依靠政府的帮助和社会自己的力量来达到平衡。

为了更明确地探讨市场与社会的关系问题,首先有必要澄清的就是市场与社会之间的界限在哪里。德国著名社会学家卢曼对现代社会理论贡献最大的就是功能分化的社会理论。卢曼认为,现代化社会就是一种功能分化的社会,而与之相对的则是欧洲中世纪和古代帝国的

---

① 〔英〕亚当·斯密:《国富论》,中国华侨出版社,2010,第10页。
② 转引自邓正来《邓正来:市场、社会与政治》,中国农业大学人文与发展学院"农政与发展"系列讲座2012年秋季学期第十一讲。

功能交织在一起的社会。现代社会分化成政治、经济、法律、教育、科学和艺术等不同的、独立自治的功能系统,每个系统都有自己明确的边界,每个系统内部都有自己的角色、编码、语言、属性,每个系统都有自己独立而不同于其他系统的运行机制和运行逻辑,每个系统都为整体社会履行独特的、不能由其他系统来替代的功能。[①] 政治系统有政治系统的边界与逻辑,法律系统有法律系统的边界和逻辑,同样市场与社会也各有自己的运作范围和边界。

放任自由(laissez-faire)的市场经济理论即是所谓"市场原教旨主义",坚持认为市场可以达到自动的经济效益。不需要借助任何的政府干预,市场可以促进经济与社会的平衡,当社会失态的时候,市场可以自动进行矫正。这种在20世纪80年代里根时期达到高点的"市场的魔术"演绎的法则被认为是万能的,很难划定其边界。但同时关于市场的弱点和有效性的讨论也很热闹,一个最根本的讨论集中在市场与公正的探讨。市场化的崇拜者们经常引用哈耶克的"自发秩序"理论反对强调公正与平等的意义,但从实践意义上,社会里贫富分化和不公正现象的突出却引起了学术界的关切。

市场经济是一种效率导向的经济形态。对于微观经济活动主体而言,在竞争性的制度环境下,生存状态与效率状态有关,所以资源配置和竞争法则是市场经济社会的本来法则,是市场竞争的基本要求。市场经济的精髓是自由竞争和由此带来的高效率,但由于无法否定的人类差别(智力、机遇、性格、遭遇等),即使在同样公平的规则下开展自由竞争,人们也不可能获得完全均等的结果。因此,在价值规律作用下,完全的市场经济必然导致社会分化和贫富悬殊。另外,市场的原则都是自限性的,它只是保证经济竞争的,所以必然是最少

---

① 刘涛:《中国崛起策》,新华出版社,2007。

的制度约束才能保证最大的活力和效率。这跟社会的规则恰恰相反，社会的存在恰恰是以各种正式规则和非正式规则为前提的，是被规则包裹起来的。在这点上社会和政府是一致的。当市场越强大的时候，社会和政府就越弱小。而当市场弱小的时候，就有可能是大政府或者是大社会。

当金钱可以买到一切时，恰恰就是需要对市场手段进行反思之时。2012年，著名哲学家桑德尔写了一本《金钱不能买什么?》，开始反思市场行为追求社会效用最大化是如何对社会造成破坏的。桑德尔本人仍然是市场经济的拥趸，在他眼中"市场仍然是一种伟大的配置资源的手段"。但是他认为，现在的社会已经不是市场经济的社会，而是被市场原则和金钱至上原则严重腐蚀的"市场化社会"了。"我们反思市场逻辑的界限，也并不是对市场的力量有什么惊慌和动摇，恰恰是我们希望更好地，更有力地运用好这个组织商品经济的手段。"[1] 市场和社会之间存在一个界限，这个界限的存在一方面既不会破坏市场的活力，能够让市场继续发挥其资源配置效率最大化的原则，但另一方面社会的价值，伦理规则不至于被市场破坏殆尽。而去寻找这个界限，维持这个平衡很大程度上却是需要依靠政府的力量去做。

市场侵蚀社会，社会要去反抗，政府来平衡，但国家又不是客观的角色，它们平衡的同时可能又要同时侵蚀市场和社会。所以这个时候市场与社会又需要结盟共同面对国家的压力，所以它们之间又存在一种合作共生的关系。

---

[1] 汾灵：《思考桑德尔之问：金钱不能买什么》，《中国文化报》2013年2月2日。

第八章
社会保育：一种理想的村落秩序

  在国家、市场与社会的互动中，国家是最强势的力量，市场是新兴的力量，而社会是最传统但又最弱势的力量。国家利用其代理人及经济和政治的手段在村落保障政策的落实及意识形态的巩固。过去，国家只需要约束社会的力量，即可保证对村庄秩序的完全控制，但新时代的背景下市场力量的出现让国家需要平衡与市场力量之间的关系，国家既鼓励市场力量的有序发展，保障市场发挥资源配置的核心地位，同时又要约束市场的边界。而市场在与国家的互动过程中，一方面弱化政府的影响力，另一方面又在侵蚀社会的空间和自发性。而社会则是最弱势的力量，过去在与国家的对抗中就处于弱势的地位，现在又多了市场的分化，社会的力量被挤压到更狭小的空间中。社会在与国家和市场的对抗中，没有找到自生成长的逻辑，只是一步步地退缩，逐渐丧失作为一种集体力量的能力。这是一种最普遍的现象。但是我们在安村观察到一种稍微有别的现象。在安村，社会的力量得到了部分的保存，文本性的制度规则明确、非文本性的非正式规则也很强大、尊师重教的文化、念经拜庙的礼俗还是具有很强的生命力，这样安村的社会秩序也得到很大程度上的保存。但是我们依然从中观察到社会秩序瓦解的前兆，安村也遇到了中国改革开放后普遍遇到的劳动力过剩及转移的问题，有超过三分之一的劳动力外出务工，他们进城后将城市的观念和价值观带进了乡村，城市的生活方式也进入了农村，传统的社会秩序遭遇到新的挑战。所以安村并不是这种社会变革的例外，只是安村有一些内生的因素，所以它只是晚一些，而不可能完全避开这种社会发展的趋势。

安村代表了一种发展的趋势，在国家、市场与社会的三维互动中，社会并没有被完全压制，反而呈现出力量感，在国家与市场的双重压制下，社会的因素有自己的生成空间和成长逻辑。但问题是多重迹象显示，这似乎并不是一种均衡的状态，也就是说社会并没有在这种三维的结构中找到足以对抗的支撑性力量。而寻找到这些支撑性的力量或者为结构寻找一种平衡性的状态也是众多社会研究者所期望的。

一 社会保育的理念

我们需要一种新的社会秩序，在这种社会秩序下，社会力量有成长的动力和环境，国家和市场的力量得到控制，三者处在一种稳定的均衡状态。因为在这三种力量中，社会一直是处于弱势地位，所以笔者把这种理想的期望称之为社会保育。

保育作为一个概念，来源于生物学。生物学中有一门专门的学科，叫保育生物学，它是一门对地球上生物多样性做出研究的学科，目的是要保护各种生物物种、它们的栖息地和整个生态系统，避免物种灭绝的威胁。它结合多个学术领域，包括科学、经济学和自然资源管理。保育生物学一词出现于1978年加州大学举行的一个会议上，它是当时的会议主题，保育生物学的研究可帮助社会制定适当的生态保育政策。保育的理念目前也在生态学上得到推广,生态保育是以保护地球上的生物单一物种群体单位,乃至数个生物所依存的栖息地,扩展至整个生态系统维护,甚至栖息地原住民文化维护的学问。① 以此类推,笔者提出社会保育的概念,也是基于相同的原理出发。

社会保育,简而言之就是对社会力量的保护,是对不平衡系统的一种纠正。首先,从系统论的观点来看,国家所代表的政治系统,市场所代表的经济系统,以及社会所代表的规范系统,等等,都是整体系统的一部分,一个稳健的系统需要各系统之间的均衡、有序组合,一个系统的不平衡会影响到整体系统。从目前三个系统的互动来看,政治系统依然强盛,后起之秀市场系统,都在侵蚀着传统社会的领域,影响着社会系统的健康发展。因此需要对社会系统进行扶助。其次,从发展的观点来看,新型城镇化为代表的农村城镇化之路不是走以往简单的老路,不是人口性质的简单变革,而是从结构上和实质上的根本变革。所以未来的农村发展必然是全面的发展,是包含生活水平提升、人际关系和谐、文化体系丰富的全面的农村发展。因此,将更加注重对社会子系统的保护。最后,从历时性的观点来看,中国农村的社会系统在过去一段时间内,经历了一段衰退的历史。依靠传统的熟人社会所建构起来的乡村社会网络及依附于其的价值体系逐渐衰败,市场伦理侵入农村社会结构,文化价值观与城市社会价值观趋同,这些都导致社会系统的矮化,所以提出社会保育也是一种矫正。

当然,保育的概念包含"保护"和"培育"的双层含义。保护是指对现在的状态的认可,是对当下情境的维护,是一种保守的含义;而培育则包含有发展的含义,是一种递进的状态。社会保育显然是指对村落发展过程自发性社会力量的保存和蕴育,一方面是希望现在的

---

① 保育生物学:http://baike.baidu.com/。

社会力量和社会秩序能够维持，另外一方面也是希望通过一些机制和方法来蕴育社会的成长，要让国家、市场与社会之间形成良性的互动关系。社会保育是一种趋势，当前的农村城市化过程是打破城市和农村樊篱的过程，界限模糊的同时，迫使多重力量之间的较量正式化，社会的领域逐渐萎缩，让位于被巩固的国家力量和新侵入的市场力量。所以，社会保育实际上是在这三种力量的平衡和互动中为社会力量的维持和发展找到位置。

  乡村社会秩序是社会保育中的对象和客体，但作为一种社会工程社会保育的概念隐含着一种主体的能动力量。因此，在探讨如何进行社会保育之前，我们首先要明确社会保育的主体。仔细分析国家、社会与市场这三种力量，我们可以发现，实际上市场和社会都是一种生成性的力量，也就是说它们都是一种被动性的力量，所有的社会成员通过一定的行为原则建构了这样一种力量，但这样两种力量都缺乏主体，没有哪一个主体可以单独为这两种力量承担责任。而国家则是这三种力量中的唯一主体性力量，因为国家是通过其代理人政府的政策措施来达成其目标的。国家并不是"无能的"，而是通过强制的国家法律和社会政策调控来达到其目的。从中央到地方，各级政府构成了国家的代理人，他们代表着国家行使国家行政的权力，同时也能通过政策和措施来调控市场和社会。在计划经济的时代，国家可以把市场的力量灭亡，而在改革开放的今天，鼓励市场的发展又成为国家意识形态的内容。同样，国家可以调控社会力量的生存空间。所以笔者认为在乡村社会秩序的塑造中，需要明确的一点就是国家及其代理人是社会保育的主体。社会保育是一项社会工程，需要国家通过其能量来进行调控，而不是一种生成性的结构。

  先从当前的中国乡村社会秩序来看，乡村社会普遍在经历一个

第八章 社会保育：一种理想的村落秩序

"急剧变革"的时代，从传统稳定的乡村秩序向一种演变性的乡村秩序过渡，是一个稳定秩序的解冻过程。国家、市场、社会三种力量之间的博弈和演变将决定未来社会秩序的稳定程度。一般来说，对于由三种力量构成的体系来说，保持稳定有两种可能性：一种是某一种力量的独大，这样可以完全压制住另外两种力量；比如国家的力量足够强大，一种威权主义和全能主义的国家生态，就能够保证整个社会的基本稳定。只是这种力量的强大是不是合法的，如果不合法，在其表面的合法性下隐藏着巨大的火药堆的话，那潜在的冲突有一天终归要爆发，这对于社会秩序来说就不是一种最佳的策略；在中国当下的情境中，显然市场和社会并没有可能取得独大的机会，那么唯有国家的力量可能会取得这种权威。在这种情况下，我们除了前文所关心的合法性问题之外，还有一个需要讨论的问题就是国家力量的正当性问题。我们可以把国家形态分为两种，开明性的国家力量和专制性的国家力量，前者显然更愿意去合理培育市场和社会的力量，也只有在这种国家形态之下，在稳定的体制下，社会保育才是可能的。另外一种就是这三者之间的契合和匹配，如果国家、市场及社会的力量能够互相支持，互相契合，那么，这也会促成一种合理的、稳定的秩序。这是一种民主的模式，也是一种最为均衡的模式，由这种模式决定，国家的力量在民主的体制下被制度所约束，而不能滋意生长，从而没有能力去压制另外两种力量，另外两种力量也可以在制度的保证下得到成长。社会保育就是指在这三者互动之中，因为一些民主机制或社会救济的设计，能够让社会的力量得到最大程度的维护和发展，从而使社会培育是可能的。

如果我们的分析模式中只包含两种力量的话，那实际上就只存在此消彼长或者平衡的模式，对系统的分析可能就会过于简单。在本研究中，针对农村社会秩序的分析，笔者构建了国家-社会-市场的三元分析模式，实际上社会秩序就是这三种力量之间互动共生的过程及结果。

中国的乡村社会秩序一直都是处在比较稳定的状态，这是因为大部分时期在乡村社会秩序的角力场上演绎的力量只有国家和社会，市场向来是缺位的。而国家和社会之间则是完美的契合，国家提供乡村的安全保障和经济保障，而大部分的社会职能则由乡村内生的宗法结构来担当，国家和社会之间互不干预，当两者发生冲突时，则由乡绅或村贤里长来协调解决。但当市场作为一种力量在乡村崛起的时候，社会秩序的分析模式就变得比较复杂。专制君主及其所代表的官僚系统的管理技术并不能先进到能够把所有的疆域内的子民都纳入标准化的治理体系中，所以他们也乐见于乡村社会实现自治。而中国的儒家传统为乡村的自我治理提供了文化根基。这些因素可以确保当专制社会比较稳定的时候，传统的乡村秩序就是比较稳定的。

以20世纪下半叶的中国社会史分析来看，其间经历了国家的力量独大、市场的崛起、社会的衰落、国家与市场的"合谋"、国家与市场的对抗、社会的反抗等过程。50年代到70年代，这段时间属于国家力量独大的时候，当时全中国体验到的都是典型的威权主义，计划完全超越市场，社会的职能全部纳入国家的管理和控制之中；改革开放后，市场逐渐成长，国家逐渐放权，在国家与市场的夹缝中，社会的力量也开始成长。90年代之后，市场的力量越来越强大，并且逐渐成长为一支可以与国家力量相抗衡的力量，市场与国家之间开始呈现合谋与对抗的关系，而且成长起来的市场加入国家的行列，共同压缩社会的成长空间。简单概括这三者之间的关系，国家与市场彼此抗衡，共同压制社会力量。这是一种不稳定的关系，三者之间没有契合的结构支撑，而是相互挤压，这种动态的演变在每一个维度上都在冲击着现在的秩序。这也是为什么我们观察到很多的乡村社会秩序在瓦解，而新的社会秩序还没有建立的原因，因为这三种社会结构的因子还没有找到一种平衡的位置。依据我们对安村的观察，正如前文所言，安村处在"变且稳定着"的状态，其原因就在于安村的社会力量依然强大，但这并不代表安村就能维持这样的状态，如果不进行有效的"社会保育"，安村迟早也会踏入中国其他乡村所经历的社会秩序的瓦解和重建的过程之中。

二　社会保育的促进

中国的农村正处于大变革中。这种大变革是包含经济形态、社会结构和社会心态等多方面的深层次的整体的变革，它符合"现代化理论"所指涉的社会变革过程。从经济形态上，农业土地承包权的确立，即使是半产权形式的制度规则，也让农村生产力得到极大解放，农业生产力得到提升，这样导致两个变化：一是农业整体生产总值得到不断提升，制度产生的积极性以及化肥等农业科技的发展等是根本原因；二是原有的农业生产力冗余被释放，大量农村剩余劳动力从传统的农业生产中解放出来，农村中的非农产业的兴起，城镇化的过程导致大量乡镇企业兴起，以"离土不离乡"和"离土又离乡"为代表的两种剩余农村劳动力释放模式促进了农业生产力的转移和有效利用。经济上的发展相应会促进社会结构的变迁。传统的中国农村社会结构是比较单一的，大部分时间是所谓的农业无产者（农民）和农业有产者（地主、士绅、手工业者、小家庭农场组织者）之间的组合，但城镇化的结果让大量的农村劳动力进城，虽然他们在城市里大部分是在非正规经济单位就业，没有享受到城镇职工的社会保障，但相比较留在农村的人而言，却拥有相对较高的工作回报，成为一群夹在农民和城市人之间的特殊群体。农民工的出现，改变了乡村的社会结构和社会生态。农民工大部分都是青壮年群体，而留在农村的大部分是老弱妇幼群体，传统的农村社会职能（祭祀、安全、结社等等）弱化并逐渐消失，这种结构的变迁毫无疑问冲击着村落集体的社会心态。市场竞争所带来的不安全心态也冲击到了农村，过去依赖土地的农业自保心态被摧毁，农民也完全投入到市场竞争中，传统的集体主义精神也被新的个人主义心态所代替。这些都深刻影响并改变着国家、市场和社会三者力量的对比，形成此消彼长的关系，这也是理解社会力量弱化的背景，是我们要进行社会保育的初衷。

首先，中国的强政府弱社会的宏观背景是我们谈论社会保育的前提。要进行社会保育并不是要挑战强政府的中国特色，相反在很大程度上中国的乡村社会保育需要通过强政府的功能去实现。一直以来，中国的乡村建设大部分都是国家引导的。中国农村的经验让中国的领导人擅长于充分运用农村的资源为国家的建设和发展服务，加上中国的农村人口众多的国情，中国的领导人一直以来非常注重对乡村发展进行引导。如果说土地联产承包责任制是农村经济改革的开始，那么，中国政府近些年所倡导的"新型城镇化"就是社会变革的开始，而这个运动本身就是我们理解新形势下强政府所推动的社会保育的绝佳样本。

前文已经介绍了新型城镇化运动的背景。2013年出台的新型城镇化的规划似乎是着眼于城镇的社会发展运动，但实际上重点在于农村的转型。过去的城镇化是一个"国家"角色缺位的城镇化，是一个"市场"力量占主导的城镇化。改革开放的政策确立了经济发展的主旨，经济发展促进了城市变革，这种城市变革无形中促进了社会结构的变化，即城镇化的过程，但这种变革并不是一种精心的规划，而是一个粗放的过程。城市扩大了，但各种城市病也出现了。农民进城了，但农村也落败了。所以形势也需要新型的城镇化，它需要纠正过去城镇化过程中的混乱和无序，而把城镇化的过程纳入国家的治理过程中。所以，新型的城镇化就是"国家"角色归来的城镇化。不管新型城镇化的内容是什么，毫无疑问，这些都是国家规划的结果，是国家有序引导的结果。有学者将中国改革开放后的经济发展过程称为国家资本主义，这是一种政府与资本结合，由国家掌握和控制的一种资本主义经济。在社会领域，中国的社会管理同样也需要国家的介入和引导。"新型城镇化的核心在于不以牺牲农业和粮食、生态和环境为代价，着眼农民，涵盖农村，实现城乡基础设施一体化和公共服务均等化，促进经济社会发展，实现共同富裕。"[①] 所以，新型城镇化本质上是一次偏向农村、保护农村的综合发展计划。而从新型城镇化的内容中可以看出，这里面很多的保护和培育都是偏向于社会层面的，是对社会力量的保护和培育。

"国家"归来，不代表"市场"远遁。笔者在前面分析国家与市场的关系时就指出，这两者之间是对立合作、此消彼长的关系。虽然说这两者中某一极的力量足够强大而完全压制另一方的时候，秩序会是稳定的。例如当国家足够强大的时候，我们会体验到一种由控制感带来的稳定，而当市场足够强大的时候，我们体验到的便是一种自由主义的稳定。但笔者这里所强调的社会保育，绝不是消灭某一种力量做大另外一种力量，任何的社会秩序都是一种系统，单纯地消灭某一种力量，也许会趋于一种平衡的秩序。但这并不是一种"良性"的社会秩序动向，甚至有可能是一种"恶"的平衡。历史迈入现代主义的

---

① 参见 http://baike.baidu.com/。

轨道,任何一种偏激的"左"的观点和偏激的"右"的观点都是非理性的。社会保育需要的是"国家"与"市场"之间的互相制约和平衡,这样的平衡通过为"国家"和"市场"确定自己的位置,从而为"社会"力量的发展提供最大的空间。以新型城镇化而言,既不能是一种完全"国家"主导的城镇化,完全计划主义会损害积极性,破坏良性的内生秩序,也不能是完全交给"市场"的城镇化,那样也会造成大量的负外部性。但我们基于中国的国情,承诺基于"国家"主导性的协调策略,策略的核心在于让各种力量得到均衡契合。

其次,对于社会的保育向来是中国知识分子特别是关注农村发展的知识分子的使命。这不仅是当代中国知识分子的时代使命,也是中国知识分子的优良传统。早在20世纪二三十年代,以梁漱溟、晏阳初为代表的知识分子掀起了一场轰轰烈烈的民国乡村建设运动。20世纪初中国的政治秩序动荡,广大农村不断成为内战的战场和土匪侵扰的对象;水旱灾害频发,受灾面积广阔,受灾人口众多,这一切导致了经济民生弊端,尤其是农村地区,常年饱受战乱之苦,加上农村生产水平低下,农民生活不能温饱,无法接受最基本的教育和医疗保健,身体病弱,文化落后。以至于整个20世纪初的中国农村处在一个极端落后的状况中,这也是整个国家落后的缩影。一些有良知的知识分子认识到中国的落后,他们把拯救农村作为拯救国家的前提,认为只有先拯救农村才可能拯救国家。乡村建设运动的出现,不仅是农村落后破败的现实促成的,也是知识界对农村重要性自觉体认的产物,两者的结合,导致了领域广阔、面貌多样、时间持久、影响深远的乡村建设运动。形形色色的乡建团体的出发点各不相同,有的从扫盲出发,如晏阳初领导的中华平民教育促进会(平教会);有的有感于中国传统文化有形的根——乡村和无形的根——"做人的老道理"在近代以来遭受重创，因此欲以乡村为出发点创造新文化，如梁漱溟领导的邹平乡村建设运动；有的从推广工商职业教育开始，如黄炎培领导的中华职业教育社；有的以政府的力量推动乡村自治，以完成国民党训政时期的政治目标，如江宁自治实验县；有的身感土匪祸乱的切肤之痛，因此以农民自卫为出发点，如彭禹廷领导的镇平自治；有的则以社会调查和学术研究为发轫，如金陵大学、燕京大学等。① 不管怎么样，乡村建设作为乡村知识分子的自觉运动大大地促进了整个农村的进步和发展。

进入 21 世纪后，以温铁军为代表的一批学者沿着梁漱溟、晏阳初的足迹，兴起新乡村建设运动。温铁军认为"当代新乡村建设（Rural Reconstruction）是工业化加速时期为了缓解城乡对立和农村衰败、进而危及国家的可持续发展而进行的、以知识分子和青年学生为先导的、社会各个阶层自觉参与的、与基层农民及乡土文化结合的、实践性的改良试验；也包括在理论研究层面和国际交流等方面的相关工作"②。新乡村建设运动是一次对 20 世纪二三十年代乡村建设运动的致敬，也是面对农村发展新形势下的一次知识分子的自觉运动。

新乡村建设包含很多内容，这些内容很大程度上都是在促进乡村社会力量的发展。新乡村建设运动中有一项就是推动乡村合作运动，这种合作体现在两个方面，一是经济方面的合作社，通过降低成本增加收益的生产合作社促进农民之间的合作；但是生产合作社的建立较难，所以很多学者认识到创建文化圈来建立社区精神是建立合作的十分重要的第一步。而合作恰恰是社会力量发生发展的重要实质。所以，

---

① 徐秀丽：《民国时期的乡村建设运动》，《安徽史学》2006 年第 4 期。
② 温铁军：《中国新乡村建设问答》，http：//www.snzg.com.cn/ReadNews.asp? NewsID = 745

我们也可以把"社会保育"理解为一场新型乡村建设运动，在本质上这也是一种乡村改造的思路和行动。通过知识分子的力量，核心是调整国家与市场的关系，为社会力量的发展创造温床。

最后，前文强调了国家的主导和开发作用，以及知识分子的发动力量，这些实际上都是外在的力量，他们基于自己的强制力和知识水准促进了乡村的发展。但国家的主导和知识分子的启智，很大程度还是需要依靠乡村的精英自治力量来实现。实际上，也就是说任何外在的力量只能是辅助，农村的社会保育本质上还是需要依靠乡村内部的力量来实现。内部的力量才是乡村发展的驱动力，也是乡村发展的主体，外部的观念和思维只有导入内部的生态之中，才会从深层次改变发展的节奏，否则单凭一种强制力，对于发展来说，依然是没有平衡动力的，有可能会陷入短暂的、间歇的发展，从而不是可持续的。

对于农村来说，这种内部的力量可能来自以下一些人群：一是乡村自治干部，他们是通过村民自治的模式由村民自己选举出来的实现乡村自我管理的政治精英。乡村干部是典型的乡村能人，他们是沟通乡村和外部社会的桥梁，熟悉乡村的生态和民情，同时对外部社会也比较熟络。所以他们也是最有可能接受外部先进思想的内部人，乡村干部的启智对于社会保育来说至关重要。二是来自于城市的返乡者。这样的返乡者又可能包含两类人群，一类是返乡的打工者。他们在20世纪进城潮中进入城市，通过务工获得了较高的收入，但是并没有建立对城市的认同感，很多人重新返回家乡，但基本上已经是获得了一定的经济资本；另一类人群是返乡的大学生，他们通过努力从农村进入城市就读，获得了大学文凭，但却选择了回乡创业或者类似于从事"村官"这样的干部身份，他们拥有的则是文化资本。

参考文献

著作类

费孝通:《乡土中国》,北京出版社,2004。

费孝通:《江村经济:中国农民的生活》,商务印书馆,2001。

齐美尔:《货币哲学》,陈戎女译,华夏出版社,2002。

亚当·斯密:《国民财富的性质和原因的研究》,商务印书馆,1981。

哈耶克:《自由秩序原理》,邓正来译,三联书店,1997。

哈耶克:《通往奴役之路》,王明毅、冯兴元等译,中国社会科学出版社,2013。

杜赞奇:《文化、权力与国家》,王福明译,江苏人民出版社,1996。

施坚雅:《中国农村的市场和社会结构》,史建云、徐秀丽译,中国社会科学出版社,1998。

米歇尔·福柯:《安全、领土与人口》,钱翰、陈晓径译,上海人民出版社,2010。

米歇尔·福柯:《规训与惩罚》,刘北成、杨远婴译,三联书店,2007。

亨廷顿等著、罗荣渠主编《现代化:理论与历史经验的再探讨》,上海译文出版社,1993。

黄宗智:《华北的小农经济与社会变迁》,中华书局,1986。

吉登斯:《批判的社会学导论》,郭忠华译,上海译文出版社,2007。

凯恩斯:《就业、利息与货币通论》,徐毓枬译,三联书店,1957。

鲍曼:《工作、消费、新穷人》,仇子明、李兰译,吉林出版集团有限责任公司,2010。

鲍曼:《全球化:人类的后果》,郭国良、徐建华译,商务印书馆,2013。

鲍曼:《来自液态世界的44封来信》,鲍磊译,漓江出版社,2013。

布莱克:《现代化的动力》,段小光译,四川人民出版社,1988。

费正清:《美国与中国》,张理经译,世界知识出版社,1999。

卢卡奇:《历史与阶级意识》,杜章智等译,商务印书馆,1992。

莫斯:《礼物:古式社会中交换的形式与理由》,汲喆译,上海人民出版社,2002。

桑德尔:《金能不能买什么?》,邓正来译,中信出版社,2014。

斯威德伯格:《经济社会学原理》,周长城等译,中国人民大学出版社,2005。

詹姆斯·M.布坎南:《自由、市场和国家》,吴良健、桑伍、曾获译,北京经济学院出版社,1988。

詹姆斯·C.斯科特:《农民的道义经济学:东南亚的反叛与生

存》，程立显等译，译林出版社，2001。

陆学艺：《改革中的农村与农民：对大寨、刘庄、华西等13个村庄的实地调查》，中共中央党校出版社，1992。

边燕杰：《市场转型与社会分层：美国学者分析中国》，三联书店，2002。

苏国勋、刘小枫主编《二十世纪西方社会理论文选Ⅰ：社会理论的开端和终结》，上海三联书店，2005。

刘少杰：《后现代西方社会学理论》，社会科学文献出版社，2002。

李培林：《村落的终结：羊城村的故事》，商务印书馆，2010。

杨善华：《当代西方社会学理论》，北京大学出版社，1999。

王铭铭：《社区的历程：溪村汉人家族的个案研究》，天津人民出版社，1997。

阎云翔：《礼物的流动：一种中国村庄中的互惠原则与社会网络》，李放春、刘瑜译，上海人民出版社，1999。

折晓叶：《村庄的再造：一个超级村庄的社会变迁》，中国社会科学出版社，1997。

蔡禾：《城市社会学：理论与视野》，中山大学出版社，2003。

杜维明：《新加坡的挑战》，三联书店，1989。

周晓虹：《传统与变迁：浙江农民的社会心理及其近代以来的嬗变》，三联书店，1998。

周晓虹：《西方社会学历史与体系》（第一卷），上海人民出版社，2002。

李守经：《农村社会学》，高等教育出版社，2000。

包亚明主编《现代性与空间的生产》，上海教育出版社，2003。

罗平汉：《农村人民公社史》，福建人民出版社，2002。

中国社会科学院社会学研究所：《2005年社会蓝皮书》，社会科学文献出版社，2005。

论文类

金耀基：《论中国的"现代化"与"现代性"》，《北京大学学报》（哲学社会科学版）1996年第1期。

黄宗智：《略论农村社会经济史研究方法：以长江三角洲和华北平原为例》，《中国经济史研究》1991年第3期。

孙立平：《改革前后中国国家、民间统治精英及民众间互动关系的演变》，《中国社会科学》1994年第1卷。

俞可平：《治理与善治引论》，《马克思主义与现实》1999年第5期。

米歇尔·福柯：《治理术》，赵晓力译，李猛校，《社会理论论坛》1998年第1期。

董磊明：《传统与嬗变——集体企业改制后的苏南农村村级治理》，《社会学研究》2002年第1期。

董磊明、陈柏峰、聂良波：《结构混乱与迎法下乡》，《中国社会科学》2008年第5期。

贺雪峰：《中国乡村治理：结构与类型》，《经济社会体制比较》2005年第3期。

贺雪峰、刘锐：《熟人社会的治理》，《中国农业大学学报》（社会科学版）2009年第2期。

贺雪峰、罗兴佐：《论农村公共物品供给中的均衡》，《经济学家》2006年第1期。

贺雪峰：《乡村治理研究的三大主题》，《社会科学战线》2005年第 1 期。

李培林：《巨变：村落的终结——都市里的村庄研究》，《中国社会科学》2002 年第 1 期。

苑鹏：《中国农村市场化进程中的农民合作组织研究》，《中国社会科学》2001 年第 6 期。

李若建：《农村收入分配与社会分化》，《中山大学学报》（社会科学版）1996 年第 2 期。

陈柏峰：《熟人社会：村庄秩序机制的理想类型探究》，《社会》2011 年第 1 期。

魏伟：《政治经济学视角下的中国城市研究：资本扩张、空间分化和都市运动》，《社会》2007 年第 2 期。

樊纲、王小鲁、马光荣：《中国市场化进程对经济增长的贡献》，《经济研究》2011 年第 9 期。

盛洪：《关于中国市场化改革的过渡过程的研究》，《经济研究》1996 年第 1 期。

陈振明：《市场失灵与政府失败》，《厦门大学学报》（哲学社会科学版）1996 年第 2 期。

高原：《市场经济中的小农农业和村庄：微观实践与理论意义》，《开放时代》2011 第 12 期。

陈洪生：《传统乡村治理的历史视阈》，《江西师范大学学报》（哲学社会科学版）2006 年第 3 期。

何得桂、朱莉华：《农村集体林权制度改革的社会影响：基于基层治理视野的考察》，《农村经济》2013 年第 1 期。

李昱、张金伟：《简析改革开放以来姓"资"姓"社"的两次争论》，《江汉大学学报》（社会科学版）2011 年第 3 期。

李玉红：《农村市场化对乡镇企业产出增长的贡献率》，《中国农村观察》2006 第 3 期。

刘权政：《社会主义市场经济大背景下农民经济利益实现的途径探索》，《中南大学学报学报》（社会科学版）2009 年第 5 期。

卢福营：《经济能人治村：中国乡村政治的新模式》，《学术月刊》2011 年第 10 期。

罗牧原、王冰洁：《以学习为志业》，《社会学家茶座》2011 年第 2 期。

马磊：《乡村社会中的政治动员——一项对共产党乡村革命的治理术分析》，硕士学位论文，浙江大学，2011。

任德军：《对韦伯中国儒家伦理研究的认识——兼论对东亚经济发展的解释》，《青年研究》1999 年第 11 期。

陶武先：《现代农业的基本特征与着力点》，《中国农村经济》2004 年第 3 期。

田毅鹏、韩丹：《城市化与"村落终结"》，《吉林大学社会科学学报》2011 年第 3 期。

吴易风：《经济自由主义与国家干预主义争论的历史考察》，《当代思潮》2002 年第 2 期。

辛允星：《农村社会精英与新乡村治理术》，《华中科技大学学报》（社会科学版）2009 年第 5 期。

尧声：《全国农业统计工作会议的主要内容》，《统计》1985 年第 11 期。

杨华：《农村征地拆迁中的阶层冲突——以荆门市城郊农村土地纠纷为例》，《中州学刊》2013 年第 2 期。

叶涯剑：《现代化约束下中国城市空间重构的内在逻辑》，《暨南学报》(哲学社会科学版)2012年第2期。

张鸿雁:《城市空间的社会与"城市文化资本论"》,《城市问题》2005年第5期。

张兴荣:《"空心村"老人问题的社会工作介入研究》,硕士学位论文,福州大学,2014。

外文类

Berger, P. "An East Asian Development Model". In P. Berger and H. M. Hsiao eds. In Search of An East Asian Development Model. New Jersey:Transaction Publishers. 1988. pp:3 – 11.

Berger, P. & Hsiao, H. M. eds. In Search of an East Asian Development Model. New Jersey:Transaction Publishers. 1988.

Chung, C. H. & Shepard, J. M. & Dollinger, M. J. "Max Weber Revisited:Some Lessons from East Asian Capitalistic Development". Asia Pacific Journal of Management. 1989(2).

Coser, L. Masters of Sociological Thought, Ideas in Historical and Social Context(2nd edition). NY:Harcourt Brace Jovanovich. 2003.

Dean, M. Governmentality:Power and Rule in Modern Society(2nd edition). LA, London & New Delhi:Sage. 2010.

Durkheim, E. The Division of Labor in Society. trans. by Lewis A. Coser. NY:The Free Press. 1984.

Dutton, M. "Passionately Governmental:Maoism and the Structured Intensities of Revolutionary Governmentality". in E. Jeffreys ed. China's Governmentalities:Governing Change, Changing Government. London & NY:Routledge. 2007. pp:24 – 37.

Foucault, M. "Of Other Spaces", Diacritics, 1986(16).

Freedman, M. Lineage Organization in Southeastern China. London: Athlone Press. 1958.

Harriss, J. "The Second Great Transformation? Capitalism at the End of the Twentieth Century". in T. Allen & A. Thomas eds. Poverty and Development into the 21st Century. Oxford and NY: Open University in association with Oxford University Press. 2000. pp:325 - 342.

Ho, L. W. W. Gay and Lesbian Subculture in Urban China. London & NY: Routledge. 2010.

Marcuse, H. One-Dimensional Man: Studies in The Ideology of Advanced Industrial Society. Boston: Beacon Press. 1964.

Marx, K. Early Writings. trans. and eds. by T. B. Bottomore. NY: McGraw-Hill 1964.

Pante, M. D. "Mobility and Modernity in the Urban Transport System of Colonial Manila and Singapore". Journal of Social History. 2014 (summer).

Redfield, R. Peasant Society and Culture. Chicago: The University of Chicago Press. 1956.

Ritzer, G. Postmodern Social Theory. NY: McGraw-Hill. 1977.

Rosenau, J. N. "Governance, Order, and Change in World Politics". in J. N. Rosenau eds. Governance Without Government: Order and Change in World Politics. Cambridge: Cambridge University Press. 1992. pp:1 - 29.

Sensabaugh, G. F. The Tragic Muse of John Ford. Stanford: Stanford University Press. 1944.

Skinner, G. W. "Marketing and Social Structure in Rural China",

Journal of Asian Studies, 1964 - 1965(1, 2, 3).

Scott, J. C. Domination and the Arts of Resistance: Hidden Transcripts. Yale University Press, 1990.

Turner, B. S. Classical Sociology. London, Thousand Oaks & New Delhi: Sage. 1999.

Walters, W. Governmentality: Critical Encounters. NY: Routledge. 2012.

附 录

对安村的调查、研究，前后历时三年以上，至今仍在进行中。在这期间，也积累了大量丰富的第一手资料，囿于篇幅，本书仅选录部分资料，以飨读者。

一　安村基本资料（部分）

（一）安村汇报材料1

安村大事记

1982年

根据全县统一部署，全县土地全部按人口和劳力分摊到户，我村12个生产队的耕田按县委指示，把1495亩地全部分给农户。

1983年

加强基层村两委班子建设，加设经济发展委员会。

1985年

1. 建起公路

2. 乡渔场归还我村。

1986年

办起安城丝织厂。

1988年

除行浦外全村装上自来水。

1989年

1. 成立村老年协会。

2. 县文保所牵头对我村戏台进行修理，我村投资1万元。

1992年

新建村办公楼。

1994年

1. 安村公路进行水泥路面浇盖，总投资近80万元。协助安村小学返建教学楼，并将5、6、7队的仓库送给安村小学，将5亩土地送给学校建校舍，还捐款10多万元作建校费用。

2. 对村里河道进行挖掘，如对石桥头、姚婆娄砌岸、造桥、造路。

1995年

1. 进行大田适度规模承包。除了本村村民的口粮田和责任田外，还有280亩土地多余，后承包给外地4户种田大户。

2. 全村主要道路开始浇水泥路。

1996年

1. 村两委会换届选举。

2. 全村前后有74户农户进行土地有偿出让，掀起建房高潮。

3. 村办起了工艺蜡烛厂。

4. 村实行粪改工程，新建公厕23座。

1997年

安村至行浦做石子公路。

1998 年

1. 村企业进行转制。

2. 行浦装自来水。

1999 年

村两委会换届选举。

2000 年

行浦东岸头和庙前石桥返建为水泥桥。

2001 年

安村校办厂、塑料编织厂进行转资。

2002 年

1. 村两委会换届选举。

2. 工业区开始对我村征用土地和农转非，重点是为建世纪街、育贤路、越秀路、群贤路。庙对岸和大爿溇底、畈里夫共拆 28 户。

2003 年

1. 征地继续扩大，特别是对后横江以北和 12 队所有土地进行预征，并对整个 12 队进行拆迁开始做准备工作。

2. 除行浦外全村装上 14 处供应点，供应自来水。

2004 年

拆迁 12 队工作全面开始。

2005 年

1. 村两委会换届选举。

2. 11 月蜡烛厂由于职工防火意识不强发生一次大火，损失在 30 万元以上。

2006 年

1. 村开展新农村建设，对姚婆娄南岸、石桥头、章家娄、砌岸和其他地段进行浇上水泥路面。

2. 对村内河道进行清理。

3. 根据形势发展，群众生活水平提高，原小舜江自来水安装到一家一户，一户一表，村投资90万元（其中村民集资安装户，每户1000元，计50万元）。

4. 被评为"浙江省行政村档案示范室"。

2007年

1. 关心群众，帮助低保户杨百成两间危房的修理，共花费修理费10105元。照顾困难群众43户，计1.8万元；慰问品1572.80元。

2. 6队晒场旁安装健身器材，投资12995元。

3. 完善村级一户一册档案管理，共计829册。

4. 安村小学操场浇设塑料跑道，投资4万元。

2008年

1. 4月，党总支换届选举。

2. 5月，村委会换届选举。

3. 5月，村民金某家发生一起火灾，两间房屋全部烧光。杨某在救火中身体受伤，花去医药费5329元，全部由村里负责。金某年初投保"政策性农村房屋保险"，保险公司赔偿9000多元。

2009年

第二次经济普查。

2010年

绍兴市进行第六次全国人口普查。

2011年

1. 党总支换届选举。

2. 村委会换届选举。

3. 大爿娄和村委门口道路硬化。

4. 设立水乡社戏展馆。

2012 年

1. 全村安装 16 个视频监控装置。

2. 后江桥 5 户农户全部签订拆迁合同。

3. 5 月，村邮站开始代缴水费、电费、电话费、手机费、有线电视费、煤气费等业务。

4. 7 月，水乡社戏（安村戏台）被评为绍兴市非物质文化遗产展示性传承基地。

5. 9 月，修理安城大庙。

2013 年

1. 后江桥 5 户农户全部拆迁完工。

2. 全村有线电视机顶盒升级，总投资 196800 元。

（二）安村汇报材料 2

安村村务公开民主管理制度

一、村务决策内容

村重大事务决策主要内容包括：

（一）村经济和社会发展规划及年度计划，村庄建设规划；

（二）村民自治章程和村规民约的修订；

（三）村集体经济项目的立项、承包方案，集体经济大额资金的使用，集体举债，集体资产处置方案；

（四）村公益事业的经费筹集方案，以及建设承包方案；

（五）村集体土地、房屋等集体资产的承包和租赁，宅基地的安排和使用，征用、征收土地各项补偿费的分配和使用；

（六）领取村干部报酬的人数及标准；

（七）国家计划生育政策的落实方案；

（八）涉及村集体和村民利益的其他重大事项。

二、村务重大事务决策的一般程序

村重大事务必须坚持民主集中制的原则，严格履行程序，实行民主决策。重大事务决策的一般程序：

（一）提出议案。村党组织、村民委员会、十分之一以上村民联名或五分之一以上村民代表联名提出议案；

（二）受理议案。村党组织统一受理议案，并召开村党组织和村民委员会联席会议，研究提出具体的工作方案；

（三）召开民情恳谈会。村两委会召开部分与议案有关的村民会议，征求意见建议，对工作方案进行完善；

（四）召开党员大会。提交村党员大会讨论工作方案，统一思想，形成决议；

（五）召开村民代表会议。村民委员会召集村民代表会议讨论决定，并形成书面记录；

（六）召开村民会议。凡村民会议未授权给村民代表会议的重大事项，村民委员会应召集村民会议讨论决定，并形成书面记录；

（七）组织实施。村党组织和村民委员会按照分工，组织实施。对重大事务的表决结果及实施情况，要及时公布。

三、村级财务业务工作例会制度

为切实做好村级财务管理工作，及时解决村级财务管理中的业务问题，加强村级财务管理工作的经验交流，规范村级财务的业务工作，特制定村级财务业务工作例会制度。

（一）村级财务业务工作例会，原则上一季度召开一次，必要时根据工作需要进行调整，一般在镇街轮流召开。

（二）村级财务业务工作例会参加对象为区纪委、区农办、区财政局、区审计局、区农水局等区村级财务管理部门相关人员和镇（街）村级财务代理中心副主任及业务骨干，必要时邀请镇（街）村级财务代理中心主任参加。

（三）村级财务业务工作例会主要任务是汇报村级财务管理工作开展情况，互相交流学习，规范业务流程，统一业务口径，探讨和解决其他业务问题等。

（四）区村级财务管理相关部门在例会中结合各自分工职责指导业务工作，布置有关任务。

（五）村级财务业务工作例会由越城区村级民主管理监督工作领导小组村级财务管理工作办公室牵头组织。

（三）安村汇报材料3

安村书记介绍安村情况

1. 安村基本情况

安村位于工业区马山镇西南，村南接群贤路，北接世纪街，东接越秀路，西邻绍三线，离绍兴高速道口只有5公里、市区10公里，水陆交通方便，地理位置优越。本村有鲁迅先生笔下的水上古戏台，被市文保单位列入市级文物保护，我们安村是镇里的大村之一，现有总人口2103人，户数780户，分12个生产组，1个居民组，1个移民组。村里成立党总支部。下设工业支部和农业支部，共有中共党员98名，预备党员1名。全村共有土地1784亩，已征用1594亩，被征地农民农转非1709名，参加失土农民社会保险1462人。村民参加新型农村合作医疗保险1346人。拆迁89户，涉及268人，分配房子：伟业新城苑，42套，计4720平方米；越胜公寓，89套，计9260平方米。共计131套，计13980平方米。

2. 村经济发展情况

随着村经济发展，村民安居乐业，人人遵纪守法、尊师重教、尊老爱幼蔚然成风。2011年经济总收入1827.21万元，村民人均收入11770元。近年来，村党总支、村委会以"三个代表"重要思想为指导，带领全村人民奋发图强，艰苦创业，使全村的经济持续稳定增长，人民生活水平大幅度提高，社会治安稳定，教育文化、体育、社会保险、计划生育等事业得到较大发展。

安村村内企业经济实力雄厚，现有企业：塑料厂、塑纺厂、体育用品厂，工艺品厂因建设需要于2002年拆迁征用，特别是安城布业有限公司总资产超过14860万元，去年产值20518万元，销售19960万元，利润557万元，企业经济效益非常好。

3. 环境整治

为推动全村社会主义新农村建设，切实提高我村建设发展水平，我村大力开展村内环境整治工作，积极创建省级"环境整治村"。

一是实施道路全面硬化工程，对部分开裂、损坏的水泥路进行重修；二是新建下水道，同时对村内原有的下水道进行挖掘、疏通；三是对道路边的花坛进行修砌，实施绿化改造；四是对村内摊群市场进行整治，做到规范有序，无挤街占道现象。

二 个人访谈（部分）

访谈对象11

基本情况：访谈对象为本村村民杨老师，目前生活在绍兴市区，曾任绍兴文化馆馆长。

A是企业老总，B是主要的访谈对象杨老师，C是调查员。在正式访谈之前A和B交流了一些家常话。

……

C：杨老师好，我是省社科院过来的，就是想了解我们这边的文化、历史、传统，他们说杨老师是专家，一定要把您请过来，谈一谈聊一聊。

B：我不是什么专家。我是在这里生在这里长大的，以后呢，是到绍兴城里面去念书去了，毕业了之后呢，就在附近当教师，我是在村里长大的，所以说对地理环境比较熟悉，现在的改变比较大，我又不是常回来，所以有些东西我也不大清楚，还是要问他们这些住在这里半个世纪以上的，60多年了，情况肯定比我熟悉。

因为长时间不在这里，要我谈的话，那我只能谈解放之前的地理地貌，经济情况，至于解放之后，互助组，怎么样子编？合作社怎么样子做？这我就不清楚了。

C：杨老师，那您跟我说说安村的基本情况吧。

B：现在我给你介绍一下我们这个村子，安村实际上以前和另一个村合称安城，解放以前就叫安城了，解放以后就把这个村子分为东西两个安城。这个村在解放前最辉煌的时候有两千户人家，这是清代末期民国初期，这段时间人口是最多的。这个村一向搞企业，经济也比较发达的，所以那也是个大村，不能算一个富村，也绝对不是一个穷村，不是穷村为什么呢？这个地方是产盐的，以前的食盐有两种制作方法，一种是靠太阳晒的，叫晒盐；另一种是用火烧的，用盐卤熬和煎的。那个时候村里有18家盐所，也就是18只盐灶，一个灶就是一个制盐厂，制出来的就是我们现在叫作精盐，也就是细盐，精细的盐。

C：杨老师，以前生产的盐是官府控制的吗，民间可以生产吗？

B：这个也是官盐，到了民国的时候呢，就被禁止了那时候叫作废煎改善，那时候官府就是有这样的命令，这个命令就是民国的时候，这个命令严重影响了我们村子的经济，这18只盐灶是全部要关闭的，全部停业，这样子的，这是村子的一大起伏，比现在的搬迁还要厉害。搬迁无非就是房子或者是厂子搬过去喽，设备搬过去了，还是生产原来的产品，我们这个呢，就不允许生产了，那怎么办呢？有些个就倒闭了，有些呢就改产了。就好像现在的转型啊，转型了，那干什么呢？就是烧卤饼，卤饼是什么呢？卤饼就是一种化肥，改制化肥了，那怎么制化肥呢？山区的土壤是酸性的，这个东西呢放进去了是酸碱中和了，山区的土地是酸的，而这个是碱的，就中和了！这样就有利于山区的人，种一些茶叶啦，玉米啦，对他们有利的，烧碱是工业碱，我们这个是化肥，为什么可以制成化肥呢？这个是盐做的，也是像盐一样的东西，也很细，就跟像制作肥皂的那样的碱，制成饼，然后把它敲碎了，撒在田里面，那话虽这么说，转型的毕竟是少部分的，原来有18只的，现在减少到就剩2只，是这样的情况，所以严重影响了村子经济的发展，经济状况。

以前制盐的时候，它的经济到底是怎么个程度呢，我现在可以跟你说一下。我简单的给你形容一下，比如说一个盐所，它劈成10份，平均分成10份，我呢，从中占了1份，1/10的盐所，一个盐所的1/10，我的家里就能用上一个长工，一个保姆，现在叫保姆，以前叫嬷嬷，是这样的状况，一个厂的1/10就可以这个样子，我们整个村子有18个咧，这不得了咧，相当于有180户人家，除了自己吃以外，每一户，还可以雇一个长工，一个嬷嬷。

C：那个时候家里一般是几口人呢？

B：一般的情况下是五六口人，老爹老妈，两夫妻，两个子女，6

个人，起码6口人，再加上长工和嬷嬷，这是很大的一个经济，这个村子里的人也开始经营的啦，这样下去，村子就不行了，我们整个村子就不行了，然后出了一个能人，这个能人呢，姓杨的，就是我的上辈，叫杨霞伶，他是什么年代的呢？他死掉的时候，我大概就8岁，八九岁吧，再怎么算的话，也是70多年前呢，就已经死了，就是爱君（音）老师的爷爷，他是民国时死的，对对，是民国，但是是几年（哪一年）我就说不清楚了，他到上海去了，他到上海干吗去呢？去销盐，就是去卖盐，为啥呢？虽然说机器是废了，废是废了，但是偷偷地生产的呢，还是有的。为什么上海有销路呢？这个盐在上海，上海有很多食品业，比方说杏花楼啊，什么什么菜馆啦，他们用的盐呢，是那种高档盐，砂盐呢，是因为粒子很大，我们这个呢，像粉一样的，很细的，偷偷地生产，村子里的人呢，不去举报的话，也没什么了不起的事情，政府又不知道，要是村子里的人呢去举报了，那么，官府里的人是要来干涉你了，这是这样的情况。他去销盐，到上海去销盐，他呢，暗暗的将村子里偷偷生产的盐，贩到上海去了，现在说的话呢，在周边这个地区呢，咱们这个村子呢，还是比较富的，所以呢这个村就变成一个大村，比如说呢，我是别的村里面的，我呐经济有困难，那我还不如直接搬到安城这个村子里面来，为什么呢，一个是，这些个厂家是要用工的，工人，对不对呀，就是这样的一个情况，对于周边的村子来讲呢，它存在一个新的地位，直到现在为止，刚才这个徐总啊，他就是这个村子里边企业的，他的这个企业呢，也养了不少像这个情况的人，这个是肯定的，说起来呢，也是人之常情，说得通的啦，由于这个村的经济情况比较好，所以崇尚读书，所以读书的人呢，就比较多了，以前读书能上中学的人，是很了不起的人，我们这个村子里呢，我知道的，我想想看，有一个留日的，日本留学生，只有一个留学生，不是现在的时候，是在解放前哦，现在就没什么了不起的，这是解放前，受过中等教育的，像我这个样子的，我是受过中等教育的，师范生，还算是受过中等教育的哦，这种人呢，数不清了，所以呢，解放之后做人民教师的，在学校里教书的人占了不少，所以出了一批校长，所以也有这样的一个渊源的关系了，所以当教师的人很多。这是跟村子的经济是有点关系的，经济实力比较雄厚，他就知道培养自己的子女了，所以就送子女去读书了，只要他愿意读，能够读到什么程度就读到什么程度。是这样的情况。

C：杨老师，我想问一下，您小的时候有没有看到过烧盐？

B：烧盐我是没有看到过，烧卤饼我是看到过的。我们小时候他们烧卤饼的时候，天冷了来到这边取暖，这边还是比较暖和的，把整捆的柴往里边扔进去烧，这个厂房里面呢，是很温暖的。

C：这个也是用海水烧起来的么？

B：它是这个样子的，它操作起来是非常原始的，它是这样的一块块的钢板，中间一根铁杆，两边挂下来，他们的装备呢，其实也是蛮原始的，有很多钢板，边上会有一些铁条下来，如果把这些钢板放在一起，如果能有9块呢，那面积就大了，钢板与钢板之间要密封，否则的话，卤水是会漏出去的，一定要密封，这里就用稻草塞起来，然后用油灰把它胶起来，就是以前用稻草的灰和桐油搅和在一起，所以叫油灰，这样子密封后，卤水就不会流出去了，旁边用竹篾，拦成这样高，就是一个锅子的周边，这个地方也是用油灰抹过的，这样子高，这样的话就把卤水就这样的啪啪啪啪的这样灌进去，下面呢，它就有一个灶头。烧火，下面就用柴火烧起来，要烧6个钟头，就这样烧好，然后把卤水舀出来，放在一个煤油箱里面，这个煤油箱呢，以前使用白铁皮做的，然后就把卤水灌进去，然后就冷却下来，之后会形成结晶，那么，这个结晶出来的东西就叫作卤饼。

C：一般要几个工人来烧这个东西？

B：一个班呢，要6个人，上面要两个，下面要3~4个人要给它烧火，上面呢，留两个要给它杷。然后呢他们就一起搅动，不要让它们停下来，这样呢，烧6个小时就成了。

C：可能那个时候就会有其他村里的村民到我们村里来打工了喽？

B：是的。

C：本村的人也做么？

B：也做。这里么就这个样子了，这里就变成一个小小的工业区了，这些工人需要吃饭的，所以这个时候，每个盐所，每个灶头都有一个大厨，烧饭做菜给他们吃的，大厨每天早上要到前面去买菜，这买菜到哪里买呢？就是在边上的石桥头买菜，就是安城大庙边上的那座石桥，我的祖父告诉我，那个地方就叫做18个鱼斗篮。鱼斗篮是竹编的，很长的，可以这样背着，买这个菜，然后这样背着，这个就是形容当时清末民初安城的经济状况和人民的生活状况。这个村子向来有搞企业的历史，在清末民初的时候就有菜市场了。

C：杨老师，它们也是从外地运过来的吗？

B：是的，是的，卤水也是从外地运来的，用大船运来的，柴火也是从山里运过来的，你看看这里的人多不多，外来人就很多的，所以这里边会有几家小饭店，药铺也有的，中药铺，这里还有小的医院，中医诊所。

C：就是本地没有自己的资源？

B：没有资源的，资源没有的，所以都从外面来，这里柴也没有的，平水（音）运过来的柴。卤水是到上虞沿海的，有海的地方去拿的，这个是用很大的大船。

C：杨老师，这就奇怪了，这边不是作为沿海的一个地方，所有的资源都是由外部过来的，要搞企业都是本地有一定的资源，然后再接外面的资源再接进来，搞生产。

B：这里是没有资源的，但是它的水陆交通是很方便的，这里总有一批人，有经济头脑，有商业头脑，就是这么个一个情况。

C：如果他在上虞开厂的话，那就更容易赚钱。

B：这我们就不知道了，反正我们这个地方是以盐起家的，这就是这边的基本情况。虽然这个村子里面的水路是很发达的，河面也比较宽，由于经济情况比较好，所以呢读书的人也比较多，所以产生了现在这种情况，我特别要给你介绍这个村子，是因为这个村子是比较古老的村子，历史久，这本书叫《越绝书》，这是中国国内最早的一部地方志，专门介绍古代越国的情况的，这本书记载了整个越国的70处地方，安城就有两处，这是不得了的。我小的时候就只见过一处了，叫做驾台，我小时候每天读书的时候是要从这个旁边的路过的，这边的基础是大的石块围起来的，这个石块里面是用土堆起来的，老高老高的，像一座小山那么高，中间是土，四周是石块，这样造起来的，这时候呢，农民在上面种菜，就跟山区里面的梯田一样，这个时候村民就在这山上，刨一块地方种这个东西，刨一块地方种那个东西，就这个样子的，也有的是坟墓。解放之后有这样一个大的活动，就是平整土地活动，大型的活动，以前呢，这边都是坟地，那么要平整土地的话呢，就是要把所有的东西平掉，那么，这个地呢是我自己的，所有的尸骨都要放到寺庙里去，这样的话，你有田放到这里，他有田放到这里，这样的话就都变成坟头了，如果你这家人家造的大一点好一点，你这个坟墓就大一点好一点，这样的话呢，就是死人占了活人的土地。所以解放之后就把所有的地方全部平掉了，我刚才讲的驾台呢，全部也都平掉了，所以到现在一点痕迹都没有。

C：那么，这个驾台以前有没有一些军事用途呢？

B：这个驾台就是瞭望台，就是用来观察的，就是一个预防。后面有一条江叫钱塘江，钱塘江后面有条曹娥江，所以这个地方是一个入海口的，海上的土匪到这边是很多的，在这边就设置一个瞭望台，那么，这就是一个驾台，我这个年纪的话，还是有这个印象的，房子都已经倒掉了，现在只剩了个土墩。我们这边呢，是个正规的平原，没有一个地方是山的，只有梅山或者是斗门镇那边才有一点小山，我们这里是没有的。还有这么一个越国留下来的建筑物的痕迹。越国留下来还有一个叫高库，这边已经变成一个自然村了，没有了，现在我一问他们了，他们也不知道了，我也不知道的，刚才走过的时候，车子路过的村子，这个地方就是越王勾践在战胜吴国把吴王夫差抓了，然后把缴获的战利品都存放在这里，所以现在就叫作高库里，年代长了，那么，这个地方就自然而然地没有了，现在这个高库就变成一个自然村子了，所以我呢现在有这样一个想法，如果说现在有这样的经济实力的话，我认为应该把这个村子建设成为一个有文化，作为一个文明古村，要把它建设好，我们绍兴还有一个村子，叫做臧强村（音），他们传下来说，这个村子是大禹治水的时候传下来的自然村，但是没有任何凭据的，我们这个村子是在越国时候有个《越绝书》记载的，这是他说说的，这个是没有根据的，我们这个村是有依据的，这个《越绝书》的成书年代是东汉，东汉的时候就成书了，那是比较可靠的了，对不对啦，至少我能说的出依据来，因为拆迁不拆迁的事情呢，把这个村子弄得不上也不下，所以就是这个情况了，没有政府力量的话呢，是不好动的。

C：那么，杨老师，我想问一下，那个时候我们这个地方是不是在绍兴的地理位置占的很重要的呢？这边向来是个大村，那么，其他村有没有到我们村来做贸易的？我们这儿算不算交通枢纽？

B：这里是不能算交通枢纽的，那个时候只能算是绍兴县，现在是绍兴市了，这边只能算是个东北边陲（对于绍兴市来讲），自己出去的话呢，也要船只的，以前外边也是有点人进来的，主要是打工的，跟现在打工状况是不同的，这里的人呢，基本上是六个姓，一个姓金，一个姓杨，一个姓章，一个姓徐，一个姓高，一个姓何，这里就跟村长介绍的一样，这个地方的石块是比较平整的，现在的地面都是水泥浇筑的，以前是石板路，这个石板呢，都是老大老平的，以前这个村子呢，是有点名气的。

C：那么，那个时候，村子里面的人都是制盐赚钱的，为什么会让孩子读书，不去叫孩子经商赚钱呢？

B：做生意的也有的，做生意呢，也就是做盐生意，也有传下来的，就是贩盐，也有这些，像金华、兰溪、上海这样的地方，就直接把盐贩过去了，做生意的话，也很多，还有一个的话，是读书，自己去的话呢，就这样去的，一大部分人就是务农，还有一个呢是养鱼，渔业，前面是有一个小的湖泊，然后养鱼的，养鱼的呢，我们这个村子里面，有几个大师，我们绍兴管养鱼的叫大师，有个小村子叫作三家头，就是三户养鱼的，就是三户人家专门养鱼的，也很有钱，收入很高的，现在反而不养了，现在倒是还有一部分人养的，但是河段已经包给人家了，以前我们村子里面的水啊是非常清澈的，很干净的，我们小的时候，就趴在河面上，就跟鲁迅先生所说的那个样子钓虾，就是捕鱼啊捉虾啊，这个我们都会干的，我现在也有个梦想，我们这个村的村容村貌，还是不够理想，如果能把这条河治好，现在绍兴不是讲究治污水么，要是把我们村里的这条河也给治一下的话，就是很理想的，能够恢复以前那种清澈的河面啊，这是蛮好的，以前我们务农的这些人呢，到了这个时候，我们都会把河泥捞起来，就是河里的淤泥捞起来，去肥田，现在这个事情不干了，那河床上的淤泥就积起来，河床就高起来了，这样的话，河水就很容易变的浑浊了，这个我们就只能想想了，说说而已了。

C：杨老师，您这边读书的情况能跟我说一说吗？

B：我自己读书的时候，这个地方是这个样子，金姓是个大姓，金家的土地比较多，他们收入就比较高，他们就有一个金氏的宗祠，就是金家祠堂，祠堂里面是有田产的。就在祠堂边上办了一所民校，凡是姓金的子女去读书，都是免费的，这个学校在民国的时候就变成一个混小，这边的祠堂也有一个学校，叫做初小，一个是完小，一个是初小，这边这个祠堂呢，是姓杨的，在木桥头呢，是八贵台门这边呢，有个妇女，她叫熙姑娘（音），她办了个私塾，基本上呢是三个学校，我这个年代里，我私塾也读过一年，我在初小也读了几年，金家祠堂不光是给姓金的读的，姓金的就是有优惠的，就是不要钱，不要学费的，像我这样又是姓杨的，又是本村人是可以读的，就是要学费，在读四年级要读五年级了，我就离开了这个地方，我们现在这个地方就叫袍江，为什么叫袍江呢？就是之前有个大村子叫袍笃，它有个县里的学校，它的经费是县里给的，很好的一所学校，师资很完备，我的高小就是在那里读的，这个是要考的，不是所有人都能读的，大部分人呢是在本村读的，到这个学校读的话，成绩要好一点的，这个时候是什么时候，大概是抗日战争的时候，是一九四几年的时候，读到绍兴沦陷了，就是被日本鬼子占领了，这个学校就关掉了，我就只好回来了，我就在家里了，这等于是失学了。

C：那您去念高小呢是几年级呢？算起来是初中么？

B：就是小学一至六年级，我在金家祠堂里读书是读到4年级。完小是一年到六年，四年级是初小了，五年级六年级就是高小了，它是一年级到六年级都有的，这是一个完全的小学，但是他这个里面是复式教育，一年级有，二年级也有，别的教室有三年级和四年级，在里面就是五年级和六年级，也就是说，一个学校1~6年级真正用教室也就2~3个，以前教室很少的，这叫复式教育，像我这样，我到袍笃去读，五年级去袍江去读的，也是一个大村虽然在读了一年多一点，六年级还缺一个学期就毕业了，好了，绍兴沦陷了，那学校就关掉了，我只好就回来了。

C：那杨老师您就相当于小学没有毕业了？

B：小学也没有毕业。

C：那您小学也没有毕业，那您字怎么写的这么好？

B：后来抗日战争胜利了，胜利了之后我又读中学去了，然后考到师范里面去读书去了，在那边又读了四年，相当于就是高中一年级，可是那个时候也是很不容易的，所以我跟你说么，安城人就是这一点好，不管你有钱没钱，就先送小孩读书去，像这种人是有一大帮的。

C：那个时候去袍笃读书的人多吗？读高小的人多吗？

B：多的，有不少嘞，我们是专门有一艘船的，摇船的这个人呢，是个皮匠师父，他就是划船，然后让他划到袍笃，就是划船划到袍笃的花庙里。

C：那大概有几个人去读？

B：有七八个人吧，还有一个人在的，还有一个叫吴茂贤（音）也去读的，他还很健康了呢，还有一个是乃兴，就是晨祖（音）他爹，还有一个也读过的，就是杨伟老师，他要比我们高，就是陈乔老爷（音）的小叔子，就是乃荪。也在这里毕业的，还一个是幼伶先生，也是这里毕业的，但是他们的年纪都比我们大，我们在读的时候有7~8个人，算上他们总共10来个，他们也是有船送的，就是早上送过去，晚上接回来，那时候就是这个样子，实际上我们是走读生，不是住宿的，但是这个学校也是有住宿生的，这是相当好的，师资力量是很强的，我去了这个学校就学了很多的知识，那么基础打的扎实。

就是有点像盲校，就是成人那种，不正规的，也不是上课下课上课下课的这种，它只是上午下午，中午写毛笔字，教材也可以你们自己写，我进去的时候比方说念百家姓啊，什么弟子规啊，就是最原始的这种，这是我们这辈里面有七八个人，我哥哥的这辈里面，也有一些人，读书的人也是很多的，解放之后呢，我们的年纪都刚好是20岁、十八九岁这种时候，解放的时候我是虚21岁，那时候就找工作了，那么，这时候共产党也需要新的力量，我们刚好就凑进去了，我们都是读过书的，又有文化基础，那就都参加工作了，我是1949年师范毕业，实际上我们是提前毕业的，真正毕业的时间是7月份，可是我们这边是5月份就解放了，提前两个月毕业的，然后马上参加工作了。

C：那您参加工作是在哪里呢？

B：毕业之后是在解放路那边有个前观巷小学，在那里教书。怎么会到那里去的呢，这个呢，安村小学里面有个老师，顾雪雨，他是隐蔽在安村里面的共产党员，他是地下党，平常我没有事情的话呢，我是帮他工作的，比方说给他改个作业本子啊，帮他去辅导几个学生啊，因为都是师范么，他是地下党啊，一解放之后他到军工委去了，解放之后呢，他的身份就可以公开了，然后他就不教书了，有一天我在街上看到他，顾老师，然后呢，他就问我，你现在怎么样啊？我说我没有事情，在家里一直待着，他问我，你想不想工作啊，然后我就说，当然是想的啦，因为我家里穷么，然后家里叫我挑重担，他说你想做点什么？我说我读的是师范，我只能当教师，然后他就在军工委这边给我开了个介绍信，我就拿着军工委的介绍信，去前观巷小学当教师去了。然后呢，当了半年不到，到了秋天，就给我调到后面叫姚家埭的地方，那边有个小学，叫做姚江国民小学，我就到这边教书去了。1949年的时候，我就教了半年书，然后我就成为全国各阶层代表大会代表，去开的会，绍兴解放后是分为绍兴县和会稽县，我呢是会稽县的各阶层代表，然后1950年我就被调到孙端小学当教导主任去了，当了半年教导主任后呢，就当了副校长，然后在孙端小学待了三年，1956年，绍兴一口气办了8个农村中学，马山中学就是我办起来的。然后我就当了马山中学的副校长了，那个时候没有正校长的，那个时候会稽县是并入到了绍兴县，会稽县的县府就在皋埠（音），绍兴县的县府是在柯桥的，后来到了1957年，那个时候叫作教育工会，我是作为绍兴县的教育工会的代表，到北京去开会了，叫作全国工会积极分子大会，然后整风反右么，我呢变为右派边缘，又不是右派，只是右派边缘，然后校长不能做了。就再回来，然后呢，以前是在斗门那边当校长的，斗门中学，再加上我的父亲是国民党区分部的一个支部里面的委员，他是支部委员，成分不纯正那个时候是讲阶级成分的，其实我自己是清白的，没有什么的，不参加党啊派啊，后来么到了1971年，绍兴县就搞了一次文艺调研。所有的作品都是要自己创作的，区里面呢也是要去参加的，节目没有人写，然后区委书记就把我调过来了，写了个小节目，这个作品就被评上了，评上了就被送到省里面去演了，省里么也评上了，后来到东海慰问解放军去了，他们以为我是个文艺兵，实际上我是一个当教师的。然后到了1978年的时候，就把我调到文化馆去了，跟学校单位脱离了，那么就不搞教学了，就搞文艺了,所以我一生当中就搞了两个行当,一个是当教师,一个是搞文艺。其实教育和文艺是相通的,都是为人民服务的。

C:杨老师,您当教师的时候,我们这边的话,是不是以安城的人为主的呢?

B:我当教师之后呢,是不住在这里的,实际上我是17岁从安城出来,然后到绍兴市里面去读书去了,回来之后是一直没在这个村子里待下去的,但是不远呢,就是在马山周边的,那我的老爸老妈和弟弟妹妹呢,是住在这边的,过年的时候呢,作为老家呢,回来看看,所以我认识的人已经不多了,他们认识我的人也不多了。这个村长的爸爸呢,我们小时候是同学,他叫什么我也不知道,但是他跟我说他爸爸是谁我马上知道了,我们以前是同学,原来是这个样子的,老一辈么还认识的,也是知道的,小一辈的话呢,基本上是不知道的。

C:杨老师,您在家里面是排行第几啊?是老大吗?

B:其实呢,我是老二,老大在很早的时候,小的时候就死了,所以我的祖父呢,就吸取教训了,当时的农村呢是缺医少药的,那个时候小孩子死在天花里呢,是很多很多的,其实那个时候已经有牛痘了,然后我的爸爸,我的老妈呢是种牛痘的,所以那时候的牛痘呢其实并不好,并不是十分保险,然后我祖母就给我人工种植天花,那个时候叫种大花,因为天气的原因,种的地方就烂掉了,然后手和脚都肿起来了,化脓了,感觉上就是基本已经死了,家长就给我放到一个小桌子上,就等一口气断掉了,就把这个扔掉了。也是命不该死,有一个游方郎中,就是医生,就是穿街走巷的游方郎中,路过我家门口,这个医生叫作王朗春,他进了我家门,他说,诶,你们怎么这样子?怎么把小孩子这么放在桌子上的?然后我的祖父就说,其实我们看看这个小孩子快不行了,种大花种的快不行了,然后郎中都不敢过来了,是因为要负责任的，也不敢治。我们只能放在这里听天由命了，这个王郎中说，要不我给他开两刀，但是我是不负责任的，死马当成活马医，如果要是活了的话呢，你呢再给我点钱，如果要是没有活呢，我也不负责任的。所以他给我一次性开了72刀，这边刀疤都在的，其实这个手呢，就是被刀开掉的，本来这只手是好的，全是开刀开的，开了72刀么筋脉是有点伤到了，这只手只有一块是正常的，其他的都是畸形的，那个时候双手双脚那块全开刀的，脓都是用盆来接的。那时候只有两岁，84年白活了，我今年86岁，从小我就懂得像我这双手呢，想活命的话呢，就只能读书了，像我这样呢，是种田啊，做木匠啊，这双手是都不会了的，这个的话呢，肯定是有困难的，我呢扫地都是很困难的，扫地总要把扫帚柄拿牢了。所以那个时候我只有一个想法，我只能多多读书了，以后呢，找个轻便的工作，才可以活下去，所以我读书是比较用功的。

C：杨老师，您弟弟妹妹有没有读书呢？他们读书有您多么？

B：妹妹呢是小学毕业，然后就出嫁了，弟弟呢是初中毕业，初中毕业之后呢，也读不下去了，家里呢比较困难，是因为家境限制的，我呢是这个样子的，我呢家里面不是地主，但是我父亲是有历史问题的，所以呢弟弟也不好上高中了，那个时候是讲出身的，所以呢就读不上去了，初中毕业之后他就做篾匠，然后他在马山三场退休了，然么这个场倒掉了，那就退休了喽，我弟弟就是一直待到场倒闭为止。我以前当教师，当了29年，从小学教师，一直当到副校长为止，然后到了1978年，到文化界去工作了，然后到了61岁的时候，满了61岁就退休了，现在已经退休25年了，如果我这个人呢，你还想了解一下呢，我这边还有一点点东西向你介绍，绍兴县啊，现在叫作柯桥区，柯桥区呢，是有个小百花越剧团的，我是他们的第一代领导人。他们的那三朵梅花，都是我招进来的。我平常的时候是很低调的，我不像他们这样怎么说怎么说，我蛮想得开的。我觉得为人要低调一点，但是介绍情况的话呢，我也是实事求是介绍的。人家不要搞的工作呢，领导给我，我都要给搞好的，当时创办越剧团的时候呢，我么就是一个脾气，要么是不干，要干就要干好他，好向领导交代，要是像这样马马虎虎地搞，敷衍敷衍要有什么意思呢。我办学校的时候，学校的教学质量也很高的，教育局什么的，绝对信任，马山区的教学质量是很好的，是有一定质量的。

C：杨老师，您小的时候，这些个同学的话，家里穷，想读书读不上的这种情况多不多？

B：有的，跟现在是不能比的，读到一定时候么就当学徒去了，就是到商店里当学徒去了，这种情形很多的，真正算是高等教育的，从安城来算的话呢，我算一算的话呢，大概也就20来个吧。已经算是多的了。有20多个人呢，到外地去读书去了，对一个村子来讲的话呢，确实是算多的。这个村子呢，出了一个传奇性的人物，这个人呢叫作王文魁，我们村里姓王的人倒并不是很多的，只有那么几个。他们也不是本地土居的，也是跟煎盐有关系搬过来的，这个人的爸爸是在湖州南浔那边呢，开了个银楼。在国民党统治时期银楼就是打金子的。这个人就没有去，他自己就留在了村子里了，安城有一户人家他自己家里面请了个老师，所以呢这个人就跑到人家家里面去寄读，寄读了之后呢，他的爸爸不放心，就把他接到南浔去了，到了南浔之后呢，他呢闯了一个祸，大概是出人命了，然后呢就跑了，然后呢就跑到上海去了。上海呢也不是一个很能站脚的地方，然后呢，他就变成小瘪三了，就是小流氓这一类的，然后干啥呢？他捡垃圾，这个时候呢，安城这边出了一件事情，叫做废煎改晒，然后我这边的这个长辈啊，杨亚玲（音）就跑到上海去了，他到上海是去销盐的，然后他就在上海的淮海路上呢，遇到了王文魁，这个时候王文魁是很困难的，王文魁呢一看是认识的，就叫他大伯，然后呢，他去贩盐，也不像现在这样就拎一个包，他呢是坐车子的，坐的是人力车，黄包车，是人拉的，但是级别是比较高档的，然后就是叮当叮当的走过去了，这个王文魁就在淮海路上捡垃圾的。然后呢就看到了，然后么他就喊他大伯，杨回头一看是认识的，然后说文魁，你怎么会在这里呢？文魁就回答他说当时是这样的一个情况，他自己呢有点混不下去了，然后杨说了，那混不下去了，你还不如跟我回安城去吧，他说安城我总归是不想去了的，能混出来就混，如果混不出来，我死在上海也就无所谓的了，然后他就想了么，既然这么困难了，他就看了看袋子里还有一块银元，然后呢，就看着一块银元么然后就给他了，他就跟他说，我这边还有一块银元，只有一块银元，你可以去用的，另外呢，他手上留下一个戒指，戒指上有四个字，然后上面呢写的是正大光明四个字，然后他就跟文魁说，文魁啊，如果说你这块银元用光了之后你再混不下去的话呢，真的再混不下去的话，你就可以吧这个戒指去当掉，如果说你要是能混的下去的呢，这个戒指呢，你就不要去当掉，结果给他混出来了，然后上海有个大亨，叫作黄金荣，黄金荣被绑票的绑去了，然后呢要谈，那么派谁去呢，派王文魁去送的钱，王文魁呢，愿意去，为什么这么危险呢，绑匪绑人的地方呢，不想让人知道的，一般你去送钱的话呢，送钱的人是会被人家打死的，王文魁这时候呢也是光身一个人，死了也就死了，无所谓的，那么一去之后呢，果然，钱交了，人放了，然后他在回来的时候呢，在一个小的弄堂里面，被绑匪打了一枪，他呢也很奇怪的，就是从前面打进去，从后脑打出来，没有伤到要害，伤是伤的蛮厉害的，但是没有打到要害，他的命大，就是没有死，后来呢，他就到了一家花园洋房的地方去了，然后是敲开门了，然后他去按电铃了，然后么打开门一看，满身是血的，就是请他们去救一下，然后帮他打一个电话给黄金荣，黄金荣把他送到一个叫做牛惠林（音）的诊所里，西医，这个西医在上海是非常有名的，上海人都是知道的，陈赓大将也是到他这里去养伤的，牛惠林呢是一个很有名的医生，然后就把他送到牛惠林的医院里面，然后黄金荣就收他为最后一个徒弟，后来他就变成上海有名的大亨了。变成大亨之后呢，有一次他回来了，回到安城来了，就相当于衣锦还乡了啦，就碰到大爷爷，反正我是叫大爷爷的，把戒指还给他了，他说我也没什么好报答给你，我现在在上海是有立脚的地方啦，他说呢，凡出外谋生只要是到了上海，去找他，让他开个介绍信，就是这个戒指的正大光明的这四个字，开个介绍信，这个人到了上海之后，他全部收下了，然后给你在上海安排，反正就是安排像什么饭店里啊旅馆里面啊酒店里这一类的，这只是他所有势力范围之内能估计到的地方，所以他答应了他一个条件就是，你介绍过来的人，我全部帮你解决。这是一个，第二个呢，安城有什么事情让我弄的，那么你只管开口好了，村子后面有个叫后江桥，这上面呢，是有个铁管子的桥扶栏，都是王文魁弄的，就是从市场开始，有些坎子都是他出钱弄的，另外村子里面有个洗澡的地方，公共浴室，也是他弄的，过去呢，是我们村子里面的公共浴场，然后在这里面可以换换衣服的，现在还在的。

C：杨老师，王文魁在的时候您多大呢？

B：七八岁。然后呢，他家里面会有很多的药，如果说村民生病，比方说感冒啊，头痛脑热这类的，然后就到他家里面去抓药，药是免费的，那个时候我叫他王老板。那个时候听说蒋介石也是黄金荣的学生，所以他们两个是师兄师弟了，所以在抗日战争时期，绍兴还没有

附 录

沦陷的时候（绍兴是1941年沦陷的），大概是在1940年和1939年的时候呢，那个时候王文魁是不住在上海的，是住在这里的，为什么会回来呢，就是那个时候上海已经沦陷了，那个时候日本鬼子让黄金荣当维持会长，他不当，所以黄金荣跟王文魁讲，这个座坐不来的，这个是汉奸，所以后来维持会长改成傅孝安，所以王文魁就回来了，在这里当这个钱江南岸自卫队队长，有武装的。他呢算是抗日分子。不是共产党的，是国民党的抗日分子。到了1940年的时候被国民党暗杀掉了，为什么是被暗杀，到解放之后才知道这件事情，他是地下党，解放以后有两个反革命分子呢，被镇压了，这个时候是贴布告的，然后是到我们这个村子里面去贴的，布告里说他是个地下党，为什么老蒋会派人暗杀他呢，他们是师兄弟的，道理是这个样子的，钱江南岸自卫队队长他支援四明山区的浙东游击队，就是共产党的游击队，所以对这个游击队有点帮助，因为他们的武器坏掉了呢就要到绍兴来修，这个修的话呢是要暴露的，所以他就到这个钱江南岸自卫队这边来修，王文魁这边是有枪支的，所以他就说你这边的我留下，我这里的你拿去用，国民党对武器都是有钢印的，有编号的，共产党拿的这个枪都是从国民党这里缴获来的，像警察他这边都是有武器的，他们就冲进来把警察的枪也缴去了，所以国民党是有登记的，他知道什么枪号被共产党缴获去了，所以在绍兴来修么枪号就在了的，所以怎么就会在王文魁这边来修的呢，这个枪已经被共产党缴获了的么，所以这个枪以前是在某某警察署被共产党缴去了，这样的话就暴露了，然后就把他杀掉了，这是非常可惜的，这个人死掉之后呢，安城里面很多穷人家都是哭的，安城在最困难的时候呢，他在这个村里面的大庙里办了个厂，叫粥厂，他就施粥给大家吃，一天两餐，给穷人吃。他一死，就没有这个粥喝了，所以穷人都哭了，那个抗日战争的时候都是很困难的。我一生当中碰到两次困难，一次就是抗日战争时期这种困难，还有另外一次就是新中国成立之后1959年到1961年的三年自然灾害，我碰到就是这两次。抗日战争的米呢，都是红的，怎么会是红的呢，比方说我扛了一袋米，啪啪啪用水喷，这米么就涨起来，以前不是用称的，是用斗来量的，一担米涨起来就是在体积上呢多出两斗米，他拿去之后又去掺水，米么就变质了。所以日本鬼子占领绍兴的时候，我们吃的就是红米，三年自然灾害的时候无非就是粮食少，但是质量是不坏的，这个时候米还是米，抗日战争时期的米已经变成红的了，变质了的，我们对日本人是恨的，我的儿子他们去日本旅游过，所以他们说日本人秩序很好啊，我不赞同的，我听不进去的。抗日战争我们吃了他们的苦，日本人在安城做坏事，你说打死了人之后呢，还把这个头啊，砍下来，就是发生在我们这个村子里面，我是亲眼目睹的，这个头呢日本人就是踢来踢去的。

C：当时日本人也会来我们安村的么？

B：来的啊，放火，经常来的，就是所谓的扫荡么。他是来找国民党的武装力量，是这个样子的，他们么都走掉了，那么老百姓逃到哪里去？所以老百姓就吃苦了，安城在抗日战争时候叫作岗凤乡。包括安城、丁墟、皋埠、王家埭这些村子，这些村子都在。所以呢你以后碰到岗凤乡呢，你要知道这是以安城为中心的一系列的村子。

C：杨老师，在你小时候，在我们这个安村大户有哪几个呢？

B：有，在这个大户人家里面有个姓金的，叫金兆宏，他弟弟是日本留学生，还有一个呢也是大户，他们家的房子很好。

C：现在这个房子还在么？

B：这个恐怕还在，我到时候问一下好了，前两年我看那个房子还是在的，但是这两年呢，样子是变了很多了，这户人家是经营盐和鱼的，所以家境比较殷实，这个样子他可以把子女培养留学，他这个日本留学都是自己出钱去的，他学的是农业，他日本毕业后就去了台湾发展，这个人后一直来没有回来过，这个去留学的弟弟是年纪比较大的，比我还大，他是按照辈分来讲的话呢，他是我的父辈，他们家的对面就是我刚才讲的，杨亚林（音）的家族，他们整个家族，当地人叫做顺记。可能当时他们有个人的名字里面带个顺字，这个是从事盐业的，也是一个大户人家，所以当时日本人和伪军来扫荡的时候，经常要到这两家来。

C：杨老师，那么那个姓杨的，帮村民走到外面去销盐的那个人，对他的印象都是好的咯？

B：那是好的咯，他说话大家都是听的，有地位的，村里人都叫他亚林大店坊。北方人讲叫大拿，一把手，所以他的话，有威望，大家都听的，实际上也为村子里面办大事情的。

C：那么对金家大家怎么看呢？

B：金家是这个样子，从我懂事这个时候起都是以养鱼为主咯，也是有钱的，比较殷实的，但是社会上的事情他是不大管的，金兆宏这个家族在整个安城是有名的，实际上是个地痞啦，他也是养鱼出身，这个人县志里面都有的，金兆宏的父亲叫金二连，名义上，明面上是个盐办，实际上他是个地痞。

C：那么，他们金家是两兄弟么？

B：一个去了日本，一个还在这个村子里面。解放初期就已经死了，土改，大的儿子在绍兴文理学院当老师，杭州师范学校当教师，这是金兆宏的孩子，这样的话是我们这一辈的，金兆宏还是我们这一辈的，他有好几个孩子，现在只剩一个儿子，最小的一个儿子，他现在还是在的，他是当教师的，金兆宏是有4个儿子两个女儿，所以呢，有很多故事。我觉得是这样，如果这个村子不写村志的话呢，我觉得很可惜，但是要写本村志，但是呢没钱，要钱的话呢，是要徐总来出了，因为有许多事呢，是他来掏腰包的，老让他掏腰包，大家也不好意思，如果说村子里面有别的企业，或者说，有其他什么产业的话呢，或者什么收入的话呢，那么花个十几万元钱，来写本村志，这个是很有必要的，这个村志的话呢，是很有声有色的。

C：杨老师，现在除了您知道这段历史的话，其他知道的人不多吧。

B：所以他们老是叫我，我呢有点文化，年纪呢又比较大了，就剩下我一个人了。

C：杨老师，我看在这边念佛的人都是老太太，去老年活动中心的都是男人们，女人们去的少？

B：确实有这个现象的，重男轻女的话呢，这个意识向来都有的，打个比方我有两个孩子，一男一女，如果我的经济有限，我只能培养一个的话，我当然培养儿子咯，女儿的话呢，让她学习学习女工，做些家务事情，到了一定年纪就让她出嫁，这种情况一定是出现的了，以前的话呢，就是女的做家务，男的就是去茶店里喝茶去了，如果你放到嘉兴或者嘉善的话呢，女的还是主要的劳动力，田里面还是要去的。

C：杨老师，我们这里好像非常注重老师。

B：这是一个传统，好像是老师说出来的话呢，都是有点学问的有点文化的，知书达礼的，所以不管学生好不好，读书成绩好不好，对老师的话呢，都是尊师重道的，所以么一定要听老师的话，不听老师的话呢就不是好孩子么。

C：杨老师，您讲的都是以前的事情，对现在这个村子了解吗？

B：是这样的，我不生活在这个地方的。所以现在的情况也不是很了解了。

C：好的，杨老师非常感谢您接受我的访谈，让我对安村有了更多了的了解，再次谢谢您。

访谈对象 12

基本情况：安村第二任书记，金书记，目前生活在安村。

B 是访谈对象，C 是调查员。在正式访谈之前 B 和 C 进行初步沟通。

C：金书记，您好，能不能请您先谈谈您自己的情况啊？

B：我 1940 年出生，15 岁初中一年级在绍兴三中读书，当时爸爸已经年老体弱，并且多病，我下面有一个弟弟，一个妹妹，我妈妈是双目失明的，如果我再读书，家里压力太大．哥哥已成家，分家了，姐姐也嫁人了，我 15 岁下半年就不读书了，我弟妹就继续读了。当时要招勤工俭学，我们村里有两个人被录取了，我是其中之一的，但我没去，家里没人干活啊。我就到小队里做了"记工员"，记工分。到了 18 岁、19 岁，1958 年大跃进的时候，我当上了生产队的队长。生产队的人数是在变化调整的，后来是 30 多户人家，100 多人。我 21 到 40 岁到村里做生产队长，后来到村里做委员，负责经济这块，44 岁时升书记。

68 岁时退出村委工作，被小区聘请做了 3 年的日常工作。现在已经不做了。

C：金书记，您说说大跃进时候的情况吧。

B：大跃进的时候，好的方面是解放思想，"只有想不到，没有做不到",但挫伤了老百姓的积极性,虚夸风太厉害了。

C:安村原来有地主吗?怎么斗地主呢?

B:土地怎么分,地主怎么斗,我都见过了。安村原来和其他村称为安城乡,由5、6、7、8、9村组成的,安村由6、7两村组成,6村地主比较多,7村比较少,但每个村总要有个把地主,"好中取优"。

C:金书记,您当时在村里主要是管经济吗?

B:村里最早搞运输,应该是1978、1979年,由生产队去搞,去抓,大家轮流跑运输。生产队的经营管理根据各队来调整,村里不是一刀切,赚的钱归生产队,不用交村里。后来分产到户后,把船卖给农户,如果要的人多,就抽签,自负赢亏。多数是从绍兴到海宁、桐乡等。钱赚回来后,百分之几交给生产队,百分之几给个人基本工资(补贴)加奖励,并且算工分。由于生产积极性的高低不同,业务能力不同,赚的钱也不同。后来做企业,收废塑料加工成半成品,后来做编织袋。

C:当时的转制是怎么回事呢?

B:原来的安村塑料编织厂,书记兼厂长,后来改名绍兴塑料编织厂,经营5年后,资不抵债。后来根据绍兴80号文件,经营在三年以上,资不抵债转制了。

转制的话,地还是村里的。300万元以下资产,归村里,但村里要给经营者奖励。300万元以上的,一半上交村里,一半由经营层自己分配,包括厂长、经理等参与管理的人。当时没人竞争。根据政策可以竞争,当时思想没有这么解放。51%的股份是董事长,其他的给各个股东。

C:我们村是哪些年份建设比较大?

B:1994、1995年修路比较多,多数是自筹资金。修路修桥多数老百姓是支持的，但不排除一两户人阻挠。工作做得越多，得罪的人越多。如果做得好的，有85%的人支持你，但这部分人是不说话的，还有10%的人可能不说你好也不说你坏，但如果有5%的人说你坏，这些人就会造谣，说难听的话。

现在不太修路了，因为可能要拆迁了，再修就浪费了。2000年以后有新农村建设资金，一部分是靠上面的。如果按照经济来讲，现在土地都卖了，村里的资产上千万了。但实际上是地卖完的资金。现在土地是用一块少一块。

C：我们村外出的人多吗？

B：年轻人出去的多，搞建筑。

C：我们村老年人协会是什么情况呢？

B：老年人协会是1989年搞起来的。当时村里的书记是名誉会长。所以，我就当了会长。但是换届以后还是我做。前年重阳节时，杨书记来找我，商量两件事，一件是给老年人发放慰问品，第二件就是修庙。因为老太婆初一十五要念经，庙不修出事就是大事。结果有种种原因2010年没有修。去年11月新书记和我说庙失修，不能再进去已经围起来了，总不是办法，但怎么弄呢，结果一批老板拿出钞票，后来书记让我来管理，后来用了3个月80天左右把庙修好了。当时集资59万元，预估要50万元资金，还有8、9万元，后面的大殿和前面的大厅也还要修修。

C：好的，金书记非常感谢您接受我的访谈，再次谢谢您。

访谈对象 13

基本情况：徐总，曾任安村副书记。

B为访谈对象，C为调查员。

C：徐总是安村的成功人士，从小就在安村长大吗？

B：是的，我从小就在这里长大的。我1944年出生的。

C：少年时候也在安村生长的。

B：我小时候读书就在安村，那时候班主任叫杨乃浚，杨老师后来办了马山中学，我中学也是在马山读的，但是没毕业就去做会计了，当时可以去地质队我没去，就留在村里当了会计，四个生产队全是我做会计，我那时候初中还没毕业呢，初中差半年毕业，就进生产队工作。那时候村里没什么其他经济，生产队就是种田，开会都是学习毛主席语录，每人打分，评工分。

C：后来呢？

B：后来村里搞经济，搞运输。又去跑船，跑嘉兴、跑湖州，哪里都跑，我是会计，肯定要去的。其他人留在村里种田，我们跑运输。跑船跑了一年，1974年村里办塑料厂，我就去了塑料厂。

C：徐总后来把塑料厂发展起来，成立了布业公司。

B：布业公司是1985年的事，慢慢发展起来的，后来要转制给我，一开始我也不愿意。

C：为什么？

B：一个是村里也没钱发展，再一个厂里工人文化水平不高，也不好管理。现在看看当时做生意还是对的，那时候好赚钱，也不交五险。现在不好做了，工艺也复杂，以前工人都是本地人排队进厂，现在不行了，全是外地人，不好管。

C：本地人跟外地人有什么区别吗，为什么不好管理？

B：绍兴人比较温和，态度好，但是不好办事，觉悟不高。新昌人、诸暨人、嵊州人比绍兴人团结，没绍兴人精明。

C：徐总祖辈也是本地人吗？

B：我不是，我老家是杭州、萧山一带的，1950年有一大批杭州人、萧山人移到绍兴的。绍兴原来不行，以前自然灾害，1958~1962年绍兴人都是靠萧山人的粮食才过来的。1978年以后，绍兴才慢慢发展起来。

C：1978年是改革开放后的事情了。

B：经济开发区建设后，进来的全是污染企业，也未必是好事。政府低价买农民的地，高价卖给企业，农民没有自留地了，30%以上主要靠男人在外面打工。

C：现在徐总企业经营怎么样，有多少人打工？

B：这个行业迟早要淘汰，就是劳动密集型，污染大，很难转型，绍兴印染、纺织全是这样，2000年前污水都是直接排进曹娥江的，现在治理了，治理成本太高，整个行业都不景气。

我厂里现在300多人，最多的时候有700多人，70%是外地人。外地人拖家带口的来也是想好好赚钱过日子，这些年赚不到什么钱，我们企业贷款融资成本太高，现在很多人都是不想做实业。

C：对于企业发展，政府没有什么支持措施吗。

B：政府都是说说，评议一下，没什么实质的。1995年时我们还是浙江省示范企业，那个时候行业好赚钱，我们早早就给职工交了养老保险。以前大多数是本地人，2000年后外地人才慢慢多了起来。

C：这么多外地人来绍兴，跟本地人会有冲突吗？

B：外地人跟外地人打架多，跟本地人一般也不吵，矛盾也少。以前也有外地人在马路上收保护费，打击了也好了。绍兴人不排外的，外地人也大多数是好的，只有少数文化程度低。

C：近年来对村里事务参与多不多？

B：一般不参与，反正就在村里，做些小福利。做村里干部没意思，我 1973 年就做村委，1986 年叫我做支书我不肯。现在附近的村支书有 10 万元，这里只有 5 万元工资。

C：感谢徐总，让我们了解了很多。

B：应该的。

访谈对象 14

基本情况：万大叔，安村村委委员。

B 为访谈对象，C 为调查员。

C：万大叔好，我们聊一聊安村的情况。

B：我是村委年纪最大的一个，情况都了解的。

C：安村拆迁的事比较多吧。

B：多，我自己就住拆迁房，越胜小区。我们那个生产组 2004 年上半年拆的，拆的时候就住在村委隔壁的空房子，过了年才搬去小区的。

C：当时的补偿是怎样的呢？

B：当时一户有 220 个平方米好拿，我当时有 3 套房子，80 平方米的卖掉了，100 平方米的放放东西，还有个 140 平方米的自己住，补差价花了好几万。围墙啊空调啊什么的，都给原样移过来。

小区当时房子的价格是 550 元一个平方米，拆迁的房子价格是 300 到 450 元，评估出来多少就是多少，所以要补差价。

C：您对拆迁是怎么看的？

B：不反对拆迁。根据自己的想法，我们自然村，交通不便，买东西、乘车都不方便。所以 95% 以上的人都同意拆迁。以前买东西，没车的时候用走,走到村里来,买盐,买油,走过来半个小时,来回要一个小时。但我们原来自然村,环境很好、风景很好,有水,果园、竹园。现在大家都搬到小区里了。和以前是不同的。以前是平房,现在这个单元,那个单元,看不到人了。走到楼下才看得到。说话肯定少了。原来老自然村的时候,好的方面,相互熟悉,相互协调,现在小区里,纠纷也少的,因为以前是平房晒谷子啊,小孩子吵架啊,家畜乱跑啊,但现在交流少了,跟城市一样。隔壁的人叫什么名字都不晓得。

(访谈对象12 老书记插话)我们是第二批拆迁的,是第12生产队,是一个自然村,拆迁时60户左右。第一批是造高速公路时,沿路涉及29户人家,分属于三四个不同生产队。工作还应该好做,但是几户感到拆迁吃亏,有三户过了一年多才拆迁。基本上达到他们的意愿。各退一步,政策上协调一下,让他们得到一些实惠。但这样做,今后的拆迁困难会更多,因为同样的政策,可能有70~80户人家都是同样的政策,但他们已经签订了合同。如果要是强拆,会涉及很多部门,而且不好办。但开了头后,对其他人不公平,而且对后面的工作影响不好。老百姓当初的想法是,有害怕的,没底的。第一,我拆完我住哪儿呢,第二,拆完了怎么赔,第三,怎么安置。现在80%~90%的田都没有了。都是失地农民。

C:确实,村里的工作还是要讲究公平。

B:村大工作多,修了很多路,那时候"心一致"。但老百姓阻挡的事情也有的,比如要占用一些私人的地方,如果有人不同意就麻烦了。

C:那如果村里人有了矛盾冲突什么的,一般怎么解决呢?

B:如果是自己家里的事,一般是村里的长辈或邻居出来劝。如果是两家人的事，一般是到村委来调解的。去年下半年有一件事，就是订婚以后退婚。订婚的时候男的要给女的聘礼之类的，退婚时要求退回金器之类的，但女的要补偿费之类的，双方的父母都来了，一起讨论。他们私下也谈的，没谈妥的情况下，又要面子，就到村里来了。去寻求法律解决的也有，但少的。一般的事情是村两委处理的，老年人协会也处理一些事情，但毕竟没什么人了。

C：那看来村里对村干部还是信任的。

B：如果有纠纷矛盾，大部分是到村里调解的。老书记在的时候，有个规则，周末要给老百姓办事。但我们也灵活的，有事情大家调济一下。

C：万大叔，再说说以前的情况？

B：我最早是开拖拉机，村里那时有1100亩地，最多的时候有五六部拖拉机，有重型的也有中型的。中型的有4部。拖拉机是大队的，我们有12个生产队。我们是轮的，以前是种双季稻的，忙的。忙的时候在大队里耕田种地，平时的时候就在生产队做事情。

20多岁开始开拖拉机的，开了十多年，1982年分田到户，然后到外面搞运输。到了1985年叫我回来养鱼，有200亩水面。

以前事情好做，别人喊一声就去帮忙，不要用钞票的，小工都是帮来帮去的。分田到户以后，慢慢的，可能到了1986、1987年大家慢慢开始用钞票。

B：到了1987年的时候，我两头跑，渔场也要管。任村委副主任。当时村里大量造房子，一年要造150户。我协助村长量地皮，搞调解，因为起房子纠纷比较多。到了1990年，渔场承包给个人了，我就回到村里。我当初也想承包的，我舅舅是乡渔场的领导，会给我很多帮助。但是村里一直叫我回来工作。"听人劝，吃饱饭"，书记和会计都叫我回来。当初没有别人想承包。包了五六年的样子，后来转包了。

打水要收电费，25元一亩；自己打水的要收12.5元。田地要80块一亩承包款，征地以后才开始收的。总的下来的钱是一样的，但每个人拿的钱可能不一样。

我们这里70年代还没有收割机，分田到户时还没有，到了90年以后才有的。

C：万大叔，我们村的马路修得很早吧？

B：是的。村里4米宽的路全是手工做的。那个时候村里有纺织厂，用村里的资金。叫小工，可能10~20元钱一天。那个时候买材料啊，怎么做啊，我们村委都要商量的。现在都是包出去了。

C：对于安村的工作，您确实体会很深。谢谢您接受我们的访问。

B：当然，本地人有感情的。

访谈对象15

基本情况：安村第三任书记，杨书记。

B为访谈对象，C为调查员。

C：杨书记，我感觉村里的老百姓对村干部工作比较满意，老百姓之间关系比较和谐，我们干部是怎么做到解决一些矛盾的？

B：首先感谢我们村干部的努力工作，我打个比方吧，2007年我们村的外来人口超过本地人口，特别是农贸市场外来人口多，导致乱停车、乱放、乱占公共场地比较严重，后来经过我们一段时间整改才有现在这个面貌。

C：那时村里管理那么多外来人口是不是比较困难？

B：不难。

C：有没有发生一些打架、斗殴事件？

B：有，一般不是本地人与外地人之间，是外地人与外地人。由于做生意产生矛盾。

C：租客与房东会发生矛盾吗？

B：不会，我们村是外地人口的试点村，与派出所相互配合，对外地人口实施逐一登记，外地人需遵守相应的村规条例，如有违背，则会受到相应的治安条例处罚。

C：在管理外地人事件中，会不会有拉帮结派的对抗事情？

B：不会，我们实行的以法治村，即使极个别人违背村规条例，我们也是在法律的框架之内进行处罚，所以不会出现集体性对抗事情。外来人口绝大部分是遵纪守法的，只有极个别人员，对某件事情上，不讲道理，蛮横，往往也是会被孤立，经过疏导，教育也会融入集体比较和谐的环境中去的，以和为贵，他们在外面工作，也是为了生活的更好才出来务工。

C：对外地人口登记是从哪一年开始的？

B：2002年开始。

C：那时对登记人口资料怎么处理？

B：我们会汇报给派出所统一管理，发生事情时，我们在讲道理不通时，无法处理时，我们会汇报派出所，进行配合和管理。因为有些事情我们不能处理的，需要派出所进行协调，经过一两年实行之后，慢慢地我们总结经验，吸取好的经验推广。有些事情，要预先评估，做好应对的措施，这样处理起来会得心应手。

C：你有没有遇到印象深刻的事情？

B：我们这边的农贸市场。我们也是责任人去各个摊位收取农贸市场卫生费，这部分钱也是取之民而用之民的，负责对市场的卫生有些商户不理解，不肯交纳。我们也是经过一个个讲解，最后也是解决了。

C：听说我们村的干部作风都很好，是怎么维持下来的？

B：我们是一届一届往下传承下来的。好的做事方法，我们就吸取及保留下来。

C：我们村考出去的大学生多不多，年轻人回村的人多不多？

B：考出去的大学生很多，但回村的比较少，基本在外面工作，70、80年代的时候，基本在上海等地发展。80年代中期和90年代，年纪大的慢慢回村里发展，现在大学生搞科技的比较多，留在外面的大城市比较多。

C：现在我们出去包工程多不多？

B：是的，包工程的也有多的。

C：村里家里对孩子教育重视不？

B：很重视的，对下一代的教育非常重视的。家境好一点的，一般都送到绍兴那边读书，很多外地的人都愿意把孩子放在我们村里上幼儿园，我们村里光校长就出过50多个。

C：现在村里每年都有去当兵的吗？

B：很多，部队很能锻炼人，现在年青一代，吃苦耐劳比较差，娇生惯养的，去部队会有锻炼机会，成长比较快。

C：厂里现在有多少工人？

B：有30多个工人。

C：晚上也上班吗？

B：晚上基本不做，只做白天。30多人中一部分是本地的，一部分是外地的，湖北、安徽、河南的，等等。

C：外地人住在厂里面吗？

B：住附近一些小区。

C：杨书记，您是1992年就来这里上班了吗？

B：对的，1992年12月7号。我是1985年初中毕业，然后到杭州去，在浙江省送变电公司，1987年回家，在旁边做副业，搞机械工。

C：那时候修马路是村集体掏钱还是每家每户掏钱？

B：是企业、村，还有其他的单位赞助。

C：那个时候我们厂可能还都没有转制哦？

B：都是集体的。

C：那时候厂里效益好吗？

B：效益还可以的。

C：可能那时候村集体还是有钱哦？

B：对。

C：浇马路是我们村民自己做还是请别人？

B：请别人做。这种马路我们自己都会做的，他们专业的机压设备我们没有，小的一些呢，我们自己弄。

C：杨书记，最近我们村有一些大的项目吗？比如修水渠。

B：水渠我们是年年修的，但是这个工程不大，投资不大的。现在乡村投资比较大比如乡村卫生服务站，这个新农村建设当中会做了，这个会议室是2002年开春盖起来的。

C：这个做得蛮不错的，村民看病很方便。

B：对我们老年人是有好处的，他们看病比较放心。

C：这些新农村建设项目是向镇里申请经费吗？

B：它是这样子的，市里面有一部分，开发区有一部分，镇里面有一部分。

C：我们征地好像是从2002年开始的？

B：是从2002年4月开始征地做马路。

C：那是农地啰？

B：是的，农地。

C：那时候征地工作难做吗？

B：那时候不难做，现在都不难做，征地老百姓喜欢的。

C：那会不会有一些人会觉得补贴赔偿太少呢？

B：肯定有的了，但是这个东西怎么说呢，上面定这个标准，我不同意我怎么做工作呢，也没用的。

以前的思想工作就是舍小家、为大家。说村里的工业园有税收，以后可以为大家做福利，实际上却没有。比如有的企业已经做到几个亿了，这个企业土地呢便宜给它，但我们得不到实际好处。你这里弄好了它会跑到其他地方。最终苦还是老百姓。

C：这些是不是一次性的给多少补贴？

B：7000元啊，一个人7000元。

C：补偿完后其他福利就没有了？

B：没有了。但是现在市政府出台一个政策，就是你每个人交一点费，每个月拿一些钱，叫做失土农民养老保险，但是这个政策我们享受不了。

C：那为什么？

B：因为我们有职工养老保险，他只给一个，我们这个职工养老保险本来就应该有的，那边我们是失地的，你怎么能把我取消掉，这个取消政府来讲是不应该的，我们把土地给国家了，养老保险取消我们想不通。

C：你们比普通职工养老保险会不会多？

B：这个多与少是我们自己交钱的呀。

C：没有加失地养老保险给你们吗？

B：没有。

C：那就少了失地的钱了。

B：是啊，我们失地是白失了。这个失地养老保险和职工养老保险只能二取一，我们想不通。

C：村里这种情况多吗？

B：都是这样子的，不到55岁、60岁都是这样的，农民去企业打工只有职工养老保险。

C：这个征地不管征了多少地都是按人头？

B：是的，按人头。

C：老百姓会有意见吗？

B：这个土地又不是他的，我们每个老百姓是平均分的。1983年这里土地承包，个人只有自留地一点点土地，其他都是集体的，而且还是要交粮的。那时候每人只给4分地，其他都是集体的。原先人们不爱种地了，都出去打工不像现在土地这么紧张。

C：后来拆迁会不会难度比征地更大一点？

B：这个其实都是一样的，主要是看工作方式。我们征土地，该征的，全部都征了，但是也有两个钉子户，我们各方面做工作，现在就做好了。

C：怎么做的呢，这些人的工作？

B：这个是国家政策，然后你的土地给你留出来以后，你打水等等你怎么去搞，四面都包围了对不对，这是一个。另外一个呢，征掉土地以后呢，老百姓还有失地养老保险，这个年龄大的喜欢，女的只要到了55岁男的60岁，今天报明天就可以拿，现在呢需要你报，你不报两个月以后就不给你报了。

C：你们报了失地养老保险没有？

B：我们没有。

C：你们是因为职工养老保险想报也没得报了？

B：不是，我们也报。但报了以后呢他给我们合并在一起，这个钱退给我们。这个钱以后就不能拿，这个就是不对了。

C：年龄大的人没有职工养老保险的要交多少钱呢？

B：3500元。

C：分年龄段的？

B：不是，分档。

C：哦，不同级别让你选择的然后拿的钱也不一样。那当时你们交的时候会不会允许你们交上去？就是这个失地养老保险的钱？

B：交了，现在要我们去退，我们不去办手续了，他说你们不办以后钱也不给。

C：现在这个还是没有解决？

B：是的。

C：如果年纪没到也可以交吗？

B：可以，到了55、60岁就可以拿钱。

C：不管多大年龄交的钱是一样的？

B：对。

C：刚才说征地的钉子户，他们是什么情况不愿意征地呢？

B：他们是觉得赔偿不合理，作为老百姓来讲不合理。作为政府来讲，更合理。他们这个地是种樟树苗圃的，他说我要10万20万30万这样子。作为政府来讲呢，他有个标准的，第三方评估，评估多少就是多少。

C：那后来是请了评估公司来评估了？

B：是的。

C：有没有基本达到他的要求？

B：不可能的。

C：拆迁户有几户不肯搬的原因是什么？

B：也就是价格的问题。

C：价格不是一样的吗？

B：不是的，那是逐户考察评估的，有的说我的地好，怎么价格差不多，但这个怎么说呢，你的地再好，人家不要呢。

C：现在村子接下来可能还会有拆迁，会不会难度更大？

B：我可以这样说90%的人希望拆掉，5%拆也可以不拆也可以，还有5%当中1%我就是不拆的，还有4%里一半只要工作做下去，肯定要拆掉。像我们800多户人家，90%要拆就好拆，如果只有60%的要拆，这个绝对不好拆，我们只搞到80%就开始拆了，现在是100%了。

C：那一户不肯拆的原因是什么？

B：他说我们这也便宜那也便宜，要我们到上面去做工作，后来适当给他补助了一点，所以说工作的方式很关键。不能说我就不做工作，看你怎么做，我们还是继续做工作，把这些问题排除掉，我们是要你好，不是要你吵，对不对。也不是要你死，你死掉了，我们也没办法做工作，你好我们可能也才好的。所以这个工作做下去了，工作方式很重要，很关键。

C：所以这么多年做下来也很不容易。杨书记这么多年来村里发生吵架会有哪些类型呢？

B：我在这村22年当中我跟他们吵架的最少不少于4~5次，为什么吵架。因为我是有道理的，他们就是要我怎么帮他们，但我能帮的我帮，我帮不到的没办法。只要他们来找我，我帮得到的我尽量帮他。但像拆迁要我完全达到他的要求，达不到的，对不对。

C：老百姓之间的纠纷有没有？是哪些类型？

B：有的，可能吃亏了，便宜了。

C：像那种小孩子吵架最后怎么解决呢？

B：我们要做救火兵，让他们双方找自己的原因，后来呢就好了，要花时间花精力。

C：打官司的多不多呢？

B：不多。

C：我们现在企业有几家？

B：企业很多。我们要安全检查的，这个我们是搞服务的。不是说是消防、公安的去查，不对要罚款。我们就是提醒你，起到帮你服务与督促的作用，如果企业不理，我们也有办法的。

C：打工的人流动性会不会很大，还是比较稳定的。

B：这个是这样的，看你这个企业的。企业工资要发的勤，效益要好，那肯定稳定。如果吃了这一顿没下一顿，那他肯定要跑啊。

C：那有没有没领到工资跑到村里来闹的呢？

B：没有。

C：他们一般有签劳动合同吗？

B：签，但这个对企业其实不利。你来做两个月不做了，后面的事情没完成，但要拿这两个月工资。所以实际上对企业是不公平的。还有这2个月，我企业对你投资培训很大，还没收回来，这个损失也是很大的。现在这些人钻空子很多的，但政府对这个不管，实际上也是错误的。有个人在这里工作，然后故意跟你摔一跤，要你赔钱，总这样，后来被抓到了。

C：现在企业有没有请法律顾问以避免这样的情况呢？出现这类情况怎么解决？

B：这些没用的，预防不了，他们钻空子没办法。

C：村里这些年来有没有发生一些恶性事件？比如强奸、纵火之类的。

B：这种事没有。1993、1994年的时候，我们职工上班，半夜给按住了，但是就是吓了一跳。后来我们跑来了，那个人也跑了，没抓住不能算。但抓住过小偷。是这样的，第一次他来偷了，后来我说第二次他肯定还来的，人家说不会再来了，结果又被偷了，第三天晚上他来了，我们抓住了3个人。

C：他们是住在村里面的吗？

B：住在其他地方。

C：偷了三次都是什么东西？

B：电动机、柴油机，是从仓库里偷走的。后来我们装了红外线监控，他一进去就会有报警。

C：村里的大户多吗，有钱的或者声望大的？

B：蛮多的，比如有搞房产开发的。

C：那他住在哪里呢？

B：他早年住的房子现在基本不住。

C：杨书记，很感谢您接受我的访谈，再次谢谢您。

访谈对象16

基本情况：安村现任书记。

B为访谈对象，C为调查员。

C：金书记您好，在安村做书记不容易吧。

B：安村确实有自己的村情。我自己工作下来，有几个体会。首先，村干部要正，如果上面不正的话，下面就会有问题的。选举最能反映一个村好坏，许多村拉票、买票、送东西，这个民风肯定不好，老百姓没有觉得庄严，但我们村从来没有发生过。老百姓真正选出自己的当家人。金武久第一任书记，前年离开了，但记挂他的人还很多。一届届都做得好的。

我们村讲究孝，我们的目连戏就是突出这个孝，只要孝一般不会出大问题。一个村也像一个家一样，村委就像家长，来处理问题。搞五好家庭，树立典范。

发挥党员的带头作用。全村有党员94人，其中30多人从部队出来的，素质比较高，有些村书记的亲戚都是党员，但我们村没有这个情况，我们村有很多老党员，他们提出，如果安村乱了，就是党员无能，他们对村的感情很深，只靠我们两个人肯定是维护不好村子的，是搞不过来的，所以经常听听老党员的声音。

C：金书记，我们村对老年人这块有什么福利呢？

B：我们看重老年人，福利是上半年下半年各100元钱，重阳节发油，有老年人630多人。过年的时候会发点东西，让他们高兴。我们这儿老年活动中心也建得很好。一般老年人能带动家庭对村子的信任。

老年人有宗教信仰的需求，不能堵要疏。我们把庙重新修了，有300~400老太婆去念经。宗教劝人向善。去年修庙赞助59万元，主要是老板和老百姓，把老年人吃斋饭的后堂也搞好了。

村子信仰佛教为主，基督教只有20、30户，原来定下规则赞助要在1万元以上，西安村也有捐的少的，之前没说好的，但我们村都是1万元以上才接受的。食堂没做好，桌椅都捐赠到位了。由老年人协会出面。

提高村干部的威信要干实事。去年争取上面的资金，修了停车场，搞绿化，原来没有专人搞卫生，现在有了。今年要创全国文明城市，搭上这班车了。农村跟城市比是没法比，但尽我们所能办实事。

老百姓比较关心村务公开，我们的钱到底用到哪里去，去年我们的三务公开上了有线电视，老百姓只要开电视就能看到。而且知道我们都做了什么。将来这个庙的明细也要公开，怎么用。

村干部自身比较硬。每个村总归有几个"会搞乱的"，如果自己站得正就不怕，有人到我家里来闹，我贪污了，所有后果我自己承担，公检法的门是开的，我不怕。

一个村如果搞不好，名声不好，嫁个女儿可能还要考虑考虑。

现在外界因素影响大，我们这个村比较开明，无所谓上门不上门，但从我们这一代开始觉得无所谓，种还是我们的种，姓谁的姓无所谓。两代人住一起的很少。从2001年开始就不批地了。

C：金书记，我们村拆迁的政策是如何的呢？

B：以前的政策是一个人220平方米，新政策是拆一个平方米赔一个平方米。今年拆迁涉及110户人家，拆迁办已列入计划。工作形势很严峻，老百姓的欲望越来越高，越顶得牢越占便宜，钉子户多也头疼，但是办法总比困难多。前年拆的5户人家拆了两年，4户人家签了，但1户不签，老板来了才拆。作为村干部来讲，不喜欢拆迁，烦加难，有些产权不明确，但从老百姓的角度来讲，确实有需要，房子没有，媳妇讨不到。

我们是自己要求拆迁的，打报告给镇，由镇再一级级送上去。由镇拆迁办直接与农户签合同。

C：看来在安村做干部不容易，金书记工作上还有什么体会吗？

B：确实做干部要看能力，现在对村干部的要求是三个"力"，势力、能力、财力。但现在能力是排在后面了，德才兼备，其实德在前面的。现在村干部也是服务行业了，把老百姓的事情要办好。上面的事情是要跑的，就是搞关系的，搞关系也是能力。

党的群众路线教育，是电视电话会议。还有督导组到绍兴来，我感觉效果不大，我们村干部都是上面他说他的，我们做我们的，不爱听，离我们感觉太远了。最终干事的其实还是我们基层。安全生产上面就发个通知给我们，上面就没责任了，我们要到每个企业去走访。

C：村里有没有集体资产？

B：村里没有收入，只有征地的增值、保值款，吃利息。还有就是土地收益，土地使用费，还有河面的承包。

C：以前是有集体企业的吧？

B：九几年的时候，上面有文件下来，转制，转得越彻底越好，对上面的话太听了，不折不扣地执行，安村是试点，转得最彻底了，说起来要被人骂的。

C：听说我们村要整村拆迁的，这个有时间表吗？

B：拆迁已经列入计划，就是一只脚跨入了，首先是村两委会，如果有一个反对就不拆，然后是村民代表要百分百同意，这个就有难度了，村民代表有50个，从每个村民小组中按人口比例选出来的。老百姓要百分之九十五同意才可以。反正村里不拿钱，是由拆迁办和农户签合同，拆迁办有个清单下来，把钱给村里，由村里去发。其实村里是专门跑跑腿的。最担心的是村民代表就在拆迁户里，如果他不愿意，他肯定就提出反对意见，这样的话百分之百就达不到了。我们110户人家，顶多6户不同意。从我内心来讲还是希望老百姓拆迁，因为老百姓是有需要的，孩子都长大了，房子不够住的。一涉及经济利益工作就难做了。为了鼓励全拆，上面有奖励，每个平方米奖励200元，给老百姓，一户人家就有四五万元。但是钉子户是不管的，你要拆就拆，反正我不拆。拆迁办就是你需要什么样的帮助，他也会来给你做，但最终的工作还是要靠村里。

C：安村的村情确实不错，现在民间传统文化保存情况怎么样，经济发展应该有一定冲击吧？比如春节有没有什么民俗文化的传统？

B：过年现在什么习俗都没有了，就是聚个餐，吃个饭。现在过年其实比其他时候还要累的。以前过年的话还有新衣服、压岁钱，现在一点感觉都没有，一点年味都没有。

我们修庙修出一个碑，乾隆十二年的。有一块碑上面都是石灰，"文化大革命"中保护下来的。

村里大姓就是杨、金、章（少一些），现在都没有祠堂了。原来的金家祠堂就是现在的学校（小学），都归教育局了。所以，这个学校要是拆起来的话，可能就有纠纷出来了。这个土地百分之百是村里的，但是房子都没了。

C：金书记，在村里，工作中有没什么困难，有什么感受呢？

B：村干部是最难做的。现在老百姓不讲理的也多了，比较烦了，说实在的，村干部这个位置最好不要长做，也是高风险。

我前面有四任书记，从1983年开始，总共30年了。之前叫大队长。这届村两委一共6个人。村委有4个人，其中有两个人是交叉任职的。

我上班都是走路来的。如果老百姓是有话跟你说的，那就是干部当的还好的。我从家里是从不同的路走过来的。上次派出所来查夜，一路走过去，老百姓一路打招呼。外来人口有1000多人，1800多个常住人口，但有些是户口在人不在。去年村里死了14人。基本上已经老龄化了。我现在比较担心,以后我们老了,究竟谁来照顾我们。

C:感谢金书记接受我们采访,对于安村的介绍金书记介绍得很详尽,十分感谢!

B:应该的,这是我的工作。

访谈对象 17

基本情况:安村文书,金大姐。

B 为访谈对象,C 为调查员。

C:你好,感谢你接受我们的采访。村里的文书工作跟镇上打交道多吗?

B:多的,我们村所有账目都是马山镇政府代理,发票一两个月上交一回。

C:财政都掌握在镇里吗?

B:村两委工资按镇政府文件发放,一般是定书记工资,其他村委工资为书记工资七折左右。若书记工资为 5 万元,则文书工资为 3.5 万元,妇女主任工资为 3 万元,但她兼了会计所以也是 3.5 万元。

C:现在还征地吗?村里的安置情况怎样?

B:征地基本每年都有进行。但征地安置费都是一样的每人 1.1 万元,从 2003 年开始到现在一直是这个行情,是统一的,所以没人有话说。地为 D 类,补偿费最低。补偿费是统一放在账户,吃利息。

土地征用最主要的问题是地面附着物的赔偿,如果达成不了,就请评估公司出面,镇里补贴一些,袍江区也补贴一些。

C:好的,非常感谢你能接受我们的采访。

访谈对象 18

基本情况：安村村委会委员。

B 为访谈对象，C 为调查员。

C：您好，感谢您接受我们的采访，想了解一下您在村委会的工作分工？

B：主要是法律、调解方面，吵架调解可能一年最多一两次，也可能没有，一般是婚姻什么的情况。以前困难嘛，婆媳关系什么的多，但现在很少了，经济条件好了。

双方原是介绍相亲的，后来取消婚约，是订婚的，男方是王家大的，女方是本村的。男方提出要退婚，女方要了18万元多的聘礼，后来全部还给男方，开头不同意，通过调解做工作，调解时是说把聘礼还给男方，两颗金子留给女方，后来最后一次调解女方金器也不要了，吵架了。

老年人生活条件还可以的，土地征用后，每个老年人都有零用钱，家里经济条件也可以的，一般吵架就是因为钱啊。

以前还会因为自留地吵架，现在也很少了。

C：安村外来人口很多，跟本地人之间会产生矛盾吗？

B：外地人和本地人一般不吵架的。如果有事情房东会报警的。有联系民警的，经常来的，他姓宋。

村里从来没有上访、信访的。我们安村这么多年一直都是先进村，村民都很善良，百姓和谐。

老百姓自己也没有告状、打官司什么的。

原来老书记，当了三十多年，他很清廉，威望高，原来大家有事情会去找他的。前年去世了。他有三个儿子，两个女儿。现在大家有事情的话，徐总出面是可以解决的，威望比较高。

C：村里治安基础还好吧。

B：村里没有混混的。有一个吸毒改造人员，现在40多岁，已经戒毒了，身体不好，靠低保生活。他在外面吸毒，生了病才回到村里的。单身，父亲已经不在了，母亲有职工养老保险，一个月一千多，他和他母亲分开住的，因为一起住的话，他不能有低保的，所以是分开住的。

村里还有两个人因为盗窃被判刑，他们都是在外面盗，是二十多年前的事。盗窃以前是很严的。一个是在厂里上班，看到老板的钱放在办公室，他偷了4000元，给老婆买电视机，当时正是严打，被判了无期徒刑，后来关了15年，出来了。现在厂里上班，他只偷了一次，大家都知道他的情况的，现在工资三千多一些。他的丈母娘很好的，叫她女儿不要改嫁，等他一下。探亲假都会去看他的。他被抓之前已经有孩子，现在孩子二十多岁了。

另一个数额有点大，判了死缓，后来改造了，关了十六七年后出来的。找的老婆是柯桥的，女的离过婚的，现在孩子也生了。他的老表是总经理，他人比较聪明，只是走错了一步，现在过得也挺好的。儿子已经三岁了，2008年出来的。

C：安村拆迁比较多，那有没有因为这方面引发的矛盾？

B：拆迁时候也有一些问题，但通过工作，基本解决了。

C：好的，再次感谢您接收我们的采访。

三 家庭户访谈（部分）

访谈户 1

访问对象　A为男性，B为A配偶，C为调查员。

基本情况：该家庭总共 3 口人，男性户主、配偶及其儿子。户主今年 70 岁，姓韩（小姓，村里总共只有两户姓韩的家庭），其配偶今年 62 岁，姓徐（娘家为本村人氏，村里只有一户姓徐的家庭），儿子今年 34 岁，为精神病患者。该家庭夫妇由于不能生育，故领养了这个儿子，儿子在上初中时开始发病，现在家里养，不敢放其出去，以免发生意外事故（曾经在发病时有烧房子和砸东西的情形）。家里的房子是 80 年代建的，两层小楼房。

该家庭为农村低保户家庭，每月有 400 多块钱的低保收入，加上老两口的养老保险（失土农民养老保险，每月 380 元），家庭每月总共有 1000 多元的收入，基本能够勉强度日。现在家庭最大的困难就是精神病儿子的管理和治病花费问题。儿子每年要发病一到两次，除了政府能够报销的部分，自己每次还需要花 3000 多元，治病负担较重。该家庭在纳入低保户之前，儿子看病费用，村里帮助其支付 50%，自付 50%。在纳入低保户之后，看病报销比例开始加大，负担稍微减轻一点。

该家庭收入除了有低保补助之外，村里还给点其他的补助，大伯平时帮村里做点绿化和锄草，村里不发工资，到年底给一点福利，不会算入月收入，这样就与政策没有抵触了。大伯除了平时的农活外，还在村里做小工，以贴补家用。

C：韩大伯，您现在家里吃的菜是自己种的，还是需要到市场上去买？

A：蔬菜自己种，但是也不够，需要到菜场去买一部分。荤菜和米都要买，水和电也都要自己开支，生活负担比较重。

C：韩大伯，您现在最大的愿望是什么？

A：希望儿子看病的报销比例能够更高一点，自己生活的压力能够更小一点。

C：徐大妈，您现在最大的愿望是什么？

B：我的腿关节不好，经常很难受，有时候没办法弯曲，希望政府和村里能够帮助治疗。

C：徐大妈，你们家是属于村里的小姓，那平时跟邻居们关系处得怎么样？

B：我们虽然为村里的小姓户，但是村里人互相帮助，邻居们都很关心和照顾我们，平时与他们关系也处理得很好。

C：韩大伯，徐大妈，您们觉得应该怎样做人比较好？

B：做人要老实、忠厚，要互相帮助。

C：韩大伯、徐大妈，你们觉得村里还有哪些做得不好的地方？

B：村里现在办了许多企业，但是没有感觉到给我们带来好处。本来地征掉以后有补助的，但不够，农转非的安置费每个人才1.1万元，家里3个人，总共才3.3万元。其中用于交失土农民养老保险，两个人总共交了7000元，还剩下的2万多元用于给儿子看病了。每亩地的征地费是3万多，给了1万1的安置费以后，其他的钱统一存在政府，每人每年能够拿到200多元的利息，3个人总共才600多元。此外，村里每年给年满55周岁的妇女和年满60周岁的老头发200元的老年福利费。

C：韩大伯、徐大妈，你们现在对村里还有什么希望？

B：现在村里的社会风气好，很少有斗殴和偷窃行为，希望这种状况能够继续保持下去。

C：韩大伯、徐大妈，您们平时晚上有哪些娱乐活动？

A：我晚上主要看电视，喜欢看中央台新闻频道，平时也关注国家发生的大事。

B：喜欢看电视戏剧，比如《绍兴师爷》。此外，也喜欢看社戏，今年的6月9日这边刚演过越剧，这里是非物质文化遗产的分会场，非常好看。

C：韩大伯、徐大妈很感谢你们接受访谈，祝你们生活越来越好。

访谈户2

B为访谈对象，C为调查员。

基本资料：该家庭总共3口人，男性户主、配偶及其儿子。户主姓杨，今年62岁，配偶与其年纪相仿，儿子今年32岁，至今未婚。家里有两层小洋房，90年代建的，前两年进行了翻新。

该家庭年收入将近10万元，其中户主与其配偶收入共3万元左右，其儿子年收入在6万~7万元，大专毕业，在房地产公司做管理。户主有时到工地打工，帮助其弟弟干活，其小弟弟是小老板，从事古建筑建设（如古桥和凉亭），还有个弟弟在厂里当保安。此外，户主有时还在家里和其配偶一起做加工活，主要加工包橡皮和拆剪衣服线头，包一块橡皮的工钱是一分四厘，一天最多能包1500元左右，总共21元钱。拆剪一件衣服线头的工钱是一毛五。

C：杨大伯，现在感觉生活还好吧？

B：马马虎虎吧，比上不足，比下有余吧。

C：您儿子为什么到现在还未婚呢？

B：也不知道，在外面谈了一个女朋友，但是儿子妈妈不同意他们的婚姻，虽然已谈恋爱几年，但是他母亲一直反对。

C：那以后儿子的婚房怎么解决啊？

B：住自己现在的房子啊，商品房太贵了，买不起啊。

C：儿子结婚是打算大办呢，还是节约点办？

B：想节约也节约不了，要脸面，人家亲戚都办得好，那我也不能落后，不能太寒酸，不能显得太穷。

C：您觉得要如何做人比较好啊？

B：马马虎虎就行了，普通点就好了。

C：那您希望找什么样的儿媳妇啊？

B：希望性格好，好说话的。

C：那您找儿媳妇，最看重的是哪些方面？

B：平淡点，普通点，能相互体谅人，不要难说话。

C：那您是希望生孙子还是生孙女？

B：从名气上来讲，还是孙子好，毕竟从传统上来讲，要传宗接代，光彩点。但实际上来讲，孙子孙女都无所谓的。

C：您觉得现在村里人关系怎么样？

B：村里人与人之间关系都好，比以前好，以前在生产队干活和在宅基地纠纷上有矛盾，现在少了。现在土地没了，这些传统纠纷也就没了。但是现在同政府有矛盾，政府将土地征用后，给的安置费太少，土地征用掉以后，把子子孙孙的命根子都割掉了。从农民变成居民，也没有受益。把土地征用掉了，蔬菜无法种，现在生活成本又很高，安置费又低。这种做法非常不公平、不合理。

C：村里有声望的通常是什么人，或者村里受尊重的通常是什么人？是年纪长的，学历高的，有钱的，办事公道的？

B：这些人都尊重的，不管有没有钱，办事都要公道，要办实事，做人要厚道，做人不能太自高自大，不能太斤斤计较，做人要公道。有时候村里有人吵架，我去相劝，大家都听的，村里大家也都相互团结。

C：对社会上看不惯的事情有哪些？

B：现在土地都浪费掉了，把土地征掉以后，又没有开发，荒在那里，又没有建设，但又不让我们种。像我们50年代出生的人，对土地的情结都是很浓厚的。以前在生产队的时候，这些土地都是我们自己弄起来的，现在征掉了，还荒芜在那儿，很心疼啊。此外，土地被征用掉以后，村里厂子又没效益，现在的发展是对老百姓没有好处的发展。现在社会虚假东西太多，整个社会风气不好。

C：那您觉得要怎样改变社会风气呢？

B：主要是要加大惩罚力度。

C：您现在对村委会有什么希望？

B：现在村里经济搞不上去，希望能够解决这些问题。

C：家中父母都还健在吗？他们是跟谁住的？

B：家中还有一个老母亲，她自己一个人单住，现在89岁，生活都还能自理，身体还比较好。母亲住得近，三兄弟和两个妹妹轮流照顾，在家里，弟弟妹妹都还比较听我的。

C：杨大伯，很感谢您接受访谈，祝您的生活越来越好。

访谈户3

访谈对象：A为男性户主，B为其配偶；C为调查员。

基本情况：该家庭总共4口人，男性户主、配偶与两个女儿。户主姓杨，配偶姓金。户主与其配偶曾经是初中同班同学，今年48岁，都是初中文化程度。大女儿现年22岁，在嘉兴学院读金融专业，小女儿15岁，上初二。

该户主与其配偶现在从事智能防盗安装行业并开了一家小宾馆，从事智能防盗监控行业已经有7~8年了，主要客户对象为单位，现在做智能防盗的店面是自己家的房子，以前是农田，后来建成房子在马路边开店，小宾馆是属于租的房子，生意还不错。

C：您家有两个女儿，那按照杭州一个妈妈的说法，一个女儿就值3000万元，那两个女儿就值6000万元啊？

B：要3000万元干什么，要那么多钱干什么，只要他们两厢情愿就行。

C：那你们选女婿主要看重什么？

B：主要还是看他们感情，主要是两情相悦。

C：家里有兄弟姐妹吗，父母都健在吗？

A：我有一个姐姐，一个弟弟，夫人有三个哥哥。父母都健在，他们都是自己单独住。

C：现在生意好做吗？

B：现在生意好做，主要是开发区做得好，我们是比较早就做智能防盗器安装生意的，抓住了很好的机会，现在也有做这行的，他们起步晚，做得也不专业，所以可能生意也不太好。

C：现在你们的工人主要都是什么人，工钱大概多少，工期有多长啊？

B：现在工人基本上都是村里的，比较固定的那些人，小工现在最低也100元一天，大工是150~200元一天，工期短的大概一个月，长的一年也有。

C：你们给单位做智能防盗安装，有签协议吗？

B：协议肯定都是要签的，现在都是市场化了，必须要签的。

C：你们有碰到过单位拖欠你们工程款的情况吗？

A：有肯定是有的，拖欠了也没办法，也不可能跟他们去打官司啊，打官司现在时间长，而且成本也很高，反正到最后他们也都会给钱的，就是时间会比较晚。

C：你们认为做生意最重要的是什么？

B：最重要的是和气生财，要守信用，服务要周到。

C：你们现在开宾馆生意怎么样，有多少个房间？

B：现在有20个房间，生意还可以，雇了两个人，宾馆总共有两层楼，都是租的。租金是3年20万元。

C：你们女儿毕业后，想让她回来继承家业吗？

A：不想让她继承家业，现在做我们这行太辛苦，希望她以后能够进入公司或者银行工作。

C：你们家有两个女儿，想招女婿上门吗？

A：不招女婿上门，两个女儿都嫁出去吧，我们现在在袍江区买了一个180平方米的商品房，四室两厅的，到时候给她们一人留一个房间。

C：平时家里的事情都是谁做主啊？

B：家里的大事都是老公做主，小事都由我做主。

C：那你们做生意，村里对你们照顾吗？

B：村里对我们都很照顾的，现在我们每年都要交2万多元钱的税。

C：那你们刚开始创业时艰难吗？

B：第一年很艰难，要到处去贴广告，主动出去推销，现在名气和口碑都好了，不用去推销了，都是客户主动打电话找上门来的。

C：很感谢两位接受访谈，祝你们的生活越来越好。

访谈户4

访问对象：A为男性户主杨大伯，B为其配偶杨大妈；C为调查员。

基本情况：杨大伯，男，77 岁，已退休，现有退休金每月 2400 多元。年轻时在部队当过兵，后参加工作，曾担任过新昌县供销社经理。退休后，在老伴的影响下开始信教，至今已 10 几年，每周坚持到镇上的教堂去做礼拜，他对圣经里的故事说得头头是道。

杨大妈，女，72 岁，家庭妇女，已参加养老保险，现每月有养老金 1070 元。40 岁时在家里亲戚的介绍下信耶稣教，至今信教已 32 年，每周坚持到镇上的教堂去做礼拜，她说，基督教提倡要爱上帝，要彼此相爱，这样将来就能得救，能上天堂。

C：杨大伯，那么你们全家都信教吗？

A：也不是全信，他们年纪轻，信教在外面说起来不好听，（他们）不诚心的。我有 2 个儿子、1 个女儿，在缝纫机厂做工。我两个儿子肺都有毛病，有水泡。都信耶稣，就是不诚心，去得少，要上班的。

B：世界上 380 多位科学家，包括爱因斯坦，都信上帝的。本地有个老婆子，晚上睡不着觉，失眠，到所有的医院去看过，都医不好。没办法，经人介绍，到教堂来了，做祷告，请耶稣帮忙，最后病就好了。

C：信教要花钱吗，对经济有影响吗？

B：信教是不要钱的，不要买东西。《圣经》也不要自己花钱买。

A：经济条件好的要自己买，经济贫困的免费赠送。

C：那你们是什么时候开始信教的？

A：我年轻时在部队当过兵，还是党员，从小就不相信迷信。信教完全是退休妻子影响的。

B：当时我叫他先去听听看，圣诞节就去了，走进教堂，看到在教堂里大家不管身份地位高低,不管贫穷富有,彼此都叫兄弟姐妹,都是平等的,老的叫老兄弟、老姐妹,小的叫小兄弟、小姐妹,慢慢他就信了。

C:你们儿女都成家了,对你们有照顾吗?

A:有的,记账,年终跟他们算的。小儿子家的孙子今年20岁,在读职高,周末从学校回来就住在我这里。孙子回来,我总要改善改善伙食,补充补充营养。一个礼拜150,200元的零花钱都记账的。

B:每个月开销也大的,我们一个月总要1000多块,米、菜全都要买,还有水电费、手机。

C:好的,谢谢大伯、大妈,祝你们生活越来越幸福。

访谈户5

访问对象:A为金大姐,B为其丈夫;C为调查员。

基本情况:金大姐,50岁左右,和丈夫都是安村本村人。金大姐兼职村支委,主要在村企业办公室工作。丈夫也姓金,与金大姐同在村企业中工作,是中层干部。

C:你们好,很感谢接受我们的采访,我们先聊聊家里的情况吧?

A:我家里5口人,现在还住在村里的老房子。上面有婆婆,下面有儿子儿媳。

C:大哥大姐我看你们都在村企业里上班哦,效益还可以吧?

A:还可以,我们一家5口人,除了老婆婆都在村企业上班的,所以还住在老房子。

B:平常上下班也方便,生活也习惯了。

C：那应该也买了新房子吧。

A：前几年在管委会那买了两套房子，儿子两口子一套，我们两口子一套，还没去住呢。

C：那不错，这些年生活过的应该还是可以，收入都有保障吧。

A：收入就那样，我们两口子一年十来万，但开销也大，一家5口就我们两个出。

B：反正就一个儿子，将来也全是他的。现在生活也过得去，家里大件应该有的也都有了。

A：我们在村企业做了20多年了，平时厂里也忙，也没什么地方要出去旅游、消费的。就是我跟儿子身体有慢性病，一年下来医疗费用也多，不过现在医保能报一点，不像以前一分钱都报不了。

C：那还是不错的，不会影响生活。大哥大姐你们在村企业工作20多年了，应该对企业很了解。

A：这个厂以前是集体的，后来县里要求改制，才变成私营企业，我们村子里很多人都在里面做事。现在整个行业也不景气，我们这家相对来说比较大，还比其他小企业要好过些，效益也不错。

C：现在厂里还有多少人，外来人口有多少？

A：印染厂这块还算不错，现在200多个人，二三十个外地的。纺织厂整个行业不行了，规模就一直在小，老龄化也严重。工厂三班倒，工作环境也不好，年轻人但凡有点门路都做生意创业去了，不愿到厂里干活。

B：我们对厂子是有感情了，20多年了，从集体经济时代厂子创办开始一直干到现在，都是老职工，跟厂子有感情了。在厂里做事，收入方面虽然比不上在外面做生意的，但年纪大了也不想动了。现在厂里也给我们中层干部以上的买一点商业保险，也没什么心思折腾了。

A：村里有一些人是去创业的，他们有人带、有门路，在外面相对容易一点，真的靠自己去闯也难。一般有门路的，也不会在村里厂里干活。

C：确实是，各人有各人的情况。你们一直在村子生活居住，对村子应该也有感情。

A：村里的事情啊，村干部还是做了很多工作，道路啊，村容村貌啊，贫困扶助啊，都做的挺好。村子太大，难管了。

C：难管表现在哪里？村民对村里有意见？

A：意见肯定有的，一个是田地征用问题，一方面是当时的征地补偿标准太低，才1万多元钱1个人。连在一起的隔壁村的地，补偿标准要高很多，这不公平。另一方面是，土地被征用后，没留下地，村民要自己建房不给批地，年轻村民要结婚，住房问题解决不了，买商品房买不起。

第二个是社会治安、卫生问题。村里外地人口比较多，外地人口素质不好说，小偷小摸的情况多，卫生意识差，难管。村里的标准厕所，有时候走都走不进去。

外地人主要在村里租房，主要因为这里的房租便宜，一般100~150元一个月一间，老房子70~80元一个月一间。再差一点的房子，20~30元钱一个月一间。村里过去的猪棚现在都住的是人。

外地人多了环境差了，难免有意见。

C：大哥你的体会呢？村里邻里还挺热闹的吧。

B：热闹的，村里红白喜事，都挺热闹的，邻居互相不收钱的，亲戚之间就收点钱，礼尚往来。红白喜事，在饭店里办的，也不用帮忙了，在家里办的，邻居、自己人就会去帮忙。村里左邻右舍间交往走动还是比较多的，平时家门都是开着的，饭碗都手里端着走，互相串门。

C：现在新时代了，村里有没有离婚的？

B：离婚的情况，村里不太有。我们农村里对离婚还是重视的，各方面的压力都很大。我们这里还是比较传统的，就算相处得不是很愉快，但真要离婚，要考虑的问题还是挺多的。

C：好的，谢谢你们接受采访，祝你们生活越来越好。

访谈户6

B为梁大妈，C为调查员。

基本情况：梁大妈，60岁，生有1个儿子，1个女儿，儿子、女儿都成了家在外面，家里平日里就梁大妈和老伴在家。儿子在海南搞企业，当老板，搞装潢的。儿媳妇现在陪孙子在绍兴读高中。

C：大妈我看你身体还不错哦。

B：还可以吧，我60岁了，天天吃素，还是有高血压呢。

C：看来生活条件好了，大妈有福气哦。

B：我40岁就信佛了，有福气的，我儿子现在在海南，今年我才去帮忙的，他在那里搞装潢。福气都是菩萨给的，我们村里好多人一块包车到处去烧香还愿，菩萨灵的。

C：烧香还愿，最远去过哪里啊，村里人一起去吗？

B：最远到过杭州、萧山的，灵隐寺去过的，儿子孙子有空也会陪我去的，平常就是我们村里一群人，包车去。

C：大妈很诚心，要花不少钱的吧。

B：诚心！诚心！不诚心不行的。花钱是不少的，每年我家阿公、阿婆、我阿爸、阿妈的生日祭日，菩萨的生日都要请人到家里念佛的，一般 13 个人，一天四五百块钱，一年十多次呢。到外头烧香，一年下来也要两三千块。

（访谈对象 16　金书记插话：一年将近 1 万块。我老娘 82 岁，一年下来烧香拜佛也要六七千块，这费用主要我小姐姐出，她老公是包工头，赞助多些。）

C：那么大妈，你这样信佛，家里人都支持你吧？

B：支持！哪能不支持的，费用上也支持，儿子女儿都支持。我去庙里烧香拜佛，还不是求菩萨保佑他们平平安安，全村人也平平安安。一般我们出去也是几十个老太婆组织自己包车，自己照顾自己，互相照应，不给他们添麻烦的。

C：大妈真是个虔诚的人，那么大妈你平时还有什么其他爱好吗？

B：要么就是旅游了，我台湾、香港、新马泰都去过的，跟儿子女儿去。

C：谢谢大妈接受我们的采访，谢谢大妈，菩萨保佑。

访谈户 7

B 为调查对象，C 为调查员。

基本情况：一家 5 口人，夫妻及两个儿子一个媳妇，全家人居住在妻子家这边，与妻子的父母同住不同吃。大儿子及媳妇于 2011 年结婚，在绍兴市区居住在外公买的 40 平方米的房子，大儿子当过兵，原来在杭州科技大学上学，当了两年兵，后来做水电工做了两年，现在安邦公司做保安。小儿子（20 岁）未成家，在外打工，试用期间 1500/月，妻子父母开小店。夫妻打工两人年收入大约 36000 元。

C：你们当时是自由恋爱还是别人介绍的啊？

B：我们那个时候还是爸妈说可以，我嘛看看觉得还可以，就可以了。我们是一村的。介绍以前也不了解的，从媒人介绍订婚到结婚要4年时间。那个时候我们也没有拉过手。

C：那时候要多少彩礼呢？

B：没有要彩礼，他们家兄弟多，5个兄弟，都分家了。爹妈年纪大了，也没东西了。我爹妈只有我一个女儿，有多少东西就多少了，没有必要去计较，不问他们去要的。

C：大儿子结婚的时候跟你们那时不一样吧？

B：大儿子是2011年结婚的。现在每家结婚都要花很多钱的。彩礼是12万8千，还有两颗金器，一颗是一两二钱，共花了21950元，我们还算便宜的，现在还要贵。房子是我爸妈在绍兴买的商品房，40平方米，位置很好，在城市广场，现在可能要100万的。酒席办了20多桌，在自己家里搞的，共5万多元。我们儿子这样的在村子里大概属于中等水平。好的话，光是彩礼都要20多万元，还是讲不好。

C：那金大叔是算上门吗？

B：也不是上门，起先我嫁出去的，他们那边只有一间房子很小的，地又没有。所以后来就回到我爸妈这边了。

C：你们大儿子想要孩子了吗？你们自己想抱孙子吗？

B：我也不知道，随他们去吧，反正他们想要就要了，不想要催他们也没用的。他们有了叫我带我就带，他们不想要我带就再做几年，赚点钱给小儿子。

我还是喜欢女儿，我自己生了两个儿子感觉压力大。

C：你们给大儿子房子，小儿子没有怎么办呢？

B：现在大的先住着，等小的娶老婆了，你就估一下价，你喜欢房子，你就拿出房子的一半的钱给弟弟，如果大的小的都不要房子，就卖了一人一半分掉。大儿子一年收入 4 万元，媳妇收入不知道的，不好去问她。

C：你们现在养老保险情况怎么样？

B：我们买了养老保险，我爹妈也买了，去年买的，就是一次性交钱，大概 3200 多元，两个人 6500 元，现在每个人每月可以领 1070 元。我爹妈自己出的，我爸以前在厂里，以前厂里挺好的。

C：不上班的时候都做什么呢？

B：一周休息一天，我喜欢绣花。做做家务，看看电视，不打麻将的。村里演戏也不太去看的，就是没看过的会去看的，比如那个无常戏，我们没看到过的，会去看看的，别的越剧什么的不去看，电视里有的看，不去看的。旅游？想都没有想，没有条件。还有一个小儿子。

C：平时关心村里的事吗？

B：村里选举是每个人都参与的。我们村里都挺好的，村里的事情我们都支持的。

B 的老爸：我们村干部在镇上不是属一就是属二的，选举的时候我们村不搞这个那个的，其他村子是有的，我们这里都没有送东西的。

铺张浪费，红白喜事，白吃酒什么的我们村干部都没有的，我们的干部都不到人家家里去吃的。我们村干部是好的。第一任书记当了 40 多年了，现在 84 岁了。第二任也当了近 20 年。他们头带得都好，都在正路上走，不走邪路的。第三任书记老早就当了村委主任，大概 20 多岁就当上了，就是儿子刚生出来的时候。

C：你们村子的邻里关系怎么样？

B：我们这几户邻居都很好的，像一家人一样，哪怕有什么东西没有了，就拿一点了。婆媳关系以前都是因为经济条件不好，婆婆总想向媳妇拿点，媳妇也想向婆婆拿点。现在老年人自己都买了养老保险了，哪怕不买每个月也有 380 元。

C：有没出去烧香啊什么的？

B：一般也不去别的地方拜。就是春节的时候家里弄一弄。过年啊，清明啊，这些时候还是要拜的。我爹妈很忙的，也没空出去弄的。

C：感谢你们接受访谈，祝你们的生活越来越好。

访谈户 8

访问对象：A 为男性户主，B 为其配偶；C 为调查员。

基本情况：杨大伯 79 岁，万大妈 75 岁。两个老人自己生活。身体健康。有三个女儿，一个儿子。大女儿嫁在本村，二女儿、三女儿都在本镇，三女儿是小学副校长。儿子在上海华东电力设计院工作，儿子有一女儿 19 岁，今年参加了高考。

C：你们是自己认识的吗？

B：介绍的。

A：我们是一个村的。

C：结婚时候有没有彩礼啊？看中杨大伯什么呢？

B：彩礼？没有。那个时候看中他会做生活，会种田。结婚是 1959 年，最困难的时候。在食堂打饭的。

C：儿子结婚是什么情况？

A：儿子结婚全部靠自己，彩礼钱我也不出，他自己找的，我一分都不出，房子也是自己买的。

C：你们喜欢儿子再生孩子吗？

A：最好是再生个儿子啦，上海也只有一个好生。上海人喜欢女儿。如果可以生最好是生两个了，不管是男的女的。

C：有没有帮带孙女？

B：没有，带嘛也想带，他们也不放心，也不要我们带的。外公外婆也不带的，是雇人带的。

C：平时有去看戏什么的吗？

A：我还在种田，是流转田。还有一亩田，七分种菜。种的菜就送送女儿送送亲戚。

上午一般在老年活动中心玩牌九接龙，小搞搞，一天最多输赢就10块钱左右。

B：现在要享福了，以前生活苦，一个月饼要分好几份，一人吃一份的。小女儿比较精，说是要和妈妈拼在一起的，可以多吃一点的。就是现在做校长的这个女儿，

我跟婆婆、姑姑都住一起的。他都出门做油漆的。我们6个，公婆和姑姑有10个人呢，都是我烧饭。

C：你们现在经济上有困难吗？

A：我有一个弟弟，大老板，搞房地产，在广西南宁。每年都给我钱的，一般每年都给2万元，去年给得多点，给了5万元，给我们买保险，我们交了63000元。现在每个月我有1080元，她有1070元。我有妹妹三个，我是老大。弟弟也有帮妹妹。

C：想不想跟媳妇一起住？

B：去年，我到上海住过20天，白内障，鼻窦炎。他们照顾我。烧饭也是媳妇烧，活也不用我干的。媳妇好的。暂时住住肯定和气的。

C：那以后老了怎么办？要跟他们一起住吗？

B：将来身体不好了请保姆，自己也有保险，再叫儿子出钱。儿子在上海，也不可能让他们回来照顾。年纪老了，就让儿子给我们买商品房住。等到那个时候没用场的。想是想的。

C：感谢你们接受访谈，也祝你们生活越来越好。

访谈户9

访问对象：A 为男性户主，B 为其配偶；C 为调查员。

基本情况：夫妻两人，丈夫43岁，在绍兴热电厂上班，妻子42岁办厂，加工生产服装包装袋。有一儿子，18岁，在绍兴一中上高一，丈夫的父亲自己居住，经常会来厂里看看。产值约100万元，租金1万元左右，固定工人3~4个。

C：你们怎么培养孩子的呢？会参加很多培训吗？

B：培训很多。6岁就开始送绍兴少年宫培训。小学三年级开始就到绍兴上学了，付了择校费2万多元。那个时候就住校了。一周回来一次。大家都比较重视孩子的教育，有条件的就更加了。有上过数学、语文、写作、小记者等兴趣班的。暑假关在家里也不好。

C：从小就住校，会不会影响亲情感？会不会觉得没那么亲？

B：当时没想到。现在有感觉，不太交流。我跟他说话他只是点头，摇头。

A：可能这个年纪也有关系。还有就是读书压力太大了吧。

C：你们希望孩子以后出国留学吗？

B：我有这个能力就让他出去看一下。如果没有这个能力的话，也不强求。反正尽力而为嘛。

C：那你怕他万一留学了不回来吗？

B：对，有时是有这种想法的。我不希望他到国外去的。逛一圈是可以的。我不喜欢他到外面去的。至少是在国内。反正我还是有私心的，希望他离得近点。

C：你们希望他考哪里的学校呢？

A：起码要985的。

B：我感觉他已经很努力的，已经很难往前了。他没有跟我说，但我老是问他累不累，他说不累，但是老是不说话嘛。我感觉他心情不好，回来嘛，要么电脑，不给他上，也说不过去，同学要交流的嘛。

C：希望孩子以后做什么呢？

B：他自己想当老板。我嘛，也希望他自己创业，先自己打工，有经验。然后再去创业。

C：你们是自由恋爱结婚的吗？

B：我们是自由恋爱结婚的。我是外来的，不过也是一个镇的。这边有个编织厂，我到这里来上班的。

C：那个时候有彩礼吗？

A：那个时候我条件差一点，他爹妈照顾我。好像只要8800元，房子也不太有，只有一个老房子。

B：自己谈的，反正感觉无所谓的。如果是介绍的，我可能也要提条件的。他的水平高一点，他是高中生，我是初中生。他的视野比较广一点。

C：平时给老人家钱，要几个姐妹兄弟商量好吗？

B：不用的。他们五姐妹很团结的。不用说谁给多少钱，都是自觉自愿的。都不打听的，反正都不会少给。今年给2000元，明年再多给点。

B：过年回来都在一起的。回来几天，我们就聚在一起几天。我们从来没红过脸的。因为老大和老小就差12岁。很和气的。

B：婆婆去世3年了。公公每天都到厂里来转转，高兴在这里吃就在这里吃，高兴自己做就自己做。今年已经85岁了。

C：你们平时关心村里的事吗？觉得村干部哪些地方做得好？

B：特意去村委不太会去的。但是因为离得近，去的话会看看的。

A：现在村里比较干净。马路比较整洁。本来说要拆要拆的，也住不了几年的，但他们还是踏实地工作。

B：厕所，以前没有的，现在有公共厕所。我们本地的很少到外面去的，不过我们村有很多外地人，因为很多厂嘛，但现在管理得也比较好。

C：你们厂里有外地人吗？

A：我们厂里没有外地人，因为厂小，如果大一点的厂嘛，肯定要招外地人。

B：本地人感觉放心一点。因为本地人年纪稍大点，外地人都比较年轻嘛。外地人沟通不方便，生活习惯不一样。以前招一个，他没有伙伴嘛，就待不牢。

C：与外地人关系处得好不好？

B：还好吧。就是有一天我到河边去洗衣服。外地人也在洗衣服，她是这样的，全部脏的衣服拿到河边去，不像我们是洗好了到河边去，漂一下。她们要蹲得时间很长。但我跟她说，她就让给我了，她很好的。不过她跟我说，我们这边有个本地的，说话不客气的，说这河是她的，我就是不让她的。她们其实也有自我保护意识的。其实，她们就是这个习惯啦，河边占的时间比较长，你跟她好好讲，她会让的。大家只要好好沟通其实没关系的，外地人水平也比较高的。

C：你们对以后的生活有什么打算呢？

B：我老公说做到50岁就不做了。我就说啦，你爸爸80岁的人还老是到田里做，帮我们种一点蔬菜。

C：那你同意到50岁不做吗？

B：估计做不到。不是我同意不同意。

C：觉得现在老人的生活怎么样？

B：她们不会用很多钱的，吃得也不会很多，娱乐也花不了多少钱。现在老年活动中心搞得很好的，有图书馆。我也去看过两次了，挺好的。

他们就在活动室。平常谁要去，反正钥匙就在隔壁嘛。他们都是聊天嘛。

A：都是老朋友嘛，每天你看看我，我看看你，大家都在。像早几天，我老父亲住院了，有几个就问我了，你老爸怎么没来。

A：你们也是自己会查自己的嘛，看看谁没来。

C：感谢你们接受访谈，祝你们的生活越来越好。

四　调研图片（部分）

（一）安村风貌

村主干道

村委会

村后池

村后池

古戏台

村庙

(二) 安村调研

村民代表大会

座谈会 1

座谈会 2

座谈会 3

访谈 1

访谈 2

访谈 3

走访 1——土地庙活动

走访 2——土地庙活动

走访 3——村集市

走访 4——村民

走访5——村民

收集文献1

收集文献 2

后　记

　　本书是国家社科基金重点项目"城市化进程中村落变迁的特征概括和规律分析"（12ASH003）系列成果之一。特别感谢课题主持人温州大学马克思主义学院任映红教授，正是参与了这项重点招标课题，才促使我展开对安村的研究，并完成了书稿。

　　感谢上海大学社会学院仇立平教授、浙江省社会科学院公共政策研究所杨建华研究员、浙江大学公共管理学院何文炯教授等，他们在本研究的开展过程中及在本书的写作过程中，提出了许多宝贵的建议和意见。感谢中国人民大学社会与人口学院博士陈婉婷，上海大学社会学院博士候选人范国周，香港中文大学社会学系博士候选人罗牧原，社会学吧主编李晖偈，他们参与了本研究的讨论、调研、文献搜集等工作；感谢我的同事应焕红、邵虹霞、胡利明、叶菊英、黄建安、莫艳清，他们一起参与了安村的座谈会和走访，并整理了部分访谈资料。他们踏实严谨、敏于思考，使我受益良多。感谢我的朋友郑华、宋润国、汤坤、包浩宾等，他们为我的调研工作提供了很多帮助。

　　此外，本项目的调查和研究得到了当地政府众多部门的支持和帮助，特别是安村的干部和群众，正是他们对我们的信任，向我们讲述自身的生活，使我们能够更好地理解村落秩序的发展。

当然，由于研究水平所限，书中失当之处在所难免，敬请读者指正。

张秀梅
2016 年 3 月

图书在版编目（CIP）数据

乡村秩序的社会保育：安村变迁研究／张秀梅著．－－北京：社会科学文献出版社，2017.7
（中国地方社会科学院学术精品文库．浙江系列）
ISBN 978－7－5097－9883－6

Ⅰ.①乡… Ⅱ.①张… Ⅲ.①乡村－社会秩序－研究－浙江 Ⅳ.①D035.34

中国版本图书馆 CIP 数据核字（2016）第 254791 号

·中国地方社会科学院学术精品文库·浙江系列·

乡村秩序的社会保育
—— 安村变迁研究

著　　者／张秀梅
出　版　人／谢寿光
项目统筹／宋月华　杨春花
责任编辑／孙以年
出　　　版／社会科学文献出版社·人文分社（010）59367215
地址：北京市北三环中路甲29号院华龙大厦　邮编：100029
网址：www.ssap.com.cn
发　　　行／市场营销中心（010）59367081　59367018
印　　　装／三河市尚艺印装有限公司
规　　　格／开本：787mm×1092mm　1/16
印　张：20.75　字　数：254千字
版　　　次／2017年7月第1版　2017年7月第1次印刷
书　　　号／ISBN 978－7－5097－9883－6
定　　　价／98.00元

本书如有印装质量问题，请与读者服务中心（010－59367028）联系

▲ 版权所有 翻印必究